SOPHIE BONNET
Provenzalischer Sturm

AF636781

Autorin

Mit ihrem Frankreich-Krimi »Provenzalische Verwicklungen« begann die deutsche Autorin Sophie Bonnet eine Reihe, in die sie sowohl ihre Liebe zur Provence als auch ihre Leidenschaft für die französische Küche einbezieht. Mit großem Erfolg: Der Roman begeisterte Leser wie Presse auf Anhieb und stand monatelang auf der SPIEGEL-Bestsellerliste, ebenso wie die darauffolgenden Romane um den liebenswerten provenzalischen Ermittler Pierre Durand. Die Autorin lebt mit ihrer Familie in Hamburg.

Die Romane der Pierre-Durand-Reihe:

Provenzalische Verwicklungen · Provenzalische Geheimnisse · Provenzalische Intrige · Provenzalisches Feuer · Provenzalische Schuld · Provenzalischer Rosenkrieg · Provenzalischer Stolz · Provenzalischer Sturm

Besuchen Sie uns auch auf www.instagram.com/blanvalet.verlag und www.facebook.com/blanvalet

Sophie Bonnet

Provenzalischer Sturm

Ein Fall für Pierre Durand

blanvalet

Sollte diese Publikation Links auf Webseiten Dritter enthalten, so übernehmen wir für deren Inhalte keine Haftung, da wir uns diese nicht zu eigen machen, sondern lediglich auf deren Stand zum Zeitpunkt der Erstveröffentlichung verweisen.

FSC www.fsc.org MIX Papier aus verantwortungsvollen Quellen FSC® C014496

Klimaneutral Druckprodukt ClimatePartner.com/14044-1912-1001

Penguin Random House Verlagsgruppe FSC® N001967

2. Auflage

Copyright dieser Ausgabe © 2022 by Blanvalet
in der Penguin Random House Verlagsgruppe GmbH,
Neumarkter Str. 28, 81673 München
Copyright Originalausgabe © 2021 by Blanvalet
in der Penguin Random House Verlagsgruppe GmbH,
Neumarkter Str. 28, 81673 München

Redaktion: Angela Troni
Umschlaggestaltung und -motiv: www.buerosued.de
DK · Herstellung: DM
Satz: Vornehm Mediengestaltung GmbH, München
Druck und Bindung: GGP Media GmbH, Pößneck
Printed in Germany
ISBN 978-3-7341-1111-2

www.blanvalet.de

Prolog

Der Wind war zu einem Sturm geworden, riss an den Blättern und an seinem Haar. Er stemmte sich ihm entgegen und sah in Richtung des Weinfeldes, wo die Reben vor dem Hintergrund der düster aufgetürmten Wolken bedrohlich schwankten.

Wie aufgewühltes Wasser, dachte er und kämpfte sich voran. Den Kopf gebeugt.

Immer wieder hatten heftige Stürme in den Weinanbaugebieten Frankreichs eine Spur der Verwüstung hinterlassen, aber die Gegend um Châteauneuf-du-Pape weitgehend verschont. Man war vorbereitet, schon seit Generationen. Die hiesigen Rebstöcke waren klein gehalten, um dem Mistral zu trotzen, der aus Nordwesten kommend rund hundertzwanzig Tage im Jahr über das Rhônetal fuhr. Dem Südwind, der an fünfundzwanzig Tagen aus der entgegengesetzten Richtung kam.

Die Reben würden auch diesem Sturm trotzen, dachte er. Es gab nichts, das dem krönenden Abschluss seines Lebenswerkes im Wege stand.

»Die letzte Lese«, flüsterte er und stellte fest, dass es sich ausgesprochen noch unwirklicher anhörte, als es ohnehin schon war.

Sein ganzes Leben hatte er geschuftet. Schon als Kind hatte er gemeinsam mit seinen Geschwistern Michel und Juliette jede freie Minute auf den Feldern verbracht und so manche Schulstunde versäumt, um den Eltern zu helfen. Bei Wind und Wetter hatten sie Rebstöcke zurückgeschnitten, Böden gelockert, Pflanzen auf Schädlinge überprüft und Trauben geerntet. Sie zerquetschten sie zu Maische und füllten sie in Fässer. Lernten früh, wie man den Gärungsprozess überprüft und den Wein auf Verkostungen präsentiert.

Jahr um Jahr und immer wieder von vorne. Er hatte von allen am längsten durchgehalten.

Michel war mit neunzehn tödlich verunglückt, und Juliette hatte inzwischen einen Haushaltswarenvertreter aus Toulouse geheiratet und eine Familie gegründet, während er selbst mit seiner Frau Agnès hiergeblieben war, um die Tradition fortzuführen.

Tradition! Er lachte. Er war im Begriff, sich aus dem seit Generationen weitergereichten Korsett zu befreien. Endlich würde dieser ganze Scheiß ein Ende haben.

Die ersten Regentropfen fielen, doch er bemerkte sie nicht, ging weiter in Richtung des Feldes, an dessen Rebstöcken noch pralle Trauben hingen. Dort blieb er stehen und sah über die wogenden Pflanzen.

Er war mit Wein aufgewachsen, aber er würde nicht mit Wein sterben. So wie sein Vater, der sich nie einen Urlaub gegönnt hatte, kein freies Wochenende, bis er sich schließlich mit Mitte sechzig nach einem Schlaganfall eingestehen musste, dass sein Körper über den eisernen Willen gesiegt hatte. Drei Monate später war er gestorben, ohne das Leben außerhalb des Weinguts je kennengelernt zu haben.

»Du bist die sechste Generation, Christophe«, hatte sein Vater am Sterbebett geflüstert. »Du wirst unser Weingut fortführen und eines Tages an deine Kinder weitergeben. Oder, so Gott will, an Juliettes Töchter. Sorge dafür, dass es eine siebte Generation geben wird, hörst du? Versprich mir das.«

Er hatte nur genickt. Was hätte er auch tun sollen? Sein Vater hatte es nicht verwinden können, dass die Ehe seines verbliebenen Sohnes noch immer kinderlos war. Aber damals waren Agnès und er noch in den Dreißigern und guter Dinge gewesen, dass sich das eines Tages ändern würde.

Doch Agnès war auch Jahre später nicht schwanger geworden. Und Juliettes inzwischen erwachsene Töchter dachten gar nicht daran, sich dem Willen ihres verstorbenen Großvaters zu beugen. Sie hatten sich entschieden, selbstbestimmt zu leben.

Selbstbestimmt, wie sich das schon anhörte! Ihn hatte auch niemand gefragt, ob er Lust hätte, das Weingut weiterzuführen. Es war so selbstverständlich wie der Lauf der Jahreszeiten, wie der Wechsel von Tag und Nacht.

»Dann musst du es deinen Töchtern eben befehlen«, hatte er zu Juliette gesagt. »Es ist ihre verdammte Pflicht!«

Doch sie hatte nur matt gelächelt. »Es ist ihre Pflicht, glücklich zu werden. Und ich werde sie nicht daran hindern.«

Erst war er wütend gewesen, dass der Fortbestand des Familienunternehmens, dessen Land einst dem Sonnenkönig Louis XIV. gehört hatte, ein derartiges Ende finden sollte. Er hatte auf die vielen Weingüter geschielt, bei denen sich ganze Familien mitsamt ihren Ehepartnern und Kindern engagierten. Dann aber war dieses Angebot gekommen, und ganz unvermittelt hatte er erkannt, dass es das vermeintlich dumme Schicksal verdammt gut mit ihm meinte.

Zum ersten Mal, seit er denken konnte, war er frei zu entscheiden, welche Richtung er seinem Leben geben wollte, bevor ihn sein durch jahrzehntelange Arbeit geschundener Körper in die Knie zwang.

Er würde derjenige sein, der mit der Tradition der Roumejons brach und das Weingut nicht weitervererbte, sondern den Wert bereits im Alter von fünfundfünfzig Jahren einstrich, um ein Leben zu führen, von dem er noch wenige Monate zuvor nicht mal zu träumen gewagt hatte.

Von dem Geld wollte er sich und Agnès ein Häuschen an der Atlantikküste kaufen oder in Portugal. Hier, in Châteauneuf-du-Pape, hielt ihn nichts mehr.

Der Wind peitschte ihm die Regentropfen ins Gesicht. Mit einer energischen Bewegung hob er die Hand und schirmte die Augen ab. Dann machte er einen Schritt nach vorne und begann seinen Kontrollgang durch die Reihen dort, wo sie vor sechs Jahren Marselan gepflanzt hatten. Diese Trauben, die nicht zu den dreizehn zugelassenen Rebsorten gehörten, hatten es den künftigen Besitzern am meisten angetan. Ihnen, so sagten sie, gehöre die Zukunft.

Ein letztes Mal streifte er durch die Felder. Begutachtete die schwarzblauen Beeren. Die auffällig gezackten Blätter.

Dann sah er es.

»*Zut!*« Er trat näher, beugte sich hinab. Betrachtete die herausgerissenen Pflanzen, deren Gerippe in Form eines Bildes gelegt waren, in dem man mit einiger Fantasie einen Galgen erkennen konnte. Jenen Galgen, den sie ihm bereits mit Kreide auf die Tür seines Châteaus gemalt hatten. Zweifellos wollten sie ihn vor dem nächsten Schritt warnen. Ihm bedeuten, dass er im Begriff war, eine Dummheit zu begehen. Er ahnte auch, wer es gewesen war, doch er hatte keine Beweise.

Mühsam richtete er sich auf. Ein heißer Schmerz durchfuhr seinen Rücken. Er stöhnte auf und presste beide Hände in die Lenden, beugte sich nach hinten, bis das Stechen allmählich nachließ. Wütend fuhr er mit dem Fuß durch die Pflanzenteile, bis sich das Bild verlor. Dann stapfte er durch die Reihen zurück zum Hauptweg.

Sie waren zu spät. Der Verkauf des Weinguts würde über die Bühne gehen, bevor sie auch nur das Seil knüpfen konnten. Nein, er würde sich sein neues Leben nicht kaputtmachen lassen, von niemandem!

»Agnès!«, schrie er, noch bevor er das Gutshaus erreicht hatte. Der Wind riss sein Rufen davon, und er hob die Stimme. »Agnès, es ist schon wieder passiert!«

Endlich hatte er das Château erreicht. Der Wind frischte auf und entlockte dem alten Gemäuer erst ein Heulen, dann ein Seufzen. Beherzt drückte er die Klinke des Portals hinunter, doch die Tür war verriegelt. Überrascht trat er einen Schritt zurück und spähte nach oben.

»Agnès, verdammt, wo steckst du?«, brüllte er in Richtung eines gekippten Fensters, und seine Stimme überschlug sich vor Zorn. »Mach sofort auf oder ich vergesse mich!«

Ein ohrenbetäubendes Krachen ließ ihn zusammenzucken. Er hob den Blick in Richtung des Daches, als er bemerkte, dass sich dort oben etwas bewegte, aufrichtete, ins Rutschen kam. Der Sturm schien die Ziegel hochzudrücken, nun sah er erste Formationen wie eine Wand auf ihn hinabstürzen. Er wollte zur Seite springen, als etwas rücklings seinen Kopf traf. Ein höllischer Schmerz durchfuhr ihn und riss ihn zu Boden.

Noch bevor die Ziegel ihn unter sich begruben, erinnerte er sich, dass er eine Bewegung am Fenster wahrgenommen hatte. Und in einem eigentümlichen Anflug von Schadenfreude hoffte er, dass Agnès alles beobachtet hatte. Und dass sein Mörder nicht davonkam.

1

»Möchte noch jemand *vin doux*?«

»Sehr gerne«, rief Luc, und auch Penelope und Arnaud nickten und hoben ihr Glas.

Pierre schenkte seinen Freunden vom *Rasteau Domaine la Soumade* nach und lehnte sich dann in seinem Stuhl zurück.

Aus der ins offene Küchenfenster gestellten Box drang entspannte Musik von Corneille und mischte sich mit dem Rauschen der Blätter. Die Luft war warm und samtig, durchzogen von einer angenehmen Frische, die vom Boden aufstieg und eine kühle Nacht versprach.

Was für ein herrlicher Tag, dachte Pierre, während er nach der letzten Weintraube auf seinem Teller angelte. An ihr klebte noch ein wenig vom rahmigen *Bleu de Bresse*. Die Kombination aus süßer Frucht und der milden Würze des Käses, untermalt von einem Schluck des tiefdunklen, samtigen Weins, entlockte ihm ein zufriedenes Seufzen.

Es war wohl der schönste Geburtstag, den man sich vorstellen konnte. Was ihm die Tatsache versüßte, dass er nun, da er fünfundvierzig geworden war, mit großen Schritten auf das halbe Jahrhundert zumarschierte.

Charlotte hatte ihn am Morgen mit einem kerzenübersäten Kuchen geweckt und ihm dabei ein Ständchen gesungen. Sie hatten den Vormittag im Bett verbracht, sich zwischen Kuchenkrümeln und knisterndem Geschenkpapier geliebt. Und als Charlotte sich schließlich am Nachmittag darangemacht hatte, das Essen für die Gäste vorzubereiten – Feldsalat mit Pflaumen-Weichkäse-Tartar, Rehrücken mit Kräuterkruste zu im Ofen gegarten Kürbisspalten und zum Nachtisch Beeren-Clafoutis –, hatte er auf dem Liegestuhl am Bach Platz genommen und die Spätseptembersonne genossen.

»Ich soll dir auch wirklich nicht beim Kochen helfen?«, hatte er zuvor gefragt.

»Besser nicht«, war die augenzwinkernde Antwort gewesen. »Es ist dein Tag, lass dich einfach nur verwöhnen.«

Und so hatte Pierre ausgiebig Zeitung gelesen, mit einem Kaffee in der Hand seine Zehen in den Bach gehalten und mit seinem ehemaligen Pariser Kollegen und guten Freund Eric telefoniert, bis ihm die weiß-braun gescheckte Ziegendame Cosima, die zur Feier des Tages frei herumlief, mit freudigem Meckern die ersten Gäste ankündigte.

Da saßen sie nun an einem langen Holztisch unter freiem Himmel und schienen sich prächtig zu amüsieren:

Pierres Assistent Luc hatte seine Freundin Florence mitgebracht, die ihr blond gefärbtes Haar heute offen auf den Rücken fallen ließ. Sie hatte den Arm um Lucs Taille geschlungen, den Oberkörper eng an den seinen gepresst, sodass ihre üppige Oberweite direkt in seinem Blickfeld lag.

Links neben ihm saß die stets unangepasst gekleidete Penelope, die erst im Mai als Schreibkraft zur *police municipale* gekommen war, sich aber sofort ins Team integriert hatte. Daneben der alte Uhrmacher Didier Carbonne, der Cosima und ihre maronenbraune Tochter Lilou versorgte und im Gegenzug die gemolkene Milch einstrich, aus der er Ziegenfrischkäse fertigte.

Ihnen gegenüber saßen Gisèle, die Empfangsdame und gute Seele der *mairie*, und der ehemalige Bürgermeister Arnaud Rozier mit seiner Frau Nanette. Und schließlich, am Kopf der

Tafel, der Sommelier Martin Cazadieu, der sich fast zeitgleich mit Charlotte selbstständig gemacht hatte. Er führte nicht nur eine hervorragende Weinhandlung, sondern hatte seit dem Sommer auch Pierres Weinberg gepachtet, den er nun neu bestellte.

Pierre lächelte. Heute waren alle Menschen versammelt, die ihm etwas bedeuteten.

Nur einer fehlte: Louis alias Emile. Pierre hatte den jungen Vogelforscher während der Fahrt auf einem Hausboot kennen und schätzen gelernt. Für Pierre war er wie ein Sohn gewesen, und auch jetzt hielten sie regelmäßig Kontakt. Louis wäre seiner Einladung gerne gefolgt, doch er befand sich auf einer Forschungsreise durch den Keoladeo-Nationalpark im indischen Bharatpur, von wo er Pierre eine Videobotschaft geschickt hatte. Darin versprach er, untermalt von lautem Krakeelen und Tschilpen, ihn nach seiner Rückkehr in Sainte-Valérie zu besuchen.

Pierre trank noch einen Schluck vom *Rasteau* und dachte an den Sommer zurück, als er nach der Suspendierung durch den neuen Bürgermeister in ein tiefes Loch gefallen war. Maurice Marechal hatte ihm mit einem Intrigenspiel jede Möglichkeit auf eine Rückkehr auf den Posten des *Chef de police municipale* verwehrt. Nur durch das Einwirken des Präfekten und dank der Hartnäckigkeit von Gisèle, Luc, Penelope und Arnaud Rozier war Pierre rehabilitiert worden.

Da war er also wieder. Und obwohl Marechal versuchte, ihm den Alltag mit einem Übermaß an Bürokratie und Fleißarbeiten schwer zu machen, war das Leben schöner denn je. Was vor allem an Charlotte lag. Und an ihrem unerschütterlichen Optimismus.

Pierre suchte ihren Blick. Sie lächelte, und ihm wurde ganz warm ums Herz.

Vor nicht allzu langer Zeit hätte er jeden für verrückt erklärt, der ihm prophezeite, dass er mal mit einer Frau unter einem Dach leben würde, ohne sich eingeengt und in seiner Freiheit beschnitten zu fühlen. Doch im vergangenen Winter hatte er es gewagt und diesen Schritt nicht eine Sekunde bereut. Er, der niemals Kinder haben wollte, konnte es sich mittlerweile sogar vorstellen, eine Familie zu gründen.

Einem plötzlichen Impuls folgend, räusperte sich Pierre und klopfte an sein Glas, woraufhin die Gespräche allmählich verstummten.

»Meine lieben Freunde«, begann er, während er sich erhob, »ich freue mich, dass ihr meiner Einladung gefolgt seid. Es ist das erste Mal seit meiner Ankunft in Sainte-Valérie, dass ich meinen Geburtstag in größerer Runde feiere. Es war mir ein Bedürfnis, euch alle dabeizuhaben. Denn es fühlt sich an, als sei das neue Lebensjahr zugleich ein Neuanfang. Ein Neuanfang, den ich nur euch zu verdanken habe! Mir ist klar geworden, dass ich der glücklichste Mensch auf der Welt bin, euch als Freunde zu haben.«

Ein fröhliches Johlen, es kam von Luc, der über das ganze Gesicht grinste.

»Ihr seid«, fuhr Pierre fort, »die großartigsten Menschen, die man sich vorstellen kann. Ihr wart da, als es mir schlecht ging. Und habt mich ertragen, als ich«, er lachte, »ziemlich unausstehlich war. Ihr habt mir den Rücken gestärkt und an mich geglaubt. Dafür möchte ich euch danken.«

»Es war uns ein Vergnügen!«, rief Rozier aus. »Sainte-Valérie wäre ohne dich als *Chef de police municipale* nicht dasselbe.« Er hob das Glas. »Darauf sollten wir anstoßen. Auf dich, *mon ami*.«

Die ersten Gläser klangen, doch Pierre schüttelte den Kopf. »Moment, ich bin noch nicht fertig.«

Er wandte sich Charlotte zu, die ihn aufmerksam anblickte, wache grüne Augen aus einem mit Sommersprossen übersäten Gesicht. Sie sah bezaubernd aus in ihrem weißen Sommerkleid. Die Haut gebräunt, das lockige Haar zu einem weichen Knoten aufgesteckt.

Pierre nahm ihre Hand und küsste sie. »Vor allem danke ich dir. Du hast mir gezeigt, dass Liebe keine Ketten bedeutet. Dass man füreinander da ist, in guten und in nicht so guten Zeiten. Du hast eine Engelsgeduld und verstehst es, mir den Kopf zurechtzustutzen, wenn ich mich wieder einmal verrannt habe. Das Zusammenleben mit dir ist so unglaublich schön, dass ich es nie mehr missen möchte.«

Charlottes Wangen überzog eine ungewohnte Röte. Und auch Florences Gesicht wirkte plötzlich erhitzt. Sie lehnte den Kopf an Lucs Schulter und tupfte sich mit der Serviette eine Träne aus dem Augenwinkel.

Pierre hielt inne und sah in erwartungsvolle Gesichter. Auf einmal war es ganz still, selbst die Musik war wie durch Zauberhand verstummt. Wären da nicht die krakeelenden Zikaden gewesen – man hätte eine Stecknadel fallen hören können.

Dachten sie etwa …? Hastig ließ er Charlottes Hand los und reckte das Glas in die Höhe.

»Und das Wichtigste: Wir müssen unbedingt auch auf dieses hervorragende Essen anstoßen, das Charlotte uns heute gezaubert hat«, schloss er rasch. »*Santé!* Auf die Liebe, die Freundschaft und auf das gute Leben.«

Zustimmende Rufe, ein Lachen und Zuprosten.

»Auf das gute Leben«, sagte auch Didier und stellte eine Frischhaltedose auf den Tisch. »Und darauf, dass noch reichlich Beeren-Clafoutis für mich übrig ist. Ihr habt doch nichts dagegen, wenn ich mich bediene, hm?«

Bald setzten die Gespräche wieder ein, und nach einem

beherzten Griff zur Fernbedienung erklang nun auch wieder Musik.

N'ayez pas peur du bonheur, sang Berry mit sanfter Stimme. *Tadida dida, dadida*, hab keine Angst vor dem Glück.

Pierre atmete aus.

Das war gerade noch einmal gut gegangen. Er musste besser aufpassen, damit er nicht vorzeitig etwas in Gang setzte.

Als das Licht am Himmel nur noch ein milchiger Streifen war und die Windlichter auf dem Tisch entzündet wurden, nahm Luc Pierre beiseite und geleitete ihn bis zur Bank an der glyzinienumrankten Pergola.

»Bei deiner Rede vorhin hätte ich schwören können, dass du …« Luc stockte. »Hast du etwa kalte Füße bekommen?«

Pierre sah ihn in gespieltem Erstaunen an. »Was meinst du damit?«

»Ich dachte … Komm, sei ehrlich. Du wolltest Charlotte einen Heiratsantrag machen, stimmt's?«

»Hier, jetzt?« Pierre runzelte die Stirn. »Wie kommst du denn darauf?«

»Na ja …« Sein Assistent grinste verlegen. »Madame Duprais hat dich ins Schmuckgeschäft in der *Rue du Portail* gehen sehen.«

»Madame …« Pierre stöhnte auf. Diese neugierige Person tauchte grundsätzlich dann auf, wenn man sie überhaupt nicht gebrauchen konnte. Dabei hatte er sich doch extra vergewissert, dass ihn niemand beobachtet. »Na und?«

»Sie meinte, das könne eigentlich nur einen Grund haben. Zumal Charlottes Geburtstag nicht ansteht und du ansonsten nicht gerade für spontane Geschenke bekannt bist.«

»Wie bitte?«

»Das hat *sie* gesagt«, präzisierte Luc und hob beide Hände,

»nicht ich. Auf jeden Fall hat sie ihre neugierige kleine Nase an die Schaufensterscheibe gepresst … *Et voilà!* Du hast dir klassische Verlobungsringe zeigen lassen, solche mit hübschem Steinchen, und einen von ihnen gekauft.«

Merde! »Und da hat sie nichts Besseres zu tun, als es jedem zu erzählen, der ihr über den Weg läuft!«

»Sie hat es Didier erzählt. Und der dann mir.«

So war das also. Pierre seufzte. Er hätte es wissen müssen. In diesem Dorf ließ sich nichts verheimlichen. Es brauchte nur ein, zwei Klatschmäuler, und ein Geheimnis war seinen Namen nicht mehr wert. Aber immerhin: Der Sommelier Martin Cazadieu hatte offenbar dichtgehalten. Und nun musste er dafür sorgen, dass Luc und Didier es ebenfalls taten. Zumindest bis zum kommenden Wochenende. Danach konnte Madame Duprais es seinetwegen von allen Dächern pfeifen.

»Na schön«, sagte er leise, »du hast recht. Der Ring ist für Charlotte. Aber es soll eine Überraschung werden, klar? Ich will nicht, dass es schon vorher die Runde macht. Und den Zeitpunkt des Antrages, den bestimme ich.«

Luc nickte heftig. »Verstanden, *Chef*, ich bin stumm wie ein Fisch.« Er beugte sich vor. »Und du willst mir nicht verraten, wann es so weit ist?«

»Vergiss es«, sagte Pierre und musste nun doch lachen. Er mochte seinen Assistenten, aber die Gefahr, dass er sich unbeabsichtigt verplapperte, war viel zu groß. Am Ende würde es ein wohlmeinender Mensch Charlotte im Vertrauen erzählen und die Überraschung wäre endgültig dahin. »Nein«, bekräftigte er. Es sollte ein besonderer Moment werden, der nur Charlotte und ihn anging. Und niemand anderen.

Sie hatten sich für das kommende Wochenende im *Château des Vignes* eingemietet, einem Schlosshotel, das ebenso wie das zugehörige Weingut Martin Cazadieus irischem Lebensgefährten Ian Fitzgerald gehörte.

Die Idee war Pierre gekommen, als der Sommelier und Neuwinzer ihm während eines Spazierganges über den frisch angelegten Weinberg von seinem neuen Freund erzählte, dessen Cuvées gerade einen Preis nach dem anderen gewannen. Während sie im Sprühnebel der Bewässerungsanlagen über die noch jungen Reben blickten, schwärmte Martin von den über siebzig Jahre alten Weinstöcken und dem zum Gut gehörenden Schlosshotel, das gerne von Brautpaaren gebucht wurde, die nach der Trauung mit der Hochzeitsgesellschaft im angeschlossenen Restaurant feierten.

»Es hat eine wirklich exquisite Küche«, sagte Martin Cazadieu. »Und bei schönem Wetter wird das Essen auf der Terrasse serviert, mit Blick über die Weinberge.«

Pierres Herz begann in plötzlicher Erregung zu pochen. »Hast du eine Ahnung, wie viel dort ein Zimmer kostet?«

Martin sah ihn erst überrascht an, dann mit verschwörerischem Lächeln. »Sag bloß, du willst dort heiraten!«

»Ich glaube nicht, dass ich mir das leisten kann. Aber es wäre ein schöner Ort, um Charlotte einen Antrag zu machen.«

»Ja, das ist die perfekte Kulisse für den großen Moment«, rief Martin aus. »Es gibt keinen romantischeren Flecken in der gesamten Provence. Warte, ich zeige es dir.«

Der Sommelier zückte sein Handy, tippte etwas ein und reichte es ihm schließlich mit theatralischer Geste.

Pierre beugte sich über das Display. Die Homepage des Hotels *Château des Vignes* zeigte ein inmitten von Weinfeldern gelegenes elegantes Gebäude mit strahlender Sandsteinfassade, hellblauen Fensterläden und üppig bepflanzten Blumenkübeln rechts und links des Portals.

Rasch klickte sich Pierre durch die Seiten. Das Hotel besaß

fünfzehn individuell eingerichtete Zimmer, darunter zwei Suiten, einen großen Loungebereich, eine Bibliothek und einen beheizten Außenpool, der am Rande eines gepflegten Parks mit Statuen und Buchsbäumen lag. Die zugehörige Kellerei, die sich in einem Nebengebäude befand, verwaltete ein Mann namens Bernard Gazet, der neben dem rotblonden Inhaber posierte und ernst in die Kamera sah. Der Blick von der Restaurantterrasse auf die Weinberge aber übertraf alles andere. Martin Cazadieu hatte nicht übertrieben.

»Das ist wirklich atemberaubend«, stimmte Pierre zu und zog angesichts der Zimmerpreise die Stirn kraus. Ein verlängertes Wochenende würde gut ein Viertel seines Monatsgehalts verschlingen. Das Abendessen nicht eingerechnet. »Aber das kann ich mir nicht leisten.«

Martin strich sich über das Kinn und nickte schließlich. »Weißt du, was? Ich rufe gleich mal Ian an. Wenn ich mich recht erinnere, hat er das Hotel am ersten Oktoberwochenende für Dreharbeiten blockiert. Die Filmcrew ist seinen Erzählungen nach nicht allzu groß, sicher ist da noch ein Zimmer frei. Wenn ihr ein bisschen Trubel in Kauf nehmt, macht er euch bestimmt einen guten Preis.«

Pierre hob eine Braue. »Dreharbeiten? Für einen Spielfilm?«

»Keine Ahnung«, sagte Martin. »Es ist wohl eine Homestory. Als Ian das Weingut vor zehn Jahren gekauft hat, da hat das britische Fernsehen ihn und seinen damaligen Lebensgefährten bei der Restaurierung des Schlosses begleitet. Von der ersten Besprechung mit den Handwerkern über die Auswahl der Stoffe und Tapeten bis hin zum Kauf der Accessoires. Das war damals eine ganz große Nummer und hat das Hotel in Großbritannien auf einen Schlag bekannt gemacht. Na, was meinst du? Soll ich Ian nach einem freien Zimmer fragen?«

Es wäre also das Wochenende nach seinem Geburtstag.

Momentan war in der Wache nicht viel los, sicher könnte er ab Freitagmittag freinehmen.

Pierre nickte, woraufhin Martin die Wahltaste drückte und ein paar Schritte ging, sodass Pierre nur einzelne Wortfetzen verstand. Der Sommelier lachte mit ungewohnt vollem Bariton, der sich eine ganze Oktave unterhalb seiner üblichen Stimmlage befand, strich dabei fortwährend über seine dunkle Löwenmähne. Schließlich drehte er sich mit einem Strahlen um.

»Abgemacht. Es sind noch drei Zimmer unbelegt. Ihr könnt euch das schönste davon aussuchen.«

»Und der Preis?«

Martins Strahlen wurde breiter. »Hundertfünfzig Euro für das gesamte Wochenende, inklusive Frühstück. Er sagt, er freut sich, euch endlich kennenzulernen.«

Und so hatte Pierre Charlotte noch am selben Abend gefragt, ob sie nicht Lust hätte, Ian und sein sagenhaftes *Château des Vignes* kennenzulernen.

Beim Anblick der Bilder war ein Strahlen auf ihrem Gesicht erschienen. Sie hatte zuerst nachgesehen, ob sie sich an dem Wochenende freinehmen könnte, und schließlich begeistert zugestimmt. Dann hatte sie sich an die Planung gemacht, denn Charlotte wäre nicht Charlotte, wenn sie sich nicht gründlich vorbereiten würde. Am Ende hatte sie ihm mit breitem Lächeln eine Liste mit Dingen vorgelegt, die sie an dem Wochenende erleben wollte.

Sie würden nun also das hübsche Städtchen Châteauneuf-du-Pape besichtigen, auf der Aussichtsplattform der Schlossruine Küsse austauschen und in mehreren *caves* Weinproben machen. Aber vor allem wollten sie die Zweisamkeit genießen.

Ausschlafen, hatte auf der Liste gestanden. Und: *Den Sonnenuntergang genießen.*

»Bitte«, flehte Luc in seine Gedanken hinein. »Spann mich nicht so auf die Folter. Wo soll der Antrag stattfinden? Ich verrate es auch ganz bestimmt nicht.«

Das Knirschen von Kies war zu hören, und Pierre wandte den Kopf, froh über die Ablenkung. Penelope kam quer über den Platz, in der Hand eine bunte Tüte, an deren Henkel eine enorme Schleife angebracht war.

»Das ist noch für dich«, sagte sie.

»Aber ihr habt mir doch schon das Männerkochbuch geschenkt.«

»Es ist nicht von uns, sondern von Marechal«, entgegnete Luc mit vielsagendem Augenrollen.

Zögernd nahm Pierre die bunte Tüte entgegen. »Von unserem Bürgermeister?«

Luc hob die Schultern. »Er war gestern auf der Wache. Während du in diesem … na, du weißt schon, in diesem Geschäft warst. Wenn ich ihn richtig verstanden habe, ist es eine Art Versöhnungsangebot.«

»Ein Versöhnungsangebot«, wiederholte Pierre tonlos. »Warum gibt er es mir dann nicht persönlich?«

Penelope lächelte. »Er wusste ja nicht, dass du ›patrouillieren‹ gegangen bist.«

»Zum Glück.« Pierre lachte trocken.

»Trotzdem«, Penelope stemmte die Hände in die Hüfte, »wir sollten versuchen, mit ihm auszukommen. Dieser Mann ist gerade erst im März gewählt worden, er wird noch mehr als vier Jahre an unserer Seite sein.«

Pierre schnalzte mit der Zunge. Maurice Marechal hatte offenbar seinen sagenhaften Charme spielen lassen, dank dem einige Damen des Dorfes rot anliefen, sobald sie ihn erblickten. »Er hat dich eingewickelt.«

»Unsinn. Aber ich habe keine Lust, dass er uns weiter nutzlose Formulare ausfüllen lässt oder mit neuen Vorschriften traktiert. Wir müssen eine Ebene finden, auf der wir zusammenarbeiten können. Trotz allem.«

Pierre setzte gerade zu einer Antwort an, als ein Aufschrei erklang. Es war Didier Carbonne.

»Oh nein, der schöne Nachtisch! Hau ab, Cosima, das ist meiner!«

Vielstimmiges Gelächter schallte über den Hof. Nun bemerkte Pierre auch den Grund für die plötzliche Heiterkeit: Die kleine weiß-braun gescheckte Ziege hatte Carbonnes Frischhaltedose vom Tisch gestoßen und schleckte das restliche Beeren-Clafoutis heraus, während der alte Uhrmacher versuchte, sie an den Hörnern fortzuziehen. Vergeblich.

»Der schöne Nachtisch«, wiederholte Carbonne betrübt und ließ von der Ziege ab, die mit triumphierendem Meckern davontrabte. »Von mir kriegst du keine Karotten mehr«, rief er ihr nach und stimmte erst verwundert, dann umso heftiger in das Lachen der anderen ein, bis seine Zahnlücken zu sehen waren.

Auch Pierre lachte aus vollem Herzen. Er legte die Geschenketüte auf der Bank ab und ging zurück zu den anderen. An den intriganten Bürgermeister wollte er an diesem wunderbaren Tag keinen weiteren Gedanken verschwenden.

2

Nachdem die Gäste gegangen waren, half Pierre Charlotte dabei, die schmutzigen Teller und Bestecke in den Geschirrspüler zu räumen. Eine äußerst deutsche Angewohnheit, wie er fand. Ihm hätte es genügt, dies im Laufe des folgenden Tages zu erledigen. Aber es hatte auch Vorteile, wenn alles aufgeräumt war. Und schließlich würde er ihre Ordnungsliebe mitheiraten, wenn er sie zur Frau nahm.

»Das war wirklich ein schöner Abend«, sagte Charlotte in die Stille hinein. »Das sollten wir öfter machen, wir haben viel zu selten Gäste.«

»Ja, das ist wahr.« Pierre dachte an die Geschenketüte, die noch immer unangerührt im Dunkeln auf der Bank lag und sich nach Stunden erfolgreicher Verdrängung nun wieder in sein Bewusstsein schob. »Maurice Marechal hat mir eine Flasche Wein geschenkt. Luc und Penelope haben ihn mitgebracht.«

»Wirklich?« Charlotte, die gerade eine Servierplatte einräumen wollte, hielt inne. »Ist es denn wenigstens ein guter Tropfen?«

»Ich habe nicht nachgesehen.«

»Du bist immer noch wütend.«

»Allerdings!« Er hob die Brauen. »Es soll ein Friedensangebot sein.«

»Und? Nimmst du es an?«

»Keine Ahnung. Ich traue dem Mann nicht. Am liebsten würde ich ihm einfach weiter aus dem Weg gehen.«

»Das kann ich nur zu gut verstehen. Aber du solltest ihm zumindest für den Wein danken.«

»Mal sehen.« Mit verschränkten Armen lehnte sich Pierre an die Küchenzeile und sah Charlotte zu, wie sie die letzten Teller einräumte und schließlich die Starttaste drückte.

»Sag mal«, sie richtete sich auf, »was hältst du davon, wenn wir meine Eltern fragen, ob sie auch kommen wollen?«

»Zur nächsten Gartenparty?« Pierre gähnte herzhaft. Er würde morgen einige Tassen gezuckerten Kaffees trinken müssen, um den Tag in der Wache der *police municipale* einigermaßen zu überstehen. »Gute Idee. Deinen Vater kenne ich ja noch nicht. Wir könnten den beiden ein Zimmer in der *Auberge Signoret* buchen, die soll seit ihrer Renovierung richtig schön sein. Oder …« Das war ihm eigentlich zu intim, aber er wollte es zumindest vorschlagen. »Oder wir richten ihnen hier ein Gästezimmer ein.«

»Nein, ich meinte ins Hotel *Château des Vignes*. Was denkst du?«

Schlagartig war Pierre wach. »Sag, dass das eine rhetorische Frage war.« Er schüttelte den Kopf. »Nein, ich möchte Zeit mit dir verbringen. Alleine. Außerdem ist das Hotel für die Dreharbeiten geblockt.«

»Sagtest du nicht, wir könnten aus drei freien Zimmern wählen?«

»Stimmt, aber das Angebot galt nur, weil wir beide Martins Freunde sind.«

Das fehlte ihm gerade noch. Die Schwiegereltern in spe als Zeugen seines Heiratsantrages. Einen größeren Romantikkiller konnte er sich kaum vorstellen!

»Meine Eltern zahlen auch den normalen Preis. Ian hat sicher nichts dagegen.«

»Warum klingt das jetzt so, als hättest du das längst mit allen besprochen?«

»Habe ich gar nicht. Ach, komm schon …« Charlotte trat zu ihm und fuhr mit den Fingern über seinen Nacken. »Gerade ist der größte Touristenansturm vorbei, und wir haben endlich Zeit für solche Dinge. Ich finde, nun, da wir darüber nachdenken, eine Familie zu gründen, sollten wir uns alle besser kennenlernen.«

»Eine gute Idee«, flüsterte er und schob ihr mit beiden Händen das Kleid über die Schultern, bedeckte diese mit kleinen Küssen, »das mit der Familienplanung. Das Kennenlernen können wir auf später verschieben.«

Charlotte entzog sich seinen Lippen und rückte den Stoff zurück an seinen Platz. »Deinen Vater würde ich übrigens auch gerne kennenlernen.«

Er hielt inne. »Das willst du nicht.«

»Doch, das ist mein Ernst. Du hast mir kaum von ihm erzählt, und ich bin neugierig, was er für ein Mensch ist.«

Pierre blies die Luft durch die Backen. »Das ist in wenigen Worten erzählt. Er ist ein Macho, wie er im Buche steht, und recht direkt, wenn er seine Meinung äußert. Kurz: Du wirst ihn hassen.«

»Er ist Anwalt für Urheberrecht, nicht wahr?«

»Er war Anwalt.«

»Dann ist es Teil seines Berufes, direkt zu sein.«

»Man könnte es auch undiplomatisch nennen. Das ist ein himmelweiter Unterschied.«

Charlotte schürzte die Lippen, um dann jegliche Bedenken mit einer einzigen Handbewegung fortzuwischen. »Sagtest du nicht neulich, du wolltest den Kontakt zu ihm wieder intensivieren? Du hattest ein schlechtes Gewissen, weil du dich so selten bei ihm meldest.«

»Das stimmt. Aber damit meinte ich nicht, dass ich ihn bei unserem ersten gemeinsamen Wochenendurlaub seit Monaten dabeihaben will.« Pierre schüttelte noch einmal den Kopf. »Auf keinen Fall. Wir können ihn gerne mal in Paris besuchen, aber er kommt nicht nach Châteauneuf-du-Pape und damit Schluss!«

»Wann genau wollen wir das tun? Nächstes Jahr? Übernächstes?« Charlottes Stimme hatte wieder diesen eigentümlichen Beiklang, der sich immer dann einschlich, wenn sie ihn im Tiefsten seiner Seele sezierte.

»Das ist ja wohl meine Sache«, entgegnete Pierre. An diesem Punkt würde er stur bleiben. Doch als er das Blitzen in ihren Augen sah, hob er beschwichtigend die Hände. »Sieh mal«, erklärte er, »du stellst dir wahrscheinlich ein entspanntes Familienwochenende vor, bei dem sich alle ganz prächtig amüsieren und am Ende beglückt in den Armen liegen, um sich gegenseitig zu versichern, wie wundervoll es gewesen sei und dass man es bald wiederholen müsse. Aber mein Vater ist nicht gerade das, was man pflegeleicht nennt. Alain ist ein kettenrauchender Selbstdarsteller, der mittags mit einem Pastis den ungezwungenen Teil des Tages einläutet und den Kellnerinnen zum Nachtisch hinterherpfeift.« Pierre verdrehte die Augen. »Das ist mir zu anstrengend. Ich will das Wochenende genießen. Zu zweit.«

»Ihr habt euch gestritten, stimmt's?«

»Das ist nicht der Punkt. Wir leben in unterschiedlichen Welten. Da kann man nichts machen.«

Sie sah ihn ernst an. »Du solltest dich mit ihm aussprechen, bevor es zu spät ist.«

»Ich habe dir doch schon gesagt …« Er hielt inne. »Wie meinst du das?«

»Wie alt ist dein Vater jetzt?«

»Sechsundsiebzig.«

»Ein ketterauchender Mann, der ab mittags trinkt und auch sonst offenbar ein ausschweifendes Leben führt.« Sie sah ihn herausfordernd an, animierte ihn mit einer Handbewegung, den Gedanken zu vollenden.

Für einen kurzen Augenblick schien die Zeit stillzustehen. Pierre nahm die kühle Nachtluft wahr, die durch das offene Fenster strömte und dem Inneren die Wärme des Tages nahm.

»Verdammt«, sagte er, weil er sich unvermittelt an ein Gespräch erinnerte, das er vor wenigen Wochen mit einer alten Freundin geführt hatte. Es war um die große Hitze gegangen und darum, dass die moderne Gesellschaft ihre Alten schlecht versorgt und alleine sterben lässt. Über zweitausend Tote seien es im Hitzesommer 2003 gewesen, nur in Paris, in einer einzigen Woche.

Charlotte hatte recht. Nicht dass er glaubte, sein Vater, der zäher war als jeder andere, würde demnächst aus dem Leben scheiden. Aber wenn, dann würde er sich gewaltige Vorwürfe machen, sich vorher nicht mit ihm versöhnt zu haben.

»Können wir ihn und deine Eltern nicht hierher einladen, nach Sainte-Valérie?«, schlug er vor.

»Wann denn, Pierre?«

»An dem Wochenende nach unserem Kurzurlaub.«

»Da findet der kulinarische Exkurs mit Martin statt, und wir sind bereits ausgebucht.«

»Dann an dem darauf.«

»Da übernehme ich das Catering für eine Silberhochzeit.«

In einer matten Geste hob Pierre die Hände und ließ sie wieder sinken. »Und am folgenden Wochenende?«

»Isabelle hat frei, ich muss also samstags im Laden stehen.«

»Du arbeitest zu viel.«

»Ich weiß.«

»Wie willst du das alles unter einen Hut bringen, wenn wir erst Kinder haben?«

»Bis dahin habe ich mehr Angestellte.« Charlotte lächelte.

»Du lenkst ab, Pierre. Komm schon. Lass uns ein schönes Familienwochenende machen, und wenn es schiefgeht, haben wir es zumindest versucht.«

Er atmete tief durch. »Na schön«, sagte er endlich. Dabei hoffte er, dass weder Charlottes Eltern, die von Hamburg aus anreisen mussten, noch sein umtriebiger Vater so kurzfristig Zeit hatten. »Aber nur Samstag und Sonntag. Den ersten Abend möchte ich mit dir verbringen. Alleine.«

Zumindest den Antrag wollte er ihr unter vier Augen machen.

Charlotte grinste breit. »Einverstanden.«

Zu Pierres Bedauern zeigten sich Charlottes Eltern begeistert von der Idee, ebenso sein Vater, der wenigstens ohne seine dreißig Jahre jüngere Freundin anreisen wollte. Auch die freundliche Rezeptionistin im Schlosshotel ließ ausrichten, dass Ian Fitzgerald die zusätzlichen Gäste gerne willkommen heiße. Und so fuhren sie am ersten Freitag im Oktober bei schönstem Wetter in Charlottes Citroën Berlingo in Richtung Châteauneuf-du-Pape, Pierre am Steuer. Über ihnen weiße Wolkenfetzen, die träge über einen stahlblauen Himmel trieben.

Bei Les Vignères bogen sie ab und nahmen die D98 in Richtung Norden, brausten an abgeernteten Apfelplantagen vorbei und an Feldern mit Futtermais. Mannshohe Schilfgräser wechselten sich mit Nadelholzwäldern und Laubbäumen ab, deren Blätter ein frühherbstliches Oliv angenommen hatten.

Sie hatten gerade die Grotten von Thouzon hinter sich gelassen, als Charlottes Mobiltelefon klingelte.

»Hallo, Papa«, sagte sie und setzte sich aufrecht hin. Dann wechselte sie ins Deutsche, sodass Pierre kein Wort verstand. Ihre Stimme klang plötzlich angespannt. Sie nickte mehrfach, bevor sie etwas erwiderte. Fragend, zutiefst besorgt.

Pierre warf ihr einen raschen Seitenblick zu. Charlotte kaute auf der Unterlippe. Wie ein kleines Mädchen sah sie aus, fand er. Ein entgegenkommendes Auto zwang ihn dazu, sich wieder auf die Straße zu konzentrieren, bevor er erkennen konnte, wie tief ihre Besorgnis war.

»Und?«, fragte er, nachdem Charlotte das Gespräch beendet hatte und sich mit einem Seufzen in den Beifahrersitz zurücksinken ließ.

»Meine Mutter ist gestürzt. Zum Glück kein Bruch, sondern nur eine Prellung. Aber das rechte Bein ist blau und geschwollen, sie muss sich schonen und bleibt zu Hause.«

»Das tut mir sehr leid«, sagte Pierre und bemühte sich, die aufkeimende und gewiss nicht angemessene Erleichterung zu zähmen. »Dann stellst du mir deinen Vater eben ein andermal vor.«

»Keine Sorge, er kommt alleine. Meine Mutter hat darauf bestanden, dass er trotzdem fährt.« Charlotte schmunzelte. »Ich glaube, sie war ganz froh, ein paar Tage für sich zu sein.«

»Ich dachte, er sei pflegeleicht?«

»Nun ja, auf seine Art ist er das wohl auch ...« Sie hielt inne. »Sieh nur die vielen Kieselsteine«, sagte sie dann und zeigte hinaus. »Wir sind schon in der Weinregion Châteauneuf-du-Pape.« Rechts und links der Straße befanden sich Reihen mit kniehohen Reben, die in der typischen Becherform geschnitten waren, dem *gobelet*. Auf einem der Felder durchzog ein Trupp Arbeiter mit Körben das Terrain, einer brachte gerade seine Ausbeute zur Ladefläche des Lasters am Feldrand. »Findest du nicht auch, dass die Pflanzen mit ihren dicken Stämmchen und dem dichten Laub wie Miniaturbäume aussehen?«

Pierre brummte nur. Sie war seiner Frage ausgewichen. Er würde sicher bald herausfinden, warum.

3

Das Schlosshotel lag südlich von Châteauneuf-du-Pape am Ende einer langen, von Platanen gesäumten Auffahrt. Während Pierre den Hinweisschildern zum Parkplatz folgte, der hinter einem tiefgrün schimmernden Wasserbassin lag, ließ Charlotte das Seitenfenster hinab und reckte den Kopf ins Freie.

»Das ist ja wirklich traumhaft«, rief sie aus.

Schwungvoll umkurvte Pierre einen Transporter, aus dem zwei Männer gerade Kisten mit Obst, Gemüse und etlichen Kühlboxen auf einen Gepäckwagen luden, und stellte den Wagen im Schatten eines Kleinlasters ab, auf dem der Schriftzug *MotionFilmProductions* prangte.

In diesem Moment öffnete sich dessen Schiebetür. Eine etwa vierzigjährige Frau mit schulterlangem, krausem Haar und weitem Strickpulli über enger Hose stieg aus und eilte grußlos an ihnen vorbei. Pierre erhaschte einen Blick ins Innere. Ein Mann mit schwarzem T-Shirt und zerrissener Jeans saß vor einer Wand voller Regler, Tastaturen und Bildschirmen, auf denen ein Störsignal flackerte.

»Die haben sogar einen Übertragungswagen«, murmelte Pierre. »Ich dachte, so etwas gibt es nur bei Live-Sendungen.«

»Das ist doch nebensächlich«, sagte Charlotte, die inzwischen ihre Kosmetiktasche und den Schuhbeutel aus dem Kofferraum gezogen hatte. »Hast du das Hotel gesehen? Es ist phantastisch.«

Pierre folgte ihrem Blick.

Das *Château des Vignes* sah in echt fast noch schöner aus als auf den Fotos im Internet. Das dreistöckige Sandsteingebäude mit den hübschen Dachgauben wirkte imposanter, das Hellblau der Fensterläden strahlender. Das Laub der Weinranken, das die Fassade des Untergeschosses bedeckte, hatte einen roten Farbton angenommen, was, wie Pierre fand, dem Ganzen eine märchenhafte Note verlieh.

Auf der linken Seite des Hotels schloss sich eine Terrasse an, auf der Tischgruppen aus weiß lackiertem Metall verteilt standen. Dies war also das Restaurant mit dem legendären Blick über die Weinfelder.

Pierre griff nach dem Koffer und folgte Charlotte an herbstlich bepflanzten Beeten vorbei die steinernen Stufen hinauf zum Vorplatz. Innerlich jubilierend. Das war genau der richtige Ort für sein Vorhaben!

Beinahe wäre er mit Charlotte zusammengestoßen, die unvermittelt stehen geblieben war.

»Sieh mal«, flüsterte sie und deutete mit dem Kopf nach links. »Ist das nicht Georges Leveque?«

Auf der Restaurantterrasse stand ein Mann mit dünnem dunkelbraunem Haar und rauchte. Er trug einen gezwirbelten Schnurrbart samt Kinnbärtchen und wirkte wie die Karikatur eines französischen Kochs. Nur dass er nicht ganz so rundlich war und statt der weißen Jacke und des obligatorischen Halstuches einen schwarzen Rollkragenpullover zur Anzughose trug.

Pierre konnte sich nicht erinnern, ihn jemals gesehen zu haben. »Georges Leveque? Wer soll das sein?«

»Das ist ein bekannter Fernsehkoch. Er besitzt Restaurants in Paris, Bordeaux und Nantes und hat für seine erstklassige Küche schon etliche Preise gewonnen.«

»Ein Koch?« Die Karikatur war also Wirklichkeit. »Ich dachte, sie zeichnen hier eine Homestory auf.«

In diesem Augenblick kam Bewegung in den Fernsehkoch. Er winkte in Richtung des Parkplatzes, von dem nun eine etwa fünfzigjährige Brünette mit langem, gewelltem Haar und gutsitzendem Kostüm hinaufkam. Über der Schulter trug sie eine Reisetasche, die dasselbe Leopardenmuster hatte wie der Kleidersack in ihrer Hand.

Leveque erwartete sie mit einem strahlenden Lächeln. »Caterine Ouziel, ich bin hocherfreut, Sie endlich kennenzulernen.«

»Die Ehre ist ganz meinerseits.« Die Angesprochene blieb stehen und ließ sich drei Wangenküsschen geben. Die Szene hatte etwas Exaltiertes, sodass Pierre sich nur schwer davon lösen konnte.

»Na, komm schon«, flüsterte Charlotte und ging dem weit geöffneten Eingangsportal entgegen.

Schulterzuckend folgte ihr Pierre. Dabei fiel ihm auf, dass Charlottes Gang irgendwie anders war als sonst, jeder Schritt begleitet von einem kecken Hüftschwung. Wollte sie etwa diesen Fernsehkoch beeindrucken?

Ein greller Ruf ließ ihn zusammenzucken. »Vorsicht, passen Sie doch auf!«

Beinahe wäre er über einen Mann gestolpert, der im dunklen Entree auf dem Boden hockte, um ein Kabel mit Tape auf dem Boden zu fixieren.

»Désolé!«, murmelte er und drängte sich mit hoch erhobenem Koffer an dem Knienden vorbei.

Der Empfangsbereich war großzügig. Hohe Stuckdecken, ein weißer Steinboden mit schwarzen Einlässen. Rechts dunkelgrün bezogene Samtstühle, die sich um einen Beistelltisch gruppierten. Eine Frau mit raspelkurzem Haar bog um die Ecke, eine zum Gerippe zusammengeklappte Studiolampe auf der Schulter balancierend, und verschwand grußlos durch eine Flügeltür auf der Linken, hinter der sich – dem Klappern von Geschirr zufolge – offenbar das Restaurant befand.

»Das sieht nicht wirklich nach einer Homestory aus …«, wiederholte Pierre und stellte sich zu Charlotte an die Rezeption. Dann ließ er die Hand auf einen altmodischen Klingelknopf herunterfahren, der auf dem Tresen stand.

Das Geräusch war schrill und durchdringend, und es dauerte keine Minute, bis ein durchtrainierter Mann mit rotblondem Haar, den Pierre auf Anfang sechzig schätzte, durch die Flügeltür trat.

»Charlotte, Pierre«, sagte er mit einem erschöpften Lächeln, »ich freue mich, euch beide endlich kennenzulernen.« Er streckte ihnen die Hand entgegen, wobei sich die Muskeln seines Oberarmes unter dem Hemd gefährlich spannten. »Ich bin Ian.«

Martin Cazadieus neuer Lebensgefährte sah gut aus, braungebrannt und mit auffallend gepflegten Händen.

Charlotte begrüßte ihn mit einem strahlenden Lächeln. »Vielen Dank, dass wir kommen durften, trotz der Dreharbeiten.«

»Ich weiß gar nicht, ob das so eine gute Idee war«, sagte Ian und fuhr sich mit einem Stoßseufzer über das Haar. »Die Filmleute nehmen das ganze Château für sich ein und verbreiten ein ziemliches Chaos.«

»Was wird hier eigentlich gedreht?«

»Sie zeichnen eine Kochsendung auf. Drei Gastronomen aus je einer der dreizehn Regionen Frankreichs treten gegeneinander an, die fünf Überseegebiete ausgeschlossen. Dem Gewinner oder der Gewinnerin winkt eine Investition von einer halben Million Euro in sein oder ihr Unternehmen.«

»Eine Kochsendung?« Pierre runzelte die Stirn. »Aber das Restaurant ist trotzdem geöffnet, oder?«

»Nein, tut mir leid.«

»Und«, Pierre musste sich sehr zusammenzureißen, um seinen Ärger und seine Enttäuschung nicht laut zu äußern, »was ist mit der Reservierung für heute Abend?«

Ians Augen weiteten sich. »Ach, verdammt. Ich hatte ganz vergessen, dass ...« Er unterbrach sich gerade noch rechtzeitig. »Es ist mir furchtbar peinlich. Die Produktion hat mich kurzfristig darum gebeten, den Restaurantbetrieb heute schon einzustellen, damit die Technik rechtzeitig aufgebaut werden kann. Und weil wir so gut wie keine Voranmeldungen haben ... Ich hätte es dir sagen müssen, aber ich war komplett durch den Wind.« Ians Augen begannen zu schimmern. »Vergangenen Sonntag ist ein guter Freund tödlich verunglückt.«

Charlotte hob erschrocken die Hand vor den Mund.

»Das tut mir sehr leid«, murmelte Pierre. »Was ist denn passiert?«

»Ein Unfall. Es war sehr stürmisch, und da haben sich wohl Dachziegel gelöst. Er konnte nicht mehr ausweichen.« Ians Lippen bebten, und er atmete tief durch, bevor er fortfuhr: »Ausgerechnet jetzt! Christophe stand kurz davor, sein Weingut zu verkaufen. Er wollte mit seiner Frau Agnès an die Atlantikküste ziehen, sich dort ein schönes Leben machen. Und nun ...« Er straffte die Schultern und versuchte ein Lächeln. »Aber dafür könnt ihr natürlich nichts, und ich will mein Versäumnis wiedergutmachen. Wenn ihr möchtet, kann ich euch für heute Abend einen Tisch in einem anderen Restaurant besorgen. Das *Entre Vigne et Garrigue* ist wirklich hervorragend. Man fährt von hier etwa zwanzig Minuten in Richtung Avignon. Oder das *Le Goût du Vin*, eine neue Weinbar mit ausgezeichneter Bistroküche. Sie gehört Caterine Ouziel, einer Kandidatin dieser Kochsendung.«

Pierre sah auf seine neue Armbanduhr, die er von Charlotte

zum Geburtstag bekommen hatte. Es war neunzehn Minuten vor sechs. Um halb acht würde die Sonne untergehen, es war also denkbar knapp. Außerdem war dieser zauberhafte Ort, war die Abendstimmung über dem Weinfeld das Kernstück seines Plans gewesen.

»Gibt es einen guten Lieferservice?«

»Nicht hier in der Gegend.« Ian rieb sich das Kinn und lächelte plötzlich. »Ich habe eine Idee. Wie wäre es, wenn ihr euch eine Kleinigkeit kocht? Mein Küchenchef hatte für heute Maispoulardenbrüste gekauft, die könnt ihr gerne verwenden. Und die Produktion hat einen ganzen Supermarkt geplündert, viel mehr, als die teilnehmenden Köche je verarbeiten können. Ich kläre das mit dem Aufnahmeleiter. Es wäre das Mindeste, was sie tun können, um den Ausfall zu entschädigen.«

Pierre setzte zu einer Erwiderung an, er wollte nicht, dass Charlotte an diesem Wochenende auch nur eine Sekunde in der Küche stand.

»Das ist eine gute Idee«, kam sie ihm zuvor. »Ich werde uns Maispoulardenbrust mit Champignons machen, dazu einen Feldsalat. Das geht schnell.«

»Klingt gut.« Pierre grinste. »Aber dieses Mal helfe ich dir beim Zubereiten.«

Ian klatschte in die Hände, sichtlich froh über diese Lösung. »Nehmt die mittlere Kochstelle, die ist als einzige nicht abgedeckt. Ihr müsstet sie nur bitte sauber hinterlassen. Fühlt euch wie zu Hause. Alkoholische Getränke findet ihr in der Bar, ebenso Wasser und Softdrinks. Der Frühstücksraum geht links vom Restaurant ab, da steht ein Kaffeeautomat. Schreibt einfach auf einen Zettel, was ihr entnommen habt, wir rechnen das dann am Ende ab.« Er zog einen Schlüssel mit altmodischem Keramikschild aus der Schublade. »Dann zeige ich euch jetzt mal euer Zimmer. Wie alle anderen trägt es den Namen einer historisch bedeutsamen Frau. Es ist nach Louise de la Vallière benannt, der Lieblingsmätresse von Ludwig dem XIV.«

»Monsieur Fitzgerald?« Ein Mann mit übergroßer Baseballkappe und geröteten Wangen war wie aus dem Nichts im Foyer aufgetaucht. »Der Strom ist wieder ausgefallen. Nun schon zum dritten Mal.«

»Ich bin gleich bei Ihnen«, antwortete Ian. »Ich will nur rasch unsere Gäste aufs Zimmer bringen.«

»Dauert das lange? Der Aufnahmeleiter wird gerade wieder hysterisch.«

»Geh nur«, sagte Charlotte und streckte die Hand nach dem Schlüssel aus. »Wir kommen schon zurecht.«

Ian nickte erleichtert. »Das Zimmer liegt im ersten Stock auf der linken Seite. Der Name steht an der Tür.« Er beugte sich zu Pierre. »Im Kühlschrank hinter der Bar findest du auch Champagner«, raunte er ihm zu. »Der geht aufs Haus. Viel Erfolg!« Dann zog er mit dem Techniker davon.

»Na dann«, sagte Pierre und hob den Koffer an.

Der Aufgang war im selben hellen Sandstein gehalten wie die Außenmauern. Über eine Treppe mit gusseisernem Geländer gelangten sie zu einem Flur, an dessen Ende sich ihr Zimmer befand.

»*Et voilà*«, sagte Pierre, als er die Tür aufstieß. »Unser Reich für die nächsten Tage. Treten Sie ein, Mademoiselle.«

Der Raum war elegant und gleichzeitig verspielt. Die salbeifarben gestrichenen Wände waren an der Bettseite mit einer Blumentapete in Rostrot, Mint und Creme kontrastiert. Dasselbe Blumenmuster fand sich in Betthimmel, Überdecke, Gardinen und Kissen wieder. Eine stimmige Zusammenstellung, zweifellos, wenngleich es ihn an eine Puppenstube erinnerte.

»Hübsch ist es hier.« Charlotte ließ sich auf einem Sessel

nieder und nahm sich von der Etagere die mit einem Gruß von Ian auf dem Beistelltisch stand, eine Praline. »Wie in einem richtigen Schloss.«

»Ebenso kitschig«, sagte Pierre grinsend.

Sie lachte. »Komm schon, das ist romantisch!«

Pierre öffnete den Riegel der Balkontür und trat hinaus. Hatte ihn die abendliche Planänderung vorhin noch verstimmt, so entschädigte ihn der Anblick nun für alles. Vor ihm lag ein grün-grau schimmerndes Weinfeld, dessen Konturen sich im milchig werdenden Licht verloren.

»Hier lässt es sich aushalten«, murmelte er. Er legte beide Hände auf das Geländer und schloss die Augen, spürte die weiche, lauwarme Luft auf der Haut. Dann gab er sich einen Ruck. »Wir sollten uns beeilen«, sagte er, während er die Balkontür hinter sich wieder verriegelte. »Es wird bald dunkel.«

4

Die Hotelküche war überraschend groß und versprühte denselben ländlich-aristokratischen Charme wie das restliche Hotel. Geblümte Vorhänge umrahmten die Flügeltüren, deren Glasscheiben für die morgige Produktion mit lichtdurchlässiger Folie überklebt waren. Sie wurden kontrastiert von einer Küchenzeile aus Edelstahl und Studiolampen, die sich ebenso wie der Kamerawagen wie Fremdkörper ausnahmen.

In der Mitte des Raumes befand sich eine Kochinsel, bestehend aus drei modernen Herdelementen im Stil gusseiserner Öfen, die man mit mobilen Arbeitsplatten voneinander getrennt hatte und auf denen Schalen mit Äpfeln, Birnen und Trauben sowie bunt gemischte Kräutertöpfe standen. Alles war blitzblank geputzt, bereit für die morgige Aufzeichnung.

»Da traut man sich ja kaum, irgendetwas anzufassen«, murmelte Pierre und betrachtete den mittleren Herd, der als einziger nicht abgedeckt war.

Aber Charlotte lachte nur. Sie inspizierte die Kühlschränke und entnahm zwei Maispoulardenbrüste, eine große Handvoll Feldsalat, dazu Champignons und Feigen und legte sie mitsamt einem Stück durchwachsenen Specks auf die Arbeitsplatte, die zum mittleren Herd gehörte. Dann schaltete sie ihn ein. »Die Stromversorgung scheint auf jeden Fall wieder zu funktionieren.«

Pierre sah zu, wie sie die Maispoularden salzte und zusammen mit einer zerquetschten Knoblauchzehe in eine Pfanne mit heißem Öl legte. »Was kann ich tun?«

»Den Salat waschen und trocken schwenken«, sagte Charlotte, während sie die Temperatur herunterschaltete und einen Deckel über die Poulardenbrüste legte. »Ich putze inzwischen die Champignons. Ach, und ich möchte die Dekoration nicht zerstören, könntest du bitte nachsehen, ob sich vor der Küche ein Kräuterbeet befindet? Ich brauche einige Zweige Thymian und Rosmarin.«

Pierre tat wie geheißen und öffnete die mit Folie beklebte Tür. Das Licht hatte einen dunstigen Schleier bekommen, und die Luft war erfüllt vom Duft der Kräuter, die, wie Charlotte vermutet hatte, draußen in großen Kübeln wuchsen und von denen er nun einige Stängel abschnitt.

Als er die Küche wieder betrat, stand der Fernsehkoch, dessen Namen Pierre bereits vergessen hatte, im Türrahmen. Das gleichmäßig dunkle Haar wirkte im hellen Licht gefärbt, ebenso wie der geckenhaft gestutzte Schnurrbart.

»Guten Abend«, sagte er in strengem Tonfall. »Darf ich fragen, was Sie hier machen?«

»Das geht schon in Ordnung«, sagte Pierre. In aller Seelenruhe brauste er den Feldsalat und die Kräuter ab und legte beides auf die Ablage neben den Herd. »Ian hat es mit der Produktionsleitung abgesprochen.«

»Aber Sie räumen das Ganze auch wieder auf, nicht wahr?«

»Natürlich.« Charlotte legte die Kräuter zu den Poularden, wischte sich die Hände in einem Tuch ab und nickte ihm lächelnd zu. »Es ist schön, Sie persönlich kennenzulernen, Monsieur Leveque. Ich bewundere Ihre Arbeit sehr.«

Der Fernsehkoch war sichtlich geschmeichelt. »Das freut mich. Haben wir uns nicht schon einmal gesehen?«

»Vorhin, bei unserer Ankunft.«

»Ah, richtig.« Er trat näher und gab ihr drei Wangenküsschen. »Sie können mich gerne Georges nennen. Wenn Sie wollen, gebe ich Ihnen gerne ein Autogramm.«

»Sie ist selbst eine erfolgreiche Köchin«, meldete sich Pierre zu Wort, der eine spontane Abneigung gegen den Mann empfand. »Charlotte war Chefköchin der *Domaine de Grès* in Sainte-Valérie.«

»Alle Achtung! Das Restaurant hat einen hervorragenden Ruf. Und wo arbeiten Sie jetzt?«

»Ich habe mich selbstständig gemacht«, antwortete Charlotte.

Georges Leveque betrachtete sie mit wachsendem Interesse. »Und wie heißt Ihr Restaurant?«

»Nun ja, es ist genau genommen kein Restaurant, sondern eine *Épicerie* mit provenzalischen Gerichten zum Mitnehmen.«

Leveque verzog den Mund. »Ein Lebensmittelgeschäft, nach einem solchen Posten?«

Es hatte arrogant geklungen, und Pierre stellte sich neben Charlotte, sodass der Fernsehkoch einen Schritt zurücktrat.

»Die *L'Épicerie Provençale* ist der wohl beliebteste Feinkostladen des gesamten Luberon«, sagte er harsch. »Sämtliche Gerichte, die Charlotte zum Mitnehmen anbietet, stammen aus frischen regionalen Produkten und stehen in Geschmack und Qualität etablierten Restaurants in nichts nach.« Er wartete, und als sich der Fernsehkoch noch immer nicht beeindruckt zeigte, setzte er nach: »Sie hat sogar ein Kochbuch über die provenzalische Landhausküche geschrieben.«

»Muss ich es kennen?«

»Nicht doch.« Charlotte, die sich inzwischen wieder der Zubereitung des Essens widmete, warf Pierre einen mahnenden Blick zu. »Es ist bei einem deutschen Verlag erschienen.«

»Sie sind keine Französin?«

»Meine Mutter stammt aus Banyuls-sur-Mer.« Sie schnitt den Speck in kleine Würfel und warf ihn in eine weitere Pfanne. Dann wies sie mit dem Kopf in Richtung des technischen Equipments, offenbar entschlossen, das Thema zu wechseln. »Das ist ein schöner Ort für eine Kochsendung. Nicht so steril, wie man es aus den Studioküchen kennt.«

»Sie sagen es«, antwortete Leveque, und nun strahlte er wieder. »Wir suchen uns die schönsten Plätze aus und drehen dann dort. In allen dreizehn Regionen Frankreichs, Korsika eingeschlossen. Jede Woche tritt ein anderes Dreierteam gegeneinander an, bestehend aus exzellenten Köchinnen und Köchen. Die Kandidaten werben in den jeweiligen Regionen um die Gunst der Jury, die nur aus mir alleine besteht.«

»Ich dachte, die Zeit der Kochshows sei längst vorbei.« Pierre hatte es sich nicht verkneifen können. Dieser Typ brauchte dringend ein wenig Bodenhaftung.

»Sie haben ja keine Ahnung! In Zeiten von Netflix eröffnen sich völlig neue Dimensionen. Das Visuelle steht im Vordergrund. Bei *Le chef, c'est moi* spielen die regionalen Eigenarten und Spezialitäten neben den Darstellern eine wichtige Rolle. Nicht nur in den zu kochenden Speisen, sondern auch in den Hintergrundberichten. Es gibt Besuche bei Herstellern, Drohnenflüge über die Landschaft, außerdem Insidertipps beim Einkauf und für die Zubereitung. Und jede Folge hat einen Plot-Twist, für den wir extra ein Skriptteam verpflichtet haben.« Leveque hob die Hände in die Luft, als preise er den Herrn. »Bild und Drama. Es ist wohl das beste und aufwendigste Format seit der Erfindung der Kochsendung. Ein Highlight im Leben aller sinnesfreudigen Menschen, ein kulinarisches Event mit emotionalem Showdown!«

»Klingt spannend«, sagte Charlotte, ohne wirklich beeindruckt zu wirken. Sie schnitt die Poulardenbrüste in dicke Scheiben, vermengte sie mit den gebratenen Champignons und dem abgelöschten Bratensatz und legte sie auf die vorbereiteten Teller. Daneben drapierte sie den Salat, den sie mit den Feigen und den gebratenen Speckwürfeln dekorierte. Zum Schluss träufelte sie Vinaigrette über das Arrangement. »So, fertig. Sie entschuldigen uns, der Sonnenuntergang wartet.«

Es wurde ein wunderbares Abendessen. Die Zubereitung hatte nicht länger als eine halbe Stunde gedauert, aber es schmeckte einfach umwerfend. Pierre hatte dazu einen Rotwein ausgesucht, einen *Grenache* aus Ians Weingut, und die Entnahme wie besprochen auf einem Zettel notiert.

Die Luft war inzwischen frisch geworden, und sie hatten ihre Jacken angezogen, fest entschlossen, den Abend im Freien zu verbringen. Während des Essens hatten sie kaum gesprochen, so als wollten sie jede Minute dieser besonderen Stimmung in sich aufsaugen.

Pierre trank noch einen Schluck Rotwein, genoss den Geschmack nach dunklen, reifen Pflaumen und sah in das Abendlicht, das sich nun orangerot über die Weinfelder ergoss.

Jetzt, dachte er und schob seine Hand in die Jackentasche, wo die hübsch verpackte Schachtel mit dem Ring auf ihren Einsatz wartete. Er sah zu Charlotte, die zurückgelehnt im Stuhl saß, den Blick in die Ferne gerichtet. Ihr Haar hatte im Licht der untergehenden Sonne einen rötlichen Schimmer angenommen. Sie wirkte entspannt, zufrieden.

Sein Herz klopfte heftig. Der große Moment war gekommen. Aber etwas fehlte noch: der Champagner.

»Ich bin gleich wieder bei dir«, sagte Pierre und erhob sich.

»Danke, dass du mich vorhin verteidigt hast«, sagte Charlotte, als Pierre die Schwelle zum Restaurant bereits überschritten hatte.

Er blieb stehen und drehte sich um. »Ich hatte das Gefühl, es sei dir gar nicht so recht gewesen.«

»Ich wollte nur keinen Streit.« Sie zuckte die Schultern. »Es ist doch auch egal, was Georges Leveque von mir hält. Hauptsache, meine Kunden sind zufrieden.«

Pierre meinte, in ihrer Antwort einen Hauch von Resignation herauszuhören oder eine gut versteckte Empörung.

»Nein, es ist nicht egal, *ma douce*, es war unhöflich und herablassend von ihm. Das hast du nicht verdient.«

Er wandte sich um und durchquerte das halbdunkle Restaurant. Auch hier warteten Scheinwerfer, die um einen gedeckten Tisch positioniert waren, auf ihren Einsatz. Gleich neben dem Übergang zur Küche würden sie wohl den Juror filmen, wie er die kulinarischen Darbietungen probierte und beurteilte.

Ein einzelner Juror! Das war unausgewogen und lud zu geheimen Absprachen ein, um einen Kandidaten oder eine Kandidatin bis in die letzte Runde zu schieben, in der dann die Investoren entschieden. Aber vielleicht waren ja Zuschauer, die sich über die Ungerechtigkeiten austauschten oder gar echauffierten, Teil des Sendekonzepts. Es würde darüber geredet und geschrieben werden. Aufmerksamkeit garantiert.

Hinter dem Bartresen ging Pierre in die Hocke. Er fand den Kühlschrank und entnahm ihm den Champagner, einen *Récolte Noir*.

Pierre schloss den Kühlschrank und richtete sich mit der Flasche in der Hand wieder auf, als das Deckenlicht aufglomm. Vor ihm stand ein gutaussehender Mann Ende siebzig, der einen Satz nach hinten machte und sich mit einem Aufschrei an die Brust fasste.

»Wie können Sie mich so erschrecken!«, rief er aus und stutzte dann. »Pierre? Was machst du denn hier im Dunkeln? Bist du so tief gesunken, dass du jetzt schon Champagner klaust?«

»Alain!«

Fast hätte Pierre seinen eigenen Vater nicht erkannt. Das noch immer dichte graue Haar trug er etwas länger als sonst, und er hatte sich einen Bart stehen lassen, der ihm einen verwegenen Ausdruck verlieh. Mit seiner lässigen Cordjacke wirkte er eher wie ein Künstler denn wie ein Jurist im Ruhestand. Pierre stellte den Champagner auf dem Bartresen ab und beugte sich vor. Klopfte seinem Vater in einer ungelenken Bewegung auf die Schulter.

»Schön, dich zu sehen. Ich dachte, du kommst erst morgen.«

Alain zuckte die Schultern. »Ich hatte keine Lust, mich in einen der frühen Züge zu quetschen, um mir mit all den Pendlern einen stickigen Großraumwagen zu teilen. Also bin ich schon heute Nachmittag losgefahren, *et voilà:* Hier bin ich.« Er betrachtete seinen Sohn und runzelte die Stirn. »In Paris warst du schlanker, mein Junge. Das gute Landleben macht dich wohl träge.«

Pierre ignorierte die Spitze und warf stattdessen einen raschen Blick ins Freie. Der Himmel hatte bereits eine dunkelviolette Farbe angenommen. Aus Bodenlampen erglomm warmes Licht. »Hör mal, ich wäre dir dankbar, wenn wir unsere Wiedersehensarie auf morgen verschieben könnten. Ich habe nämlich noch etwas vor.« Er nahm zwei Gläser aus dem Regal oberhalb des Tresens und wies mit einem Nicken in Richtung der Terrasse.

»Sitzt sie da, deine neue Flamme?«

»Flamme, ja, aber nicht neu. Es sind schon zwei Jahre.«

»Tatsächlich? Wie die Zeit vergeht …« Alain machte einen Schritt in Richtung der Terrassentür. »Willst du sie mir nicht endlich vorstellen?«

Pierre griff nach dem Champagner und schob sich zwischen seinen Vater und die Tür. »Morgen gerne. Aber der heutige Abend ist reserviert. Nur Charlotte und ich, verstanden?«

Alain Durand tat, als habe er ihn nicht gehört, und drängte sich mit einem Geräusch, das wie ein Knurren klang, an ihm vorbei auf die Terrasse.

Pierre eilte ihm nach. »Alain«, zischte er. »Verdirb es mir nicht, bitte!«

Doch sein Vater war bereits an ihrem Tisch angekommen.

»Wie schön, Sie endlich kennenzulernen. Sie sind ja noch hübscher, als ich dachte.«

Pierre trat neben ihn, Champagner und Gläser hinter dem Rücken verborgen. »Charlotte«, sagte er mit einem Seufzen, »darf ich vorstellen? Das ist mein Vater Alain. Alain, das ist Charlotte.«

»Freut mich sehr.« Sie erhob sich und reichte Pierres Vater die Hand, woraufhin er sich verbeugte und einen Kuss auf ihre Finger hauchte.

»*Enchanté!* Wirklich bezaubernd, deine Freundin«, sagte er, ohne den Blick von Charlotte zu wenden. »Mein lieber Pierre, du hast einen hervorragenden Geschmack.«

»So«, unterbrach Pierre das Geplänkel. »Mein Vater wollte nur kurz *bonjour* sagen und sich dann zurückziehen. Er hatte eine anstrengende Fahrt. Gute Nacht, Alain, wir sehen uns dann morgen zum Frühstück.«

»Ach, so anstrengend war es gar nicht.« Pierres Vater zog sich einen Stuhl heran und nahm neben Charlotte Platz. »Der TGV braucht von Paris aus nur zwei Stunden und einundvierzig Minuten bis Avignon. Und das Taxi höchstens zwanzig

Minuten. Kaum zu glauben, nicht wahr? Früher, als wir den kleinen Pierre zu seiner Tante in die Provence geschickt haben, brauchte man noch einen ganzen Tag. Erinnerst du dich, mein Junge? Du warst gerade groß genug, um von deinem Platz aus mit gereckter Nasenspitze über die Fensterkante zu gucken. Wir haben dich am Morgen in Paris in den Zug gesetzt, und Tante Pauline hat dich am Abend mit ihrem alten Citroën vom Bahnhof in Avignon abgeholt.«

»Du bist als kleines Kind die ganze Strecke alleine gefahren?«, staunte Charlotte.

»Ich war schon zwölf«, korrigierte Pierre verstimmt. »Und ich konnte sehr gut aus dem Fenster sehen.«

Er schnalzte verärgert mit der Zunge. Nicht nur, dass sein Vater ihm den Moment zerstört hatte, auf den er seit Wochen hinarbeitete – er fand offenbar auch nichts dabei, ein schlimmes Kapitel in ihrem gemeinsamen Leben auf eine alberne Geschichte zu reduzieren. Der einzige Sommer, in dem seine Eltern ihn alleine in die Ferien geschickt hatten, war jener, in dem seine Mutter starb.

Sie hatten ihn in dem Glauben gelassen, er solle Tante Pauline in ihrer Pension zur Hand gehen. Er war sich plötzlich sehr erwachsen vorgekommen. Stolz war er mit seinem Koffer durch das Abteil zu seinem Platz gegangen und hatte die Nase an die Fensterscheibe gepresst, bis der Zug Fahrt aufnahm und seine Eltern aus seinem Blickfeld verschwanden. Er hatte nicht gewusst, dass er seine Mutter, die dem Zug mit Tränen in den Augen nachwinkte, als Sterbende wiedersehen würde.

Es war Alains Entscheidung gewesen. Er hatte keine Ahnung, was er mit dem Jungen anfangen sollte, während seine Frau Evelyne wegen einer erst spät diagnostizierten Autoimmunerkrankung im Krankenhaus lag. Die Schule war geschlossen, und die Klienten warteten, also rief er kurzerhand bei ihrer Schwester Pauline an und fragte, ob sie den Jungen so lange bei sich aufnehmen könne.

In dem Moment, als *Maman* – den Tod vor Augen – darum bat, ihren Sohn ein letztes Mal sehen zu dürfen, war er achthundert Kilometer von ihr entfernt. Pierre wusste noch genau, welches Kleid Tante Pauline trug, als sie im Morgengrauen in ihrem alten Citroën nach Paris aufbrachen. Es war rot gewesen, mit weißen Punkten. Ein Kleid, das sie oft bei fröhlichen Anlässen trug, zu einem Picknick oder einem Ausflug an den Strand. Pierre hatte sich später oft gefragt, ob sie es gewählt hatte, um Zuversicht auszustrahlen. Und noch heute löste diese Farbkombination eine unvermittelte Beklemmung aus, die ihm jedes Mal den Atem nahm.

Die Erinnerung hatte ihn mit voller Wucht getroffen, und er musste heftig schlucken. Es war ein Fehler gewesen, Alains Kommen zuzustimmen. Er hätte wissen müssen, dass seine Anwesenheit alte Wunden aufreißen würde.

Mit Nachdruck stellte Pierre den Champagner und die Gläser auf dem Tisch ab. »Ich würde dich jetzt gerne zu deinem Zimmer begleiten«, sagte er, noch immer stehend. »Morgen ist ein neuer Tag.«

»Er will mich loswerden, merkst du das?« Alain zwinkerte Charlotte zu. »Aber es gefällt mir hier draußen, es ist so ein atmosphärischer Ort. Ich kann mich natürlich gerne an einen anderen Tisch setzen, um eure Zweisamkeit nicht zu stören …«

Er erhob sich langsam, während er so tat, als sei er fest entschlossen, und seine Lippen zuckten kurz, als Charlotte ihn am Arm zurückhielt.

»Ich bitte Sie. Ich freue mich doch, Sie endlich kennenzulernen.«

»Das ist schön«, schmunzelte Pierres Vater und sank zurück in den Stuhl. »Aber das *Sie* verbitte ich mir. Ich bin Alain.« Er kramte ein Feuerzeug aus der Jackentasche und entzündete erst eine Zigarette, dann das Windlicht. Mit einer erhobenen Braue wandte er sich an Pierre. »Was ist, willst du unser Wiedersehen im Stehen feiern, oder holst du ein drittes Glas, damit wir darauf anstoßen können?«

Charlotte warf Pierre ein Lächeln zu. »Er ist süß«, formten ihre Lippen.

Süß! Pierre gab sich geschlagen. Er kannte seinen Vater. Nun, da er offenbar Gefallen an Charlotte gefunden hatte, würde er sich nicht so einfach von seinem Platz vertreiben lassen. Nun gut, aber den Champagner würde er für später aufbewahren. Seufzend brachte Pierre die Flasche samt Gläser zurück zur Bar und kehrte mit einem dritten Weinglas und einer neuen Flasche Rotwein zurück. Hastig, bevor Alain einfallen konnte, weitere Geschichten vom kleinen Pierre zu erzählen.

Als er ins Freie trat, fiel ihm auf, dass sie nicht mehr alleine auf der Terrasse waren. Einige Tische weiter hatten sich zwei Männer mittleren Alters niedergelassen, ihnen gegenüber saß die elegant gekleidete Frau, die Georges Leveque bei ihrer Ankunft als Caterine Ouziel begrüßt hatte. Offenbar hatten die drei etwas sehr Wichtiges zu besprechen. Der jüngere der beiden Männer, hochgewachsen, mit randloser Brille, in Jeans und hellblauem Wollpullover, saß nach vorne gebeugt und mit gerunzelter Stirn da, während sich der andere mit einer Hand die Strickmütze über dem schulterlangen Haar zurechtschob und die Frau sichtlich entgeistert anstarrte.

»Der Mann mit der Mütze und den vielen Tattoos ist Alexandre Pithois«, flüsterte Charlotte Pierre zu, nachdem er den Wein eingeschenkt hatte und sich wieder setzte. »Pithois ist ein talentierter Gastronom, von dem man sicher noch viel hören wird. Er hat im vergangenen Jahr für sein Szene-Restaurant einen Preis gewonnen. Aber ich habe gelesen, dass er sich übernommen hat und kurz vor dem Konkurs steht.«

»Und wer ist der andere?«, fragte Pierre.

»Den kenne ich nicht«, wisperte Charlotte, die von ihrem Platz einen direkten Blick auf die Neuankömmlinge hatte. »Sie sehen nicht so aus, als könnten sie sich besonders gut leiden.«

»Vielleicht gehört es zum Konzept der Sendung, konkurrierende Gastronomen einzuladen«, unkte Pierre. »Sie wirken, als kämen sie aus unterschiedlichen Welten.«

»Wovon zum Teufel redet ihr?«, fragte Alain.

»Über die Aufzeichnung einer Kochsendung.«

Alain wandte den Kopf in Richtung der Debattierenden. »Die Frau ist attraktiv«, kommentierte er und küsste seine Fingerspitzen, »sie hat hübsche lange Beine. Wenn sie nun auch noch kochen kann …«

Pierre verdrehte die Augen, als es am anderen Tisch lauter wurde.

»Ich verstehe nicht, wieso du das tust«, rief der Szenekoch aus. »Man könnte denken, du seist käuflich.«

Caterine Ouziel warf beide Hände in Höhe. »Bin ich nicht, und das wisst ihr auch. Aber so ist nun mal das Geschäft.«

»Es gibt rote Linien.«

Sie zuckte mit den Schultern und strich sich kokett das Haar zurück. »Wenn ich es nicht tue, dann machen es andere.« Das Telefon vor ihr auf dem Tisch klingelte, sie warf einen Blick aufs Display und runzelte die Stirn. Dann steckte sie es in ihre Tasche. »Akzeptiert es oder nicht. Aber lasst mich mit euren lächerlichen Vorwürfen in Ruhe.« Caterine Ouziel erhob sich. »Wenn ihr mich jetzt bitte entschuldigt. Wir sehen uns morgen früh, *bonne soirée.*« Mit erhobenem Kopf überquerte sie die Terrasse, sodass unter ihren hohen Absätzen Steinchen aufstoben, und verschwand im Restaurant. Wenig später hörte man die Tür zum Hotelfoyer laut zuknallen.

»*Santé*«, sagte Alain in die Stille hinein und hob sein Glas. »Lasst uns endlich anstoßen. Ich habe einen verdammten Durst. Auf die Familie!«

»Auf die Familie«, wiederholte Charlotte, und dann ließen sie ihre Gläser aneinanderklingen. Dabei zwinkerte sie Pierre zu, als sei ihr seine Anspannung nicht verborgen geblieben. Nimm es gelassen, sagte ihr Blick. Sie stellte das Glas ab und lehnte sich im Stuhl zurück. »Habt ihr schon mal einen derart grandiosen Sternenhimmel gesehen?«

Pierre tat es ihr nach, legte den Kopf in den Nacken. Auf dem nächtlichen Firmament funkelten tausend Sterne wie kleine Brillanten. Er erkannte das Bild des Pegasus und das der Andromeda, der fernen Nachbargalaxie, wo er seinen Vater nun hinwünschte.

Aber es war, wie es war. Und es würde gewiss ein weiterer perfekter Moment kommen.

Irgendwann.

5

Das erste Mal hatte er um Viertel nach sechs versucht, sie zu erreichen. Und dann noch mal um kurz nach halb sieben. Doch sie war nicht drangegangen. Er hatte ihr eine Nachricht auf Band hinterlassen und war anschließend mit einem Kunden in der Nähe von Beaumes-de-Venise gewesen, wo ein Château aus dem achtzehnten Jahrhundert zu verkaufen war. Tausend Quadratmeter Gartengrundstück mit mehreren hundert Jahre alten Bäumen und einem herrlichen Natursteinpool. Dazu dreißig Hektar verpachtetes Land, von dem die Hälfte mit Wein bewirtschaftet war. Das Haus war erst vor wenigen Jahren luxuriös saniert und zum Hotel umgestaltet worden. Zwanzig Zimmer, davon acht für Gäste, jedes ein Unikat. Doch der Unterhalt überstieg die Einnahmen. Knapp sechs Millionen sollte es nun kosten, und es war sicher jeden Cent wert, aber es bedurfte eines Käufers, der etwas vom Hotelwesen verstand.

Der Klient war ein wohlhabender Unternehmer, er hatte sich bereits acht Güter angesehen, ohne eines davon zum Kauf in Erwägung zu ziehen, aber er selbst war Profi genug, um sich seinen Frust darüber nicht anmerken zu lassen. Lächelnd und mit der ihm eigenen antrainierten Liebenswürdigkeit hatte er ihn durch das Haus geführt und sein Programm abgespult.

»Die Bäder sämtlicher Gästezimmer bestehen aus Marmor«, erzählte er. »Achten Sie auf die alten Fresken in Veranstaltungssaal, Empfangsbereich, Frühstücksraum und Salon.

Sie stammen noch aus der Zeit des Marquis und wurden aufwendig restauriert.«

Der Klient hatte lebhaftes Interesse gezeigt, zum ersten Mal. Sie hatten verabredet, sich morgen zur Besichtigung der Weinberge und der Kellerei zu treffen, daher telefonierte er, kaum dass er wieder im Cabrio saß, mit dem Pächter und kündigte ihr Kommen an.

Die Nacht war schwarz, und er schaltete das Fernlicht ein, steuerte den Wagen über den Feldweg in Richtung der Landstraße, während seine Gedanken zu dem Unglück zurückkehrten, das sich vor wenigen Tagen ereignet hatte.

»Verflucht«, stieß er aus, weil er gewusst hatte, dass etwas passieren würde, es aber nicht hatte abwenden können.

Christophe hatte ihn kurz vor seinem Tod beiseitegenommen. »Es gibt da ein paar Leute, die den Verkauf verhindern wollen. Und ich weiß nicht, wie weit sie gehen werden.«

Er hatte genickt, auch er war bedroht worden. »Was sollen wir nun tun?«

»Ich will, dass wir das Ganze so schnell wie möglich über die Bühne bringen, noch vor dem offiziellen Termin. Und dann knöpfe ich mir diejenigen vor.«

Christophe hatte ihm nicht sagen wollen, wer diese Personen waren. Und nun war er tot.

Jeden Tag war er seitdem seinen Verpflichtungen nachgekommen, hatte die Käufer auf einen späteren Zeitpunkt vertröstet. Er hatte die Witwe überzeugen wollen, nichts an den bestehenden Verträgen zu ändern, obwohl ihm nicht wohl dabei war. Wollten sie womöglich auch ihn zur Rechenschaft ziehen? Oder gar Caterine?

Christophes Tod war kein Unfall gewesen, dessen war er sich sicher. Nicht jetzt, zu diesem Zeitpunkt. Aber die hinzugerufenen Polizeibeamten hatten keine Manipulation feststellen können, und auch der Rechtsmediziner hatte die Unglücksursache bestätigt. Tod durch äußere Gewalteinwirkung im Kopfbereich, verursacht durch herabfallende Ziegel.

Jeden Morgen war er seither in die *agence immobilière* gegangen, hatte mit seinem Kompagnon über die anstehenden Besichtigungen gesprochen und seine Mails beantwortet, bevor er sich mit Interessenten traf. Er hatte die Tage irgendwie hinter sich gebracht und sich nachts mit heftigen Kopfschmerzen schlafen gelegt, weil sich die Gedanken nicht beruhigen ließen. Die Ahnung, die ihm riet, auf der Stelle zur Polizei zu gehen und alles zu erzählen, was er wusste. Aber sie hätten ihn nur ausgelacht, weil es keine Beweise gab.

Bis heute.

Das Telefon klingelte, und er nahm nach einem kurzen Blick auf das Display ab. »Endlich!«, sagte er. »Ich weiß, was passiert ist.«

»Wovon redest du?«

Seine Kehle war vollkommen ausgetrocknet, und er musste mehrmals schlucken, bevor er antwortete.

»Christophe hatte recht«, entfuhr es ihm endlich. »Ich war heute bei Agnès. Sie weiß, wer es getan hat. Sie hat keinen Namen genannt, aber sie hat etwas gesagt, das nur einen einzigen Schluss zulässt.«

»Wer war es? Nun sag schon, ich will es wissen.«

»Nicht am Telefon. Wann können wir uns sehen?«

»Ich bin gerade im Schlosshotel angekommen.«

»Dann fahre ich jetzt zu dir. Warte auf dem Parkplatz auf mich. Ich bin in fünfzehn Minuten drüben.«

Er legte auf und gab Gas.

Der Wagen raste durch die Nacht. Er kannte den Weg beinahe im Schlaf, er war hier aufgewachsen, hatte bereits als Jugendlicher mit seinem Mofa die Gegend bis in den letzten

Winkel erkundet. Jede Kurve, jeden Weinberg, jedes Gehöft. Nur dass er heute ein 911er Porsche-Cabrio besaß, mit dem er die Straßen jetzt zur Rennstrecke machte. Der Fahrtwind ließ seinen Blouson flattern, der viel zu dünn war für die herbstlichen Temperaturen. Er hätte das Dach schließen sollen, doch der Wagen war alt, und es dauerte seine Zeit, es zu arretieren. Zeit, die er nicht hatte.

Jetzt waren es nur noch drei Minuten bis zum *Château des Vignes*. Wenn er sich beeilte, sogar nur zwei.

Die Scheinwerfer des Cabrios streiften Bäume und Felder, als ihn plötzlich etwas blendete. Ein greller Lichtstrahl, der sich an ihm festgeklebt zu haben schien und auch nicht abblendete, als er den Kopf bewegte.

»Verdammt, was ist das?«

Er bremste ab, geriet ins Schlingern, doch es gelang ihm, den Wagen auf der Straße zu halten. Sein Herz trommelte heftig gegen die Brust. Das Licht war verschwunden. Erleichtert stieß er die Luft aus, als unvermittelt etwas Dunkles vor ihm auftauchte. Erst im letzten Moment erkannte er, dass es ein Mensch war, der mit einem Satz von der Fahrbahn sprang.

»Verfluchte Scheiße!«

Sekundenbruchteile später rumpelte der linke Vorderreifen über ein Hindernis, der Wagen schoss in die Höhe, kippte. Überschlug sich. Instinktiv zog er den Kopf ein, hob die Arme, um sich zu schützen.

Ein gellender Schrei mischte sich mit dem Geräusch kreischenden Metalls. Ein Schrei, der unwirklich klang in seiner durchdringenden Panik. Und noch bevor der Wagen mit einem dumpfen Krachen aufschlug und mit den Rädern nach oben liegen blieb, erkannte er, dass er selbst ihn ausgestoßen hatte.

6

Als Pierre am nächsten Morgen erwachte, war das Bett neben ihm leer. Er lauschte dem Geräusch der Dusche und streckte sich mit einem herzhaften Gähnen der Länge nach aus.

Der gestrige Abend war lang geworden. Immerhin hatte sein Vater keine Geschichten über den kleinen Pierre mehr erzählt, sondern aus seinem eigenen Leben geplaudert – und Pierre hatte dabei ein ums andere Mal überrascht die Stirn gerunzelt.

Dass Alain als Jugendlicher ein ziemlicher Draufgänger gewesen war, das hatte er gewusst. Aber dass er Evelyne, seiner späteren Ehefrau und Pierres Mutter, ein Jahr lang jeden Tag ein Gedicht schrieb oder eine kleine Erzählung, bis sie sich erweichen ließ und endlich mit ihm ausging, das hatte ihn dann doch überrascht. Es zeigte einen anderen Mann als den Vater, der immer erst spät aus der Kanzlei nach Hause kam. Der morgens Geld auf die Konsole legte, damit sich der Junge, wenn er von der Schule nach Hause kam, sein Abendessen kaufen konnte. Was Pierre als Heranwachsenden nicht allzu sehr gestört hatte, ganz im Gegenteil. In der Straße gab es einen Supermarkt, eine *pâtisserie* und ein jüdisches Restaurant, in dem man köstliche Falafel zum Mitnehmen bekam und würzige *chakchouka* mit *merguez*.

Er hatte tun und lassen können, was er wollte. Alains Erziehung hatte sich darauf beschränkt, seine schulischen Leistungen zu kontrollieren und zu kommentieren. An den Wochenenden hatte er ihn zu Pferderennen mitgenommen oder ihm seine neueste Freundin vorgestellt. In solchen Zeiten sah Pierre dann tagelang nur noch das Geld auf der Konsole.

Ja, Alain konnte weltgewandt und eloquent sein, wenn er eine Frau beeindrucken wollte. Aber ein Literat?

Sicher wollte er Charlotte nur imponieren, dachte Pierre, als er die Bettdecke zurückschlug. Denn Frauen beeindrucken, das konnte Alain wirklich gut.

Pierre zog ein T-Shirt über und öffnete die Balkontür. Die kühle, dunstige Morgenluft kam ihm entgegen. Erste Sonnenstrahlen drangen schimmernd durch die Bäume. Der Geruch von Herbst lag in der Luft, und Pierre atmete ihn tief ein. Vielleicht sollte er Charlotte hier auf dem Balkon den Antrag machen, jetzt sofort.

»Guten Morgen, *mon policier*.«

Pierre drehte sich um. Charlotte war aus dem Bad gekommen. Sie trug einen weißen Sommerpullover zu einem türkis geblümten Rock und weißen Turnschuhen, was ihr etwas Mädchenhaftes verlieh.

»Guten Morgen, *ma douce*.« Er ging zu ihr und gab ihr einen Kuss. Früher hatte er es seltsam gefunden, wenn Paare sich mit Kosenamen anredeten, aber mit Charlotte war alles anders. »Du bist ja schon fertig«, sagte er und zog sie an sich. »Ich hatte gehofft, wir haben noch ein bisschen Zeit für uns.«

»Haben wir nicht.« Sie entwand sich ihm und griff nach ihrer Jeansjacke, die am Garderobenhaken hing. »Es ist gleich neun. Mein Vater hat sich gemeldet, er ist gerade angekommen. Ich gehe schon mal hinunter. Wir treffen uns dann beim Frühstück, ja?«

Der nächste Vater, der seine Pläne durchkreuzte. Pierre seufzte. Nun gut, er hatte A gesagt, nun musste er auch B sagen. Zeit für das große familiäre Kennenlernen.

»Wie heißt dein Vater eigentlich mit Vornamen?«, fragte er.

Charlotte verdrehte die Augen, als habe sie diesen bereits häufiger erwähnt. Wahrscheinlich hatte sie damit sogar recht.

»Richard«, sagte sie mit hartem deutschem Akzent.

»Natürlich, Rischarde … nein, Ri-chard«, wiederholte Pierre im Versuch, den Akzent zu imitieren, und trollte sich ins Bad.

Wenig später eilte Pierre frisch geduscht und rasiert die Treppe hinunter in den Frühstücksraum, der, wie auf einem Zettel am Restauranteingang zu lesen war, wegen der Dreharbeiten an diesem Wochenende nur von der Terrasse aus zugänglich war. Es handele sich um den Nebeneingang rechts der zweiflügligen Restauranttür, er sei mit einem Hinweisschild versehen.

Als Pierre dort ankam, erregte eine Gruppe junger Leute seine Aufmerksamkeit, die gerade lärmend aufstanden und durch den offen stehenden Flügel im Restaurant verschwanden. Er erkannte den Techniker mit der übergroßen Baseballkappe, der am Vortag an der Stromversorgung verzweifelt war, und die Frau mit der Studiolampe, die nun als Letzte das Gebäude betrat. Mit einem Ruck zog sie die Tür an und ließ sie zufallen, dass die Scheiben zitterten. Danach war es still auf der Terrasse. Nicht einmal das Zirpen der Zikaden war zu hören, die sich angesichts der frischen Temperaturen offenbar kaum zu bewegen wagten. Nur das entfernte Rattern eines Generators, den man offenbar vor der Küche aufgestellt hatte, um die Stromversorgung zu gewährleisten.

Ein fröhliches Lachen erklang, und Pierre wandte den Kopf.

Charlotte saß an einem der Tische an der Balustrade, die die Terrasse von den Weinbergen abgrenzte. Neben ihr ein hagerer Herr in kurzärmeligem blau kariertem Hemd und Bundfaltenhose, wohl ihr Vater. Das schüttere graue Haar umrahmte einen rundlichen Kopf, der nicht zu dem dünnen Hals passen mochte.

Ihnen gegenüber, mit Blick zum Schlosshotel, saß Alain im Stuhl zurückgelehnt und rauchte. Er hob eine Hand, als er seinen Sohn erblickte.

»Hier sind wir, Pierre!«

Charlottes Vater wandte den Kopf, ohne den Körper zu bewegen, der starr in seiner ursprünglichen Position verharrte, und musterte den Ankömmling mit kaum verhohlener Neugier durch dicke Brillengläser. Dann erhob er sich von seinem Stuhl und legte dabei eine Hand stützend an den Rücken.

»*Bonjour*«, sagte er mit leiser, etwas knarzender Stimme. »Wie schön, Sie kennenzulernen.«

»Ich freue mich ebenfalls.« Pierre reichte ihm die Hand. Richard Bergs Französisch hatte einen hölzernen Akzent, und er sprach langsam und gedehnt, aber man konnte ihn gut verstehen. »Wie ich sehe, haben Sie bereits die Bekanntschaft meines Vaters gemacht.«

»So ist es«, antwortete Richard mit vielsagendem Stirnrunzeln.

Alain Durand warf die Zigarette auf den Boden. Dann klopfte er auf einen in der Tischmitte liegenden Reiseführer.

»Wir waren gerade dabei, den Tag zu planen«, sagte er und lächelte Charlotte an. »Mir ist es gleich, was wir machen. Um deine bezaubernde Freundin kennenzulernen, muss ich nicht durch die Gegend fahren.«

Richard Berg nahm den Reiseführer auf. »Ich würde mir heute gerne den Ort und die Schlossruine ansehen. Was denken Sie, Pierre?«

»Also …« Pierre sah zu Charlotte, deren Mundwinkel belustigt zuckten. Sie wusste, dass er einer höflich-steifen Konversation liebend gerne aus dem Weg ging. »Alles, was Sie wollen. Aber erst nach einem ausgiebigen Frühstück.« Er sah zum Tisch, auf dem neben halb gefüllten Tellern auch Gläser mit Orangensaft und eine Karaffe Wasser standen. »Soll ich etwas mitbringen?«

»Sag der Bedienung, dass ich noch einen *café noir* möchte«, meldete sich Alain.

Pierre nickte und registrierte zufrieden, dass auf dem Tisch bereits ein Zuckerstreuer stand. Er brauchte ebenfalls einen kleinen, starken Kaffee, bevor er sich dem aussetzte. Mit einem gut gehäuften Löffel Zucker.

Er lächelte.

Wie aus dem Nichts hatte er vor Jahren diese Vorliebe entwickelt, über die man in Frankreich gemeinhin die Nase rümpfte. Aber der Zucker war wichtig, es war sein Schmierstoff, der ihn durch den Tag brachte. Der Kaffee alleine hätte es nicht vermocht.

Pierre machte sich auf die Suche nach der Bedienung, fand die beleibte Frau an einem der Tische, die die Filmcrew so hastig verlassen hatte, und gab die Bestellung auf.

Der Frühstücksraum war klein, aber sehr atmosphärisch und hätte glatt einer Zeitschrift für Wohnambiente entsprungen sein können. Die Wände waren mit lindgrünen Seidentapeten bezogen, auf denen handgemalte Wiesenblumen emporrankten. Eine Hahnenfigur stand neben einem Korb frischer Eier. Und auf einem Kreideschild wünschte Ian in geschwungener Schrift seinen Gästen einen schönen Tag.

Pierre rieb sich die Hände, als er das Büfett begutachtete. Das Hotel hatte für die Filmcrew und die zusätzlichen Gäste ein erweitertes kontinentales Frühstück bereitgestellt, das so ganz nach seinem Herzen war.

In den Körben lagen frische Croissants und Weißbrot, daneben standen Gläser mit selbstgemachter Marmelade und

Lavendelhonig aus Valensole. Auf den glänzend lackierten Holztischen lagen Servierplatten mit verschiedenen Käsesorten und einer Auswahl an Wurst und Schinken. Und in einem Rechaud warteten Speck und ein Rührei, das saftig aussah und nicht so wässrig-krümelig, wie man es hierzulande gerne aß. Es schien ebenso saftig wie das, welches Charlotte immer machte.

»Herrlich!«, entfuhr es ihm.

Er stellte sich vor einer mit Gebäck gefüllten Étagere auf, entnahm ihr eine *chouquette* und steckte sich den kleinen, mit Hagelzucker bestreuten Windbeutel direkt in den Mund. Schon nach wenigen Bissen spürte er, wie seine Anspannung schwand. Köstlich, dieser fluffige Brandteig mit der karamelligen Süße des Hagelzuckers. Es war genau das, was er gebraucht hatte. Er nahm sich einen weiteren Windbeutel, dieses Mal einen *choux*, der größer und mit Sahnecreme gefüllt war.

»Mhm«, sagte er nur, weil ihm die Worte fehlten. Er leckte sich einen Rest Sahnecreme von den Lippen und griff nach einem Teller, legte ein Croissant und einige Baguettescheiben darauf. Dazu Feigenkonfitüre, Rührei und ein Stück *saucisson au romarin*, von der auf einem Schieferschild zu lesen war, dass sie aus der Haute-Provence stamme. Voller Vorfreude balancierte er den Teller zu ihrem Tisch auf der Terrasse, wo die rundliche Bedienung gerade die Getränke abstellte und auf einen Teller mit einem halb gegessenen Croissant und zwei Scheiben Weißbrot deutete.

»Darf ich den mitnehmen?«

»Ja, sicher«, sagte Alain.

»Da liegen noch zwei unangerührte Baguettescheiben«, knarzte Richard und zeigte mit seinem Buttermesser auf Alains Teller.

Die Bedienung hielt in der Bewegung inne.

Pierres Vater runzelte die Stirn. »Ich möchte aber kein Brot mehr.«

»Wenn Sie es nicht essen wollen«, sagte Richard nachdrücklich, jedoch noch immer freundlich, »dann vielleicht Ihr Sohn?«

»Papa«, sagte Charlotte leise und legte Richard eine Hand auf den Arm.

Pierre nickte. »Ich nehme es gerne«, sagte er rasch.

»Nein, tust du nicht«, widersprach Alain. »Das ist inzwischen trocken. Das übriggebliebene Brot wird doch ohnehin am Ende weggeworfen, nicht wahr?«

Die Bedienung nickte. Mit einer hastigen Bewegung ergriff sie den Teller und entfernte sich mit raschen Schritten.

»Schade um das Essen«, beharrte Richard und strich mit hölzernen Bewegungen weitere Butter auf sein Brot.

Alain beugte sich vor. »Sie waren wohl noch nicht oft in einem Hotel, hm? Sonst wüssten Sie, dass es Vorschriften gibt, die es Gastbetrieben untersagen, Reste aufzubewahren, selbst wenn sie noch so gut aussehen. Das gilt für das gesamte Büfett.«

»Mein lieber Herr Durand«, antwortete Richard, und in der mühsam zurückgehaltenen Aufregung klang sein Französisch noch kantiger als zuvor, »natürlich kenne ich diese Vorschriften, aber das bedeutet nicht, dass ich diese Verschwendung gutheiße. Wenn alle so denken wie Sie, dann sind die Hotels dazu gezwungen, sich stärker zu bevorraten, und am Ende wird mehr fortgeworfen als notwendig.«

Alain setzte gerade zu einer Erwiderung an, als Ian Fitzgerald die Terrasse betrat und sein Gesicht in die Sonne hielt, als müsse er sich sammeln.

Pierre rief seinen Namen und winkte ihm zu, froh über die Ablenkung. Er musste später unbedingt mit Charlotte darüber reden, wie sie ihre Väter im Zaum halten wollten, bevor sie sich an die Gurgel gingen. Es war eine blöde Idee gewesen, sie hier aufeinandertreffen zu lassen. Er hätte standhaft bleiben sollen, als er ihren Vorschlag aus einem ersten Impuls heraus ablehnte. Und tatsächlich begannen die beiden, sich erneut zu beharken.

»Guten Morgen, Ian«, rief er noch einmal.

Endlich merkte der Hotelier auf und gesellte sich zu seinen Gästen an den Tisch.

»*Bonjour, mes amis.* Ich hoffe, ihr hattet einen schönen ersten Morgen bei uns.« Ian sah blass aus und wirkte erschöpft.

»Alles in Ordnung?«, fragte Pierre besorgt.

»Nein, ganz und gar nicht«, sagte der Ire und atmete tief ein und wieder aus, bevor er fortfuhr: »Ich habe gerade erfahren, dass es wieder einen Toten gegeben hat.«

7

Es war schlagartig still geworden am Tisch. Charlotte hatte Ian einen Stuhl herangeschoben, und Pierre goss ihm ein Glas Wasser aus der Karaffe ein.

»Sein Name ist Daniel Avonde«, erzählte Ian, nachdem er einige Schlucke getrunken hatte. »Ich habe gerade mit Edmont Pauly gesprochen, seinem Kompagnon. Er sagt, Daniel sei gestern Abend noch bei einem Besichtigungstermin in Beaumes-de-Venise gewesen und auf dem Rückweg mit seinem Auto ins Schleudern geraten. Dabei hat sich der Wagen wohl überschlagen. Ein altes Cabrio ohne Überrollbügel. Er war sofort tot.« Er schüttelte den Kopf. »Es ist unfassbar. Daniel kennt … er hat sich in der Gegend bestens ausgekannt, jede Kurve, jede Unebenheit.«

»Vielleicht hatte er zu viel getrunken«, warf Alain ein.

Ian schüttelte nur matt den Kopf. »Edmont erzählte, dass sie mit Sicherheit keinen Alkohol im Blut finden würden. Daniel sei von einem Besichtigungstermin gekommen, und er hätte niemals davor oder dabei getrunken, jedenfalls nicht bis zur Fahruntüchtigkeit.« Er wischte sich mit einer hektischen Bewegung eine Träne aus dem Augenwinkel. »So langsam fürchte ich mich vor weiteren Anrufen. Am liebsten würde ich mich im Bett verkriechen und nicht wieder rauskommen, bevor erwiesen ist, dass es tatsächlich ein Unfall war.«

Pierre beugte sich vor. »Was meinst du damit?«

»Ach, nichts. Es ist nur sehr merkwürdig. Erst Christophe

und dann … Daniel war Immobilienmakler und hat den Verkauf des Weinguts betreut. Es gab einen Interessenten, der Notartermin war für die kommende Woche angesetzt.«

Richard starrte ihn an. »Warum sollte jemand deshalb zwei Unfälle arrangieren?«

»Oh«, rief Alain aus, »da gibt es jede Menge Motive. Sie glauben gar nicht, wie einfallsreich die Menschen werden, wenn es um Geld geht. Gibt es denn Erben?«

»Christophes Frau Agnès. Und er hat noch eine Schwester, die lebt in Toulouse.« Ian schüttelte wieder den Kopf. »Agnès ist eine einfache, fleißige Frau. Sie wäre die Letzte, die irgendjemandem etwas antun könnte. Außerdem war das Angebot sehr lukrativ, warum hätte sie den Verkauf verhindern sollen?«

Pierre stützte einen Ellenbogen auf und rieb sich nachdenklich das Kinn. »Hast du einen Verdacht?«

»Christophe hatte Drohungen bekommen. Er wollte sein Weingut an eine chinesische Investorengruppe mit Sitz in Quingdao verkaufen, und dagegen regte sich Widerstand.«

»Von wem?«

Ian hob die Schultern. »Er meinte, dass einige Leute hier nicht gerade glücklich über seine Entscheidung seien. Jemand hatte ihm mit Kreide einen Galgen auf die Haustür gemalt. Ich habe ihn gefragt, wer das gewesen sein könnte, aber er meinte nur, das seien missgünstige Winzer, denen nicht gefalle, dass er sein Weingut versilbern und sich ein schönes Leben machen wolle, statt sich weiter wie sie zu Tode zu schuften. Aber dann habe ich einige der Älteren im Ort schimpfen hören. Es sei eine Schande, das Land an Menschen zu verscherbeln, die unsere Traditionen mit Füßen treten.«

Die Tür zum Restaurant öffnete sich, und einige Angehörige des Filmteams strömten heraus, laut diskutierend. Die junge Frau mit dem Bürstenhaarschnitt lachte mit sich überschlagender Stimme und tippte sich dabei mit dem Finger an die Stirn, während ihr sehniger Begleiter sichtlich frustriert ein Paar Kopfhörer abnahm und sie sich um den Hals legte.

Die Crew verteilte sich auf die Tische, einige gingen in den Frühstücksraum, um sich einen Nachschlag zu holen.

»Es ist nicht zu fassen!«

Der Ausruf kam von einem Mann etwa Ende dreißig mit markanten Zügen und schulterlangem dunklem Haar, der gerade ins Freie trat. Gestikulierend redete er auf die Frau mit dem krausen Haar und weiten Wollpulli ein, die Pierre und Charlotte bei ihrer Ankunft auf dem Parkplatz getroffen hatten. Wieder öffnete sich die Tür, und der Juror Georges Leveque gesellte sich zu den beiden, strich sich mit den Händen über das glühende Gesicht.

Ian richtete sich auf. »Was ist denn da drüben los?«, murmelte er. »Ich bin gleich wieder bei euch.«

Er eilte zu der Filmcrew und lauschte den Ausführungen der Frau mit immer ernsterer Miene, redete dann eindringlich auf sie ein. Auf einmal blickten alle in Richtung des Tisches, an dem Pierre mit Charlotte und den beiden Vätern saßen und den Trubel neugierig verfolgten. Georges Leveque wiegte zweifelnd den Kopf, während der Mann mit den markanten Zügen heftig nickte.

»Großartig«, rief die Frau aus, woraufhin Leveque sich mit einem Aufstöhnen verzog.

Ian kam mit den anderen beiden an ihren Tisch. »Das ist die Regisseurin der Produktion, Laëtitia Hardy«, stellte er die Frau vor. »Und das hier«, er zeigte auf den dunkelhaarigen Mann, »ist Adnan Zouari, der Aufnahmeleiter.«

Der Mann wirkte nervös, er knetete seine Hände und sah Charlotte mit ernster Miene an. »Ian hat uns gerade erzählt, Sie seien eine erfahrene Köchin, die in einigen renommierten Häusern gearbeitet hat.«

»Das ist richtig.«

»Hätten Sie vielleicht Lust, für jemanden einzuspringen?«

Charlottes Gesicht überzog plötzlich eine Röte. »Für die Kochsendung? Jetzt gleich?«

»Ja«, antwortete die Regisseurin. »Eine Teilnehmerin, Caterine Ouziel, ist überraschend erkrankt. Heftige Migräne. Wir haben ihr angeboten, den Beginn der Aufzeichnung um ein, zwei Stunden zu verschieben, bis sie wieder einsatzfähig ist, aber sie meinte, die Schmerzen hielten erfahrungsgemäß mehrere Tage an.«

Adnan Zouari warf die Arme in die Luft. »Am Montag müssen wir bereits in der Auvergne sein, wir können nicht warten, bis es Madame wieder besser geht. Alles ist eng getaktet, daher brauchen wir so schnell wie möglich Ersatz.«

Charlotte lächelte. »Es ist mir wirklich eine Ehre, aber ich bin mit meiner Familie hier und …«

»Glauben Sie mir, Ihre Familie wird stolz auf Sie sein, wenn sie Sie erst im Fernsehen sieht wie viele Millionen andere Zuschauer auch. Sie werden die Menschen verzaubern, dessen bin ich mir sicher.«

»Gibt es denn keine anderen geeigneten Kandidaten?«, fragte Richard steif. »Den Koch dieses Restaurants vielleicht?«

»Es muss eine Frau sein«, entgegnete Laëtitia Hardy, »sonst stimmt die Quote nicht.« Sie wandte sich an Charlotte. »Die anderen beiden Kandidaten sind übrigens der bekannte Szenekoch Alexandre Pithois und Dominique Reille, ein begnadeter *pâtissier*. Es ist eine Herausforderung, aber durchaus zu schaffen.«

Der Aufnahmeleiter sah Charlotte flehentlich an. »Bitte sagen Sie Ja. Sie sind unsere letzte Hoffnung! Am Ende winkt sogar ein Investorenvertrag.«

»Ein Investorenvertrag?« Alain Durand beugte sich sichtlich interessiert vor.

»Sie haben richtig gehört«, bestätigte die Regisseurin mit einem Strahlen. »Die Gewinner jeder Region treten später gegeneinander an. Sie treffen auf Investoren aus den unterschiedlichsten Bereichen der Gastronomie. Vom Gründer diverser Food-Concept-Stores über den Besitzer einer Hotelkette bis hin zum Kapitalgeber einiger renommierter Sternerestaurants. Da ist sicher auch jemand dabei, der Ihren Traum erfüllt. Sie haben doch noch Träume, oder?«

»Nun«, antwortete Charlotte, »ich bin eigentlich sehr zufrieden mit meinem Leben. Aber vielen Dank, dass Sie mir die Chance geben wollten.«

»Es ist sogar eine Riesenchance«, rief Alain aus. »Mit Hilfe der Investoren könntest du dein Unternehmen vergrößern.« Er schloss die Augen. »Ich sehe sie schon vor mir, die Filialen der *L'Épicerie Provençale*, wie sie die Küstenorte erobern. Nizza, Antibes, Marseille. Und natürlich auch im Landesinneren, in Avignon und Aix-en-Provence.«

Richard rückte seine Brille zurecht. »Was ist mit unserem Familienwochenende? Ich bin extra aus Deutschland angereist.«

»Aber Papa«, entgegnete Charlotte irritiert. »Du wolltest doch immer, dass ich Unternehmerin werde, oder etwa nicht?«

»Ja, natürlich, nur … das ist bloß eine Kochsendung. Und es ist fraglich, ob du dich überhaupt bis zum Ende durchsetzen kannst.«

»Es wäre in jedem Fall ein Gewinn für Sie.« Der Aufnahmeleiter ging neben Charlotte in die Hocke. »Selbst wenn Sie in der ersten Runde ausscheiden, werden Ihre Einnahmen in die Höhe schnellen. In einem Einspieler, den wir nachträglich aufzeichnen würden, zeigen wir Sie bei Ihrer Arbeit. Ihre *Épicerie* wäre ganz prominent abgebildet.«

»Du hast es gehört«, stimmte Alain ein. »Auf uns alte Herren musst du nun wirklich keine Rücksicht nehmen, so eine Gelegenheit kommt nie wieder.« Er lachte. »Und wenn du dann berühmt bist, kann ich allen erzählen, dass ich diese talentierte junge Dame sehr gut kenne und sogar zu dem Schritt ermuntert habe.«

»Ich weiß nicht …« Charlotte wandte sich an Pierre. »Was meinst du?«

»Ich?« Er zögerte. Das Wochenende entwickelte sich zu einer emotionalen Achterbahnfahrt. Er mochte sich nicht vorstellen, was geschehen würde, wenn Charlotte in der Sendung Erfolg hatte und sie noch härter arbeitete, als sie es ohnehin schon tat. Aber er wollte kein Spielverderber sein. Wenn es ihr Wunsch war, dann würde er sie darin unterstützen. »Hör auf dein Bauchgefühl, *ma douce*. Wenn du es wirklich willst, dann solltest du es tun. Aber nur dann.«

Adnan Zouari nickte heftig. »Bitte, Mademoiselle Berg!«

Charlotte warf ihrem Vater, der mit einem Stoßseufzer die Arme verschränkte, einen kurzen Blick zu und sah dann mit trotzig vorgerecktem Kinn zu den beiden Filmleuten. »Wie sähe denn der Ablauf aus?«

»Wir würden Sie zunächst der Maskenbildnerin überlassen«, erklärte Laëtitia Hardy, »und dann ein kurzes Interview aufzeichnen, in dem wir Sie zu Ihrer bisherigen Laufbahn befragen und zu Ihrer Philosophie beim Kochen. Dabei gehen wir darauf ein, welche Ziele Sie beruflich noch haben und was Sie sich von den Investoren erhoffen.« Sie warf einen Blick auf Charlottes Turnschuhe. »Es wäre schön, wenn Sie dafür etwas Eleganteres anziehen könnten. Haben Sie hochhackige Pumps dabei?«

»Riemchensandalen. Aber die passen nicht zum Rock, ich müsste mich dann umkleiden.«

Der Aufnahmeleiter warf einen Blick auf seine Armbanduhr. »Dafür haben wir keine Zeit, sie sieht doch auch mit Turnschuhen bezaubernd aus.«

»Na schön.« Die Regisseurin lächelte. »Danach beginnen wir mit der Challenge. Sie und die anderen Köche bekommen den Namen eines provencetypischen Gerichtes genannt, das Sie auf Ihre eigene Art interpretieren sollen. Am besten so, dass Sie unseren Juror, der es später blind verkostet, schlichtweg begeistern. Die Geschwindigkeit zählt dabei ebenso wie die Kreativität und natürlich die Präsentation.«

Richard Berg rümpfte die Nase. »Und wie lange dauert das Spektakel?«

»Mit insgesamt drei Durchgängen aus Vor-, Haupt- und Nachspeise sicher bis in den Abend hinein. Und morgen fänden dann noch die Takes in der *Épicerie* statt«, antwortete Adnan Zouari und fügte rasch hinzu: »Sie können gerne dabei zusehen. Wir stellen Ihnen ein paar Stühle in die Küche. Aber Sie müssen versprechen, dass Sie sich vollkommen ruhig verhalten.«

Laëtitia Hardy grinste. »Was ist, sagen Sie Ja?«

Charlotte sah zu ihrem Vater, der mit beleidigtem Gesichtsausdruck die Schultern zuckte. »Mach es, wenn du unbedingt willst. An mir soll es nicht scheitern.«

»Keine Angst«, sagte Pierre und lächelte ihr aufmunternd zu. »Ich sorge schon dafür, dass unsere beiden Väter eine gute Zeit haben, du kannst dich auf mich verlassen.«

»Danke.« Charlotte lachte gelöst, jetzt war sie wieder die Alte. »Na los, gehen wir. Georges Leveque muss sich warm anziehen. Er ist ein bisschen voreingenommen, was meine Qualitäten anbelangt.«

»Viel Erfolg!«, rief ihr Pierre nach. »Zeig diesem Idioten, was du draufhast.«

8

Adnan Zouari hatte die drei Männer gebeten, ihnen etwas Zeit zu geben, damit sie ohne Ablenkung das Interview aufzeichnen konnten. In etwa einer Dreiviertelstunde könnten sie dann hinzukommen, die Aufnahme der Kochsendung solle um halb elf beginnen.

Kaum war Charlotte mit der Regisseurin und dem Aufnahmeleiter im Restaurant verschwunden, lehnte sich Alain Durand wieder in seinem Stuhl zurück und steckte eine Zigarette an, woraufhin Richard Berg den Reiseführer aufschlug und ihn mit geradem Rücken studierte.

Pierre widmete sich wieder seinem Frühstück. Das Rührei war inzwischen kalt geworden, aber zusammen mit der *saucisson au romarin* schmeckte es köstlich.

»Eigentlich schade«, murmelte Richard. »Die Ruine der päpstlichen Sommerresidenz hätte ich gerne heute besichtigt.«

»Als ob die Fernsehkarriere Ihrer Tochter nicht wichtiger wäre«, echauffierte sich Alain. »Ruinen können Sie sich in hundert Jahren noch ansehen.«

Richard hob eine Braue. »Sie drehen mir das Wort im Mund herum. Ich habe nicht gesagt, dass mir die Karriere meiner Tochter nicht wichtig sei. Ich meinte nur, dass ich mir gerne auch die Überreste der päpstlichen Sommerresidenz ansehen würde. Das Gebäude ist ein bedeutsames Zeugnis frühmittelalterlicher Baukunst, obwohl es im Zuge der Religionskriege mehr als einmal in Brand gesetzt wurde und man es nach der

Revolution als Quelle für Baumaterial missbrauchte. Das ist hochinteressant.«

»Und wie«, sagte Alain mit hörbarer Ironie. »Wahrscheinlich lesen Sie auch alte Telefonbücher und finden es interessant. Wenn es wenigstens eine spannende Hintergrundgeschichte gäbe wie die des Marquis de Sade beim Château von Lacoste. Ehrlich gesagt bin ich ganz froh, dass ich nicht in irgendwelchen Gemäuern rumkraxeln muss. So eine Fernsehaufzeichnung ist bestimmt amüsanter.«

Richard hob mit einem Stirnrunzeln wieder den Reiseführer an. »Kultur scheint nicht unbedingt Ihre Sache zu sein.«

»Kultur?« Alain lachte trocken. »Kurt Tucholsky oder Thomas Mann sind Kultur, um mal etwas aus Ihrer deutschen Lebenswirklichkeit zu nehmen. Oder, aus der meinigen, Jean-Paul Sartre. Haben Sie seinen Roman ›Der Ekel‹ gelesen? Nein? Das dachte ich mir. Aber tote Steinmauern huldigen. Ich bitte Sie!«

»Alain, könntest du eventuell«, Pierre sah ihn streng an, während er den Satz mit tonloser Stimme beendete, »deine scharfe Zunge einmal in deinem Leben im Zaum halten?« Er war kurz davor, vor Zorn zu platzen. Sein Vater hatte die dumme Angewohnheit, andere spüren zu lassen, wenn er sie nicht mochte. Aber dass er sich nun ausgerechnet Charlottes Vater zum Ziel nahm, ging zu weit. »Wenn Sie nach Châteauneuf-du-Pape möchten, begleite ich Sie gerne«, sagte er an Richard gewandt. »Die Ruine interessiert mich auch. Von dort oben soll man einen phantastischen Ausblick haben.«

Charlottes Vater lächelte. »Danke, das weiß ich sehr zu schätzen.«

Alain hob die Hände und rollte mit den Augen. »Na dann viel Spaß. Ich geh jetzt mal rein.«

»Es ist noch nicht halb elf«, entgegnete Pierre.

»Und? Solange ich niemanden störe …« Er erhob sich. »Die Zeit vergeht schneller, als man meint. Ich für meinen Teil möchte der reizenden Charlotte dabei zusehen, wie sie diesen arroganten Juror fertigmacht. Ihr könnt euch derweil gerne weiter über päpstliche Jahrhundertbauten austauschen.« Damit stapfte er davon.

Richard Bergs Mundwinkel zuckten.

»Es tut mir leid«, sagte Pierre. »Er meint es nicht so.«

»Doch, das tut er. So froh ich darüber bin, dass Charlotte einen so netten Lebensgefährten wie Sie gefunden hat, Ihr Vater ist ein selbstherrlicher Gockel.« Er stand auf. »Und ich lasse mir nicht vorwerfen, die Besichtigung historischer Bauten sei mir wichtiger als meine Tochter.«

Damit überquerte er mit großen Schritten die Terrasse, sodass er zeitgleich mit Alain an der Flügeltür ankam und sie sich mit energischem Rempeln hindurchquetschten.

Kindsköpfe, dachte Pierre und griff gerade nach dem Zuckerstreuer, als Alain noch einmal durch die Tür trat und ihn heranwinkte.

»Wo bleibst du denn, es geht bald los!«

»Ich komme nach«, rief Pierre und fügte leise hinzu: »Muss nur kurz verschnaufen, bevor ich dieses Irrenhaus betrete.« Damit kippte er einen Schwung Zucker in seinen *café noir* und trank ihn in einem Zug. »Furchtbares Zeug«, schimpfte er. Kalter, gezuckerter Kaffee schmeckte grauenhaft. Und zu allem Überfluss besänftigte er seine Nerven – im Gegensatz zu sonst – nicht einen Deut.

Als Pierre das Restaurant um kurz vor halb elf betrat, warteten die beiden Väter jeder in einer anderen Ecke darauf, in die Küche gelassen zu werden. Alain lehnte an einem Barhocker und sah mit seinem gewollt nachlässig sitzenden Cordjackett und dem silbergrauen Bart aus wie ein exzentrischer Künstler, wie ein Bildhauer oder ein Literat. Er war ganz das Gegenteil von Richard, der sich an einem Tisch am Fenster niedergelassen hatte und mit geradem Rücken und der korrekten Haltung eines pensionierten Finanzbeamten eine der ausliegenden Zeitungen las.

Wie Feuer und Wasser, dachte Pierre und sah sich nach Charlotte um. Doch er entdeckte sie weder im Foyer des Hotels, das er durch die offene Tür auf der Stirnseite des Raumes einsehen konnte, noch in der Küche, die links vom Restaurant abging. Dort scharten sich mehrere Personen mit prüfendem Blick auf das Display um den Kamerawagen, während ein Mann mit langem Zopf eine weitere Kamera schulterte und die Herdblöcke umrundete.

Durch die folienverklebten Fenster schien das Licht eines im Freien aufgestellten Scheinwerfers, und es wirkte, als sei die Sonne direkt vor der Küche stehen geblieben, um den Arbeiten zuzusehen.

»He, Platz da, Sie stehen im Weg!«

Der Mann mit den Kopfhörern drängte sich an ihm vorbei in die Küche. Ihm folgte eine hübsche, auffallend geschminkte junge Frau, in der er eine prominente Moderatorin erkannte, deren Namen er vergessen hatte. Es herrschte ein schreckliches Gewusel. Da auch die beiden anderen Kandidaten nirgends zu sehen waren und nichts auf einen baldigen Beginn hindeutete, entschied Pierre, sich lieber eine Weile im Park die Füße zu vertreten, als hier bei den Vätern auf das Fallen der ersten Klappe zu warten.

Der Hotelpark war symmetrisch angelegt. Frisch geharkte Sandwege durchzogen Rasenflächen, die – ebenso wie die runden Büsche – mit der Nagelschere gestutzt schienen. In der Mitte ein Brunnen, in dem ein wasserspeiender Rubensengel thronte, und etliche Kübel, bepflanzt mit orangefarbenen und rostroten Blumen.

Pierre umrundete auf dem äußeren Weg den Park und lief unter Bäumen entlang, die dem Stammumfang zufolge wohl aus dem Beginn des vergangenen Jahrhunderts waren. Die Sonne fächerte ihre Strahlen durch das dichte Laubwerk. Ein Blatt schwebte herab und trudelte im leichten Wind, bis es nur wenige Meter von Pierre entfernt zu Boden sank.

Er fragte sich, wie Charlotte sich wohl gerade fühlte. Immerhin wusste er, wie sehr sie sich danach sehnte, dass ihr Vater stolz auf sie war und auf das, was sie bereits erreicht hatte. Sie hatte ihm einmal erzählt, dass Richard eigentlich andere berufliche Pläne für seine Tochter gehabt hatte. In die Wirtschaft hätte sie gehen sollen. Einen Konzern führen. Das Studium hätten die Eltern ihr finanziert. Doch sie hatte sich anders entschieden, war ihrer Leidenschaft gefolgt und hatte eine Ausbildung zur Köchin gemacht, was der Vater ihr wohl noch immer übelnahm.

Charlotte hatte danach nie wieder etwas über ihr Verhältnis erzählt, aber Pierre hatte ihre Enttäuschung deutlich gespürt, als zur Eröffnung der *L'Épicerie Provençale* nur ihre Mutter angereist war.

Und tatsächlich schien Richard Bergs abfällige Bemerkung über die Sendung und das Kochen an sich der Anlass gewesen zu sein zuzusagen. Charlotte hatte angriffslustig gewirkt, fast trotzig. Nun kämpfte sie wohl nicht nur um die Gunst des Jurors, sondern auch um die ihres Vaters.

Das Krächzen eines Bussards, der hoch über ihm seine Kreise zog, ließ ihn aufhorchen.

Er sah auf die Uhr. Es war bereits zehn vor elf. Er sollte besser zurückgehen, wenn er nicht vor verschlossener Tür stehen wollte. Charlottes Auftritt durfte er um keinen Preis verpassen.

Mit großen Schritten durchquerte er die Grünanlage und eilte am Hotel entlang, als er aus einem der Fenster im ersten Stock ein lautes Schluchzen vernahm. Es kam von einer Frau, die sich nun hörbar schnäuzte.

»Ich sage es doch!«, rief sie aus, und ihre Stimme kippte. »Er ist tot. Sie behaupten, es sei ein Unfall gewesen, aber es war Mord. Genau wie bei …«

Der Rest des Satzes war unverständlich gewesen. Pierre blieb stehen. Ging dann einen Schritt zurück, bis er direkt unter dem Fenster stand. Sprach die Frau etwa gerade über die beiden Todesfälle? Auch sie schien nun zu lauschen, und es dauerte einen Moment, bevor sie wieder etwas sagte.

»Nein, ausgeschlossen«, schrie sie nun, »das bilde ich mir nicht ein. Ich bleibe im Zimmer und mache keinen einzigen Schritt, bis die Sache geklärt ist. Ich habe behauptet, dass ich …« Die nächsten Worte gingen im Geräusch einer zuschlagenden Tür unter. »… Lage sei, an der Sendung teilzunehmen.« Sie schluchzte laut. »Ich habe so furchtbare Angst, dass ich die Nächste bin, verstehst du? Ich will nicht sterben!«

Es dauerte nur einen Herzschlag, bis Pierre begriff. Die Frau, die nur ein Stockwerk über ihm um ihr Leben fürchtete, war Caterine Ouziel. Und Charlotte hatte ihren Platz eingenommen.

Pierre rannte los. Bis zum Restaurant und weiter zur Hotelküche waren es noch etwa hundertfünfzig Meter, mit bebenden Händen zog er sein Telefon aus der Hosentasche und wählte die Nummer seines Vaters.

»Geh ran. Verdammt, geh ran«, flehte er, doch das Telefon blieb stumm.

Endlich hatte er die Restaurantterrasse erreicht, er drückte die Klinke der Flügeltür herunter, doch sie war verschlossen.

Der Schlüssel steckte von innen, offenbar wollte man verhindern, dass jemand die Aufnahmen störte.

»*Putain!*« Pierre rüttelte an der Tür, klopfte gegen die Scheibe. »Hallo? Aufmachen!«

Im Raum bewegte sich etwas, dann sah er den Juror Georges Leveque, der sich von einem der Stühle erhob und mit dem Finger auf den Lippen den Kopf schüttelte.

»Machen Sie auf, bevor ein Unglück geschieht!«

Leveques Kopfschütteln wurde heftiger, er runzelte die Stirn und drehte ihm den Rücken zu.

Pierre fluchte. Es würde zu lange dauern, bis er das Gebäude umrundet und die Küche vom Foyer aus wieder erreicht hatte. Sicher war auch der vordere Eingang versperrt.

Kurz entschlossen zog Pierre seine Jacke aus, wickelte sie um seine Faust und durchschlug das Glas. Dann griff er durch das Loch und drehte den Schlüssel um.

»Sind Sie verrückt geworden?«, schrie Leveque, als Pierre die Tür aufriss.

Er wollte sich ihm in den Weg stellen, doch Pierre stieß ihn beiseite und durchmaß das Restaurant, als ein dumpfes Krachen die Luft zerriss. Im nächsten Moment ertönten ein Klirren und mehrstimmiges Schreien.

»Oh mein Gott! Schaltet den Strom aus, schnell!«

Als Pierre die Küche betrat, lag eine furchtbare Stille über dem Raum. Er sah Charlotte auf dem Steinboden liegen, umgeben vom Glas einer umgestürzten Lampe, die Augen geschlossen.

Sein eigener stummer Schrei hallte noch in ihm nach, als er sich neben sie zwischen die Scherben kniete und zu ihr hinabbeugte. Seine Wange über ihren Mund hielt, dann mit bebenden Fingern am Hals entlangfuhr in dem Versuch, ihren Puls zu ertasten.

»Verdammt, ich kann ihn nicht spüren.«

Ihm war eiskalt. Charlotte, seine geliebte Charlotte!

Pierre schob ihren Pullover nach oben, positionierte seine übereinandergelegten Handballen auf Höhe des Herzens und begann mit gestreckten Armen rhythmisch zu pumpen. Dann neigte er ihren Kopf sanft nach hinten und spendete ihr Atem.

»Ist sie …?«, jammerte eine Stimme hinter ihm.

Pierre riss den Kopf hoch und sah in schockstarre Gesichter, bleich und unbewegt.

»Ruft einen Krankenwagen, verdammt. Beeilt euch!«

9

Seine Muskeln fühlten sich an, als hätte er einen Dauerlauf hinter sich gebracht. Unablässig strich Pierre über die kühle Haut ihrer Hand.

»Ihr Name ist Charlotte Berg«, hörte er die Stimme des Aufnahmeleiters. »Sie hat beim Berühren des Herdes einen Stromschlag abbekommen.«

Pierre hob den Kopf. Zwei Sanitäter betraten den Raum und stellten die Trage ab.

»Hat sie noch Puls?«

»Ja«, sagte Pierre, »aber er ist sehr schwach.«

»Sie sind der Ehemann?«

Pierre öffnete den Mund, um es richtigzustellen, nickte dann nur und stand auf. Sah wie durch einen Schleier zu, wie die Sanitäter Charlotte auf die Trage hievten und festschnallten. Wie der Jüngere ihr einen Zugang legte. Wie Richard Berg sich langsam und mit schreckstarrem Gesicht von seinem Stuhl erhob und den Sanitätern erklärte, dass er der Vater sei und mitkommen wolle.

»Es kann nur einer mitfahren«, sagte der ältere Sanitäter und blickte zu Pierre und dann wieder zu Richard.

»Ich kann sie jetzt nicht alleine lassen«, flüsterte Pierre.

»Na schön.« Richard nickte nach einigem Zögern. »Ich komme mit dem Taxi nach. Wo bringen Sie sie hin?«

»Nach Orange, ins *Centre Hospitalier Louis Giorgi*.«

Während der Krankenwagen mit heulender Sirene über die

Straßen schoss, hielt Pierre Charlottes Hand. Ihr Gesicht war bleich, die Augen waren noch immer geschlossen. Seit er die Küche betreten hatte, zeigte sie keinerlei Reaktion mehr. Kein Seufzen, kein Zucken, nichts. Sie hatten ihr den Kopf verbunden, und erst jetzt bemerkte er, dass am Haar, das aus dem Verband hervorlugte, Blut klebte.

»Alles wird gut«, flüsterte Pierre, und er merkte, wie hohl der Satz klang. »Halte durch, wir sind bald da.«

Nach einer gefühlten Ewigkeit bremste der Wagen endlich ab und bog in eine Auffahrt. Im Sichtfenster war für einen kurzen Moment das Schild *Centre Hospitalier* zu sehen. Dann kam der Wagen zum Stehen, und die Türen wurden geöffnet. Pierre stieg aus und blieb weiter an Charlottes Seite, als die Sanitäter das Fahrgestell der Trage ausklappten und sie in die Notaufnahme rollten.

»Hier dürfen Sie nicht rein«, hielt ihn der Ältere vor der Tür zurück.

»Aber ich muss mit.«

»Monsieur, bitte gehen Sie in den Wartebereich und melden sich dort bei der Rezeptionistin. Man wird Ihnen sagen, wann Sie zu ihr dürfen.«

»Wo bringen Sie sie hin?«

»Ich gehe davon aus, dass sie direkt nach der Untersuchung auf die Intensivstation verlegt wird.«

Pierre sah ihnen nach, bis sich das Eingangstor wieder schloss, und strich sich in einer hilflosen Geste mit beiden Händen das Haar zurück. Erst jetzt bemerkte er, dass er schwer atmete und sich die Anspannung wie eine Schraubzwinge um Herz und Lunge presste.

Er versuchte, die furchtbare Angst um Charlotte herunterzuwürgen, und betrat das Hauptgebäude, um sich an der Rezeption zu melden.

Im Inneren war es kühl, und Pierre merkte, dass er fror, weil er die Jacke, mit deren Hilfe er die Scheibe eingeschlagen hatte, irgendwo hatte liegen lassen. Nachdem ihn die rotwangige Rezeptionistin gebeten hatte, im Warteraum Platz zu nehmen, bis er aufgerufen werde, was einige Zeit dauern könne, suchte er die Toilette auf. Dort stützte er sich auf das Waschbecken und starrte sein Spiegelbild an. Er sah furchtbar aus. Das Haar zerzaust, das Gesicht ebenso blass wie das von Charlotte und um mindestens zehn Jahre gealtert.

Pierre drehte den Hahn auf und ließ eiskaltes Wasser in seine Hände laufen, benetzte damit sein Gesicht, bis es gerötet war und zu prickeln begann. Dann trocknete er die Haut mit muffig riechenden Papiertüchern ab und verließ den Raum.

Das Wartezimmer war kaum gefüllt. Eine junge Mutter, die besorgt ihr Baby wiegte. Ein älteres Ehepaar, der Mann mit schmerzverzerrtem Gesicht.

Er setzte sich an die Tür, von wo er die Rezeptionistin im Blick hatte, um bereit zu sein, wenn sie ihn aufrief. Minuten vergingen, die ihm wie Stunden vorkamen. Er wollte schon aufstehen und bei der Rotwangigen nachfragen, warum es so lange dauerte. Aber als er auf die Uhr über der Tür sah, bemerkte er, dass der große Zeiger gerade erst die zwölf passiert hatte. Der Unfall war gegen elf geschehen, und es hatte bestimmt zehn, fünfzehn Minuten gedauert, bis die Sanitäter eingetroffen waren. Und dann noch die Fahrt … Seit er sich an der Rezeption gemeldet hatte, waren höchstens zwanzig Minuten vergangen.

Pierre verschränkte die Arme, um die Kälte abzuwehren. Er spürte einen Druck hinter den Augen, dachte, dass er gleich weinen müsse, aber er konnte es nicht.

Wann hatte er das letzte Mal Tränen vergossen? Er konnte sich nicht daran erinnern. Ein echter Mann weint nicht, hörte er in einer frühen Erinnerung seinen Vater sagen und dachte, dass er sich immer daran gehalten hatte. Aber sicher war er nicht. Sein Kopf fühlte sich an, als sei er mit Watte gefüllt. Er senkte ihn, vergrub das Gesicht in den Händen.

Dann traf Charlottes Vater ein. Wortlos setzte er sich neben ihn und legte ihm die Jacke auf die Knie. Pierre blickte auf, und sie nickten sich zu. Er überprüfte den Stoff auf Glasscherben und zog, als er nichts fand, die Jacke über. Starrte auf Richards Hände und auf die Kette mit den kleinen Perlen, die dieser langsam durch die Finger gleiten ließ.

Ein Rosenkranz …

Charlotte hatte ihm gar nicht erzählt, dass ihre Familie katholisch war. Ihr Vater war, so erinnerte er sich, gebürtiger Hamburger, und waren nicht die meisten Norddeutschen Protestanten? Aber was machte es für einen Unterschied, dachte Pierre und atmete tief ein und aus, um jeden weiteren Gedanken von sich zu schieben. Was machte es schon, welchen Glaubens man war, wenn man das ganze Leben noch vor sich hatte?

Erst im vergangenen November war Charlottes Leben in Gefahr gewesen, *Commissaire* Lechat hatte durch sein beherztes Eingreifen Schlimmeres verhindern können. Sie würde es auch dieses Mal überstehen. Pierre lehnte den Kopf gegen die kalte Steinwand und schloss die Augen. Ja, Charlotte würde leben, und es ginge ihr gewiss bald besser.

Das Klacken der Perlen, die durch Richards Hände glitten, zerrte an seinen Nerven. Pierre sah auf die Uhr. Viertel nach zwölf.

Schweigend saßen sie nebeneinander, warteten unruhig, voller Sorge, bis die Uhr zehn vor eins zeigte und die rotwangige Rezeptionistin endlich Pierres Namen rief.

»*Madame le docteur* Joubert möchte Sie sprechen.«

»Wie geht es Charlotte?«

»Den Umständen entsprechend gut. Sie ist bei Bewusstsein.«

Pierre lehnte den Kopf an das Fenster des Taxis, ohne die vorbeiziehenden Felder wahrzunehmen. Auch nicht die Häuser am Straßenrand. Auf der Rückbank neben ihm saß Richard Berg und schwieg.

Die Ärztin war noch jung gewesen. Sie hatte ein fast jugendlich glattes Gesicht und hellblondes Haar, zu einem strengen Zopf zurückgebunden. Dennoch hatte sie äußerst kompetent gewirkt. Mit ruhiger Stimme hatte sie ihnen erklärt, dass Charlotte Glück gehabt habe und die Isolierung der Gummisohlen ihrer Turnschuhe ihr wohl das Leben gerettet hätten.

»Dennoch könnte das Herz in Mitleidenschaft gezogen worden sein. Auch Stunden nach einem Stromschlag kann es noch zu Rhythmusstörungen und Kammerflimmern kommen, bis hin zum Herzstillstand. Wir haben ein Zwölf-Kanal-EKG angelegt, um das zu beobachten. Durch den Sturz hat sie sich zudem ein Schädel-Hirn-Trauma zugezogen, in dessen Folge es zu Hirnblutungen kommen kann. Aber ich kann Sie beruhigen, die Computertomografie war unauffällig. Die Prüfung von Augenreaktion, Konversationsfähigkeit und Motorik zeigt leichte Beeinträchtigungen. Wir müssen sie noch eine Weile medizinisch überwachen.«

»Und wann kann sie wieder raus?«, fragte Pierre mit belegter Stimme.

Die Ärztin blätterte in der Krankenakte, runzelte die Stirn. »Sie wird mindestens vierundzwanzig Stunden hierbleiben müssen«, sagte sie, wobei sie das »mindestens« betonte. »Eher achtundvierzig. Genaueres kann ich Ihnen erst am Nachmittag sagen.«

»Wann?«

»Zwischen fünf und sechs.« Die Ärztin reichte ihm eine

Karte und lächelte aufmunternd. »Es handelt sich um reine Vorsichtsmaßnahmen, die im Fall, dass es tatsächlich zu Komplikationen kommen sollte, lebensrettend sind.«

Sie hatte gewiss zuversichtlich klingen wollen, doch Pierre war die Sorge in ihrer Stimme nicht entgangen.

»Wann kann ich zu ihr?«

»Sofort, wenn Sie mögen. Aber ich bitte Sie, sich kurzzufassen. Es ist wichtig, dass ihr Gehirn sich erholt. Zu viele Reize können den Heilungsprozess verzögern oder schlimmstenfalls umkehren.«

Charlotte hatte geschlafen, als Pierre und Richard eintraten. Sie lag in einem Zweibettzimmer, das andere Bett war abgezogen. Leise schlossen sie die Tür hinter sich, und Pierre setzte sich auf die Bettkante, während Richard sich einen Besucherstuhl heranzog.

Von dem Geräusch geweckt, schlug Charlotte die Augen auf und lächelte, als sie die Besucher erblickte.

»Was ist passiert?«, fragte sie leise, nachdem sie sich im Bett aufgerichtet hatte. »Warum bin ich hier?«

Pierre küsste ihre Hand, darum bemüht, sich seine Erleichterung und die Rührung, sie so lebendig vorzufinden, nicht anmerken zu lassen.

»Du warst bei der Aufzeichnung der Kochsendung und hast den Herd berührt«, sagte er.

»Welche Kochsendung?« Charlotte runzelte die Stirn. »Ich kann mich an nichts mehr erinnern.«

»Du bist für Caterine Ouziel eingesprungen, weil sie einen … einen Migräneanfall hatte.« Pierre hielt inne. Sie solle sich nicht aufregen, hatte die Ärztin gesagt, also beschloss er, die Informationen zurückzuhalten, die auf einen Mordversuch hinwiesen. »Der Herd war nicht in Ordnung, du hast einen Stromschlag abbekommen.«

»Einen Stromschlag?«, wiederholte sie.

»Jemand hat versucht …«, begann Richard, doch er verstummte, als Pierre ihm einen strengen Blick zuwarf. »Ach, ist auch egal. Viel wichtiger ist es, dass es dir schon besser geht. Wenn alles gut läuft, kommst du morgen wieder raus.«

Charlotte lächelte. »Und dann holen wir alles nach. Das Hotel. Das Essen …«

Ihre Stimme war leiser geworden, brach schließlich ab, bis sich ihr Brustkorb regelmäßig hob und senkte und die Pflegerin, die diskret vor der Tür gewartet hatte, ihnen bedeutete, dass es besser sei, wenn sie jetzt gingen.

Pierre spürte das kühle Glas des Taxifensters an seiner Schläfe und sah zum Himmel, an dem die Sonne schien, als sei nichts geschehen. Plötzlich bemerkte er, wie seine Finger die Karte der Ärztin umkrampften, und er schob sie in seine Jackeninnentasche. Um fünf wisse sie mehr, hatte *Madame le docteur* Joubert gesagt, und er hatte keine Ahnung, wie er die Zeit bis dahin überstehen sollte.

Dieses Wochenende hatte die Krönung ihrer Liebe werden sollen. Es wurde zu einem der schrecklichsten seines Lebens. Schuld daran war eine Person, die Menschen umbrachte und dabei in Kauf nahm, dass auch Unbeteiligte in Gefahr gerieten. Unbeteiligte wie Charlotte. Die wundervolle, warmherzige Charlotte.

Auf einmal spürte Pierre eine unbändige Wut in sich aufsteigen. Es war, als würde er aus einer seelischen Betäubung aufwachen, und schlagartig war der Schmerz, den er die ganze Zeit zu unterdrücken versucht hatte, präsent.

Irgendjemand da draußen hätte ihm beinahe das Liebste entrissen, das er in seinem Leben hatte. Und er würde alles daransetzen, diese Person zu finden.

10

Das Hotel wirkte wie ausgestorben. Die Rezeption war unbesetzt und Ian nirgends zu sehen. Im Frühstücksraum entdeckte Pierre die rundliche Bedienung vom Morgen. Unschlüssig stand sie vor einem großen Servierwagen, auf dem abgedeckte Platten, Obst und in Zellophan gewickelte Sandwiches lagen, die sie wohl für die Filmcrew vorbereitet hatten.

»Entschuldigen Sie, können Sie mir sagen, wo ich Ian Fitzgerald finde?«

Die Frau blickte ihn aus großen Augen an. »Er ist nicht hier.«

Das sehe ich auch, hätte Pierre am liebsten gebrüllt, doch er riss sich zusammen. »Wer kann mir denn bei Fragen zur Zimmerbelegung helfen? Ich suche einen ganz bestimmten Gast.«

»Die Rezeption ist nicht besetzt.«

Pierre atmete tief durch. »Gibt es eine Computerliste oder ein Gästebuch, in dem steht, in welchem Zimmer welcher Gast untergebracht ist?«

»Ich kenne mich nur in der Küche aus.«

»Schade.« Er wollte sich gerade abwenden, hielt dann aber inne. »Ist es schon einmal passiert, dass der Herd … kaputt war?«

»Nein, nie.«

»Danke.«

Pierre eilte zurück ins Foyer und stieg die Treppe hinauf. Das Telefonat von Caterine Ouziel war aus einem der Zimmer im ersten Stock gedrungen, das – anders als das ihre – auf den Hotelpark hinausging. Es musste am Anfang des Ganges liegen, vielleicht die zweite, nein, die dritte Tür auf der linken Seite.

Pierre schritt den Gang ab und blieb dann vor dem Zimmer stehen, das den Namen *Colette* trug.

Er klopfte. Keine Antwort.

»Madame Ouziel?« Wieder nichts. Aber Pierre glaubte, eine Diele knarren gehört zu haben. Er klopfte erneut, dieses Mal kräftiger. »Madame Ouziel, mein Name ist Pierre Durand. Ich komme wegen des Unfalls in der Küche.«

Ein klackerndes Geräusch drang durch das Holz, dann drehte jemand den Schlüssel im Schloss. Die Tür ging einen Spalt auf, sodass die Person im Raum nur zu erahnen war.

»Was wollen Sie von mir?«, fragte eine weibliche Stimme.

»Ich bin der Freund von Charlotte Berg, die heute an Ihrer Stelle ... Ich muss mit Ihnen reden. Aber nicht hier im Gang. Bitte lassen Sie mich eintreten.«

Die Tür öffnete sich weiter. Caterine Ouziel trug eine sonnengelbe Bluse zu einer eng sitzenden Jeans und schwarzen Pumps, die sie sich offenbar rasch übergezogen hatte. Das Haar war zu einem Dutt aufgesteckt, was ihrem Gesicht eine Strenge verlieh, die nicht zu dem besorgten Ausdruck passte. »Sie armer Mensch! Kommen Sie rein.«

Er betrat den dunklen Flur und wartete, bis sie die Tür hinter ihm wieder verschlossen hatte.

»Ich habe schon davon gehört«, sagte sie aufgebracht. »Ich bin fassungslos, was für eine Katastrophe! Das muss schrecklich für Sie sein. Wie geht es Ihrer Freundin?«

»Den Umständen entsprechend. Sie hätte tot sein können. Es war ihr Glück, dass sie Turnschuhe trug, deren Sohlen eine isolierende Wirkung hatten.« Sein Blick fiel auf das

Bett, wo die geöffnete Leopardenreisetasche lag. »Sie wollen abreisen?«

»Ja«, sagte sie und strich sich mit den Handflächen über die Stirn. »Eigentlich müsste ich meine Migräne auskurieren, aber mich hält hier nichts mehr.«

»Wo wollen Sie denn hin?«

Sie sah ihn erstaunt an. »Nach Hause.«

»Sind Sie dort sicher? Ihnen muss doch bewusst sein, dass Sie noch immer in Gefahr sind.«

»In Gefahr?«

»Immerhin hätten Sie an Charlottes Stelle am Herd gestanden.«

Caterine Ouziel verfiel in ein künstliches Lachen. »Das ist richtig, aber ich glaube, Sie interpretieren da etwas zu viel hinein. Es war ein Unfall. Der Herd war defekt. Man hätte ihn überprüfen müssen.«

»Gestern Abend hat er noch wunderbar funktioniert. Charlotte hat selbst darauf gekocht. Jemand muss die Leitungen vor dem Beginn der Dreharbeiten manipuliert haben.«

Pierre konnte seine Irritation über ihre abweisende Haltung nicht verbergen. Er begriff nicht, warum sie so tat, als habe all das nichts mit ihr zu tun. »Jemand wollte Sie umbringen«, setzte er nach und beobachtete dabei ihr Mienenspiel.

Für den Bruchteil einer Sekunde war ein Zucken zu sehen, dann hatte sie die Kontrolle über ihre Gesichtszüge wiedergewonnen. Als sie zu sprechen begann, klang ihre Stimme zittrig. »Ich kann mir nicht erklären, was das Ganze mit mir zu tun haben soll.«

»Sie kennen Christophe Roumejon und Daniel Avonde?«

»Natürlich. Wir sind eine kleine Gemeinschaft, hier kennt jeder jeden.«

»Dann wissen Sie auch, dass die beiden infolge angeblicher

Unfälle gestorben sind, kurz hintereinander. Und nun dieser Stromschlag.« Er dachte daran, was Ian ihnen vom Unfall des Immobilienmaklers berichtet hatte. »Haben Sie auch etwas mit dem Verkauf des Weinguts zu tun?«

Caterine Ouziel zog die Brauen zusammen. »Sind Sie von der Polizei?«

Pierre schüttelte den Kopf.

»Dann wüsste ich nicht, was Sie das angeht.«

»Einem Beamten würden Sie es also erzählen?«

Ihr Atem beschleunigte sich. »Sie wollen mich missverstehen, oder? Ich weiß nicht, wovon Sie reden. Es hat eine Verkettung unglücklicher Umstände gegeben, ja. Aber ich kann eine wie auch immer geartete Verbindung zwischen diesen Umständen nicht feststellen.«

»Was ist mit dem Telefonat von heute Morgen? Sie hatten Angst um Ihr Leben.«

Ihre Augen weiteten sich, und sie presste die Lippen zusammen.

»Mit wem haben Sie gesprochen, Madame? Sagen Sie es mir, bitte.«

Für einen Moment schien sie die Fassung zu verlieren, dann ging sie zur Tür und riss sie weit auf. »*Au revoir*, Monsieur Durand.«

Pierre rührte sich nicht von der Stelle. In ihm begann es zu brodeln, doch er riss sich zusammen. »Wovor haben Sie Angst?«

»Ich habe keine Angst, ich will nur, dass Sie endlich gehen.«

»Meine Freundin ist zum unschuldigen Opfer eines Anschlags geworden, und Sie wissen sehr genau, wer dahintersteckt«, brüllte er, lauter als beabsichtigt. Aber er konnte seine Wut und die Enttäuschung über ihre mangelnde Mithilfe nicht länger zurückhalten. »Wissen Sie, dass ein Stromschlag das Herz dauerhaft schädigen kann? Wenn Sie jetzt schweigen, dann machen Sie sich an der Sache mitschuldig.«

Caterine Ouziel stieß einen empörten Schrei aus. »Verschwinden Sie, sonst zeige ich Sie an wegen Nötigung.«

Wütend trat er auf den Flur, stemmte dann aber eine Hand gegen die zuschwingende Tür.

»Einen Moment noch. Das Gespräch gestern Abend auf der Terrasse. Worum ging es da? Was haben Ihre beiden Konkurrenten gemeint, als sie sagten, Sie würden eine rote Linie überschreiten?«

»*Au revoir!*« Mit Wucht drückte Madame Ouziel gegen die Tür, sodass sie hinter Pierre, der den Arm rasch zurückzog, mit lautem Krachen zufiel.

»*Zut!*«

Er war zu brachial vorgegangen. Er hatte seine Emotionen nicht im Griff gehabt, und das war ein Fehler, der einem Ermittler, so wenig er gerade einer war, niemals passieren durfte.

Wütend eilte er nach unten, auf der Suche nach den beiden Köchen, die gestern Abend mit Madame Ouziel gestritten hatten. Doch er fand sie weder im Foyer oder in der angrenzenden Bibliothek noch im Restaurant, das er mit ausgreifenden Schritten durchmaß.

Die Flügeltür zur Terrasse stand weit offen. Jemand hatte die Glasscherben beseitigt und das entstandene Loch notdürftig mit einem Stück Pappe zugeklebt. Pierre trat ins Freie und sah sich um.

An dem einzigen besetzten Tisch saßen die beiden Väter. Vor Alain standen ein Krug Wasser und ein Glas Pastis, während Richard, der nun eine beige Windjacke mit großen Brusttaschen trug, sich einen Milchkaffee geholt hatte.

»Es gibt zwei große Festivals in Châteauneuf-du-Pape«,

referierte Richard gerade, und seine Brille rutschte dabei nach vorn. »Das *Les Printemps de Châteauneuf-du-Pape* mit Degustationen, Workshops rund um den Wein und einem kulinarischen Marktplatz findet im April statt. Und im August die traditionelle *Fête de la Véraison* mit ihrem mittelalterlichen Spektakel.«

»Wo warst du?«, fragte Alain, als er Pierre bemerkte, sichtlich froh über die Unterbrechung. Wie es seinem Sohn gerade ging, schien ihn weniger zu interessieren.

Pierre zögerte, ob er seinem Vater gegenüber offen reden konnte, entschied sich dann aber dafür. »Ich habe mit Caterine Ouziel gesprochen. Das heißt, ich habe es versucht. Aber ich habe es vermasselt.« Er sah sich um. »Hast du die beiden Männer gesehen, mit denen sie sich gestern Abend gestritten hat?«

»Nein. Mir scheint, die Crew hat sich panisch in alle Windrichtungen verstreut.« Alain klopfte auf den Stuhl neben seinem. »Komm, setz dich. Was wolltest du denn von Madame Ouziel?«

Pierre nahm Platz und berichtete von dem Telefonat, das er mitgehört hatte. »Ich weiß also, dass es sich um einen Mordversuch gehandelt hat. Und jetzt tut sie so, als hätte der Anruf nie stattgefunden.«

»Du solltest der Polizei davon erzählen«, sagte Alain. »Ich habe gehört, wie sich die Beamten, die während eurer Abwesenheit hier waren, unterhalten haben. Sie meinten, alles weise auf einen Unfall hin.«

»Das haben sie gesagt?«

Alain nickte. »Sie haben auch mit dem Beleuchter der Produktionsfirma gesprochen, der für die Technik zuständig ist. Er hat ihnen von den Problemen mit der Stromversorgung erzählt, die sie gestern hatten. Weshalb sie den Generator aufgestellt hätten. Der Beamte meinte, er habe sich das Ganze angesehen, das eine habe nichts mit dem anderen zu tun, die Kabel hätten sich offenbar aus der Fassung gelöst. Das stromleitende Kabel habe über den Kontakt zur Eisenfront den gesamten Herd unter Strom gesetzt, während die frei in der Luft hängende Erdung ein Herausspringen der Sicherung verhinderte.«

»Gelöst?«, rief Pierre aus. »Von ganz alleine? Das ist doch Blödsinn.«

Richard, der die ganze Zeit geschwiegen hatte, schob seine Brille zurecht. »Vielleicht hat jemand den Herd kurz vor der Aufzeichnung bewegt.«

Alain verdrehte die Augen. »Haben Sie schon einmal versucht, einen gusseisernen Herd zu bewegen?«

»Es müssen ja nur wenige Millimeter gewesen sein. Haben Sie sich das überhaupt angesehen? Die Kabel waren ganz ungeschützt am Herdrücken angebracht und viel zu stramm gespannt!« Richard stieß die Luft aus. »Den hätte man in Deutschland niemals in Betrieb nehmen dürfen.«

»Wir sind aber nicht in Deutschland«, sagte Alain. Er goss sich neuen Pastis ins Glas und füllte es mit Wasser auf.

Pierre lehnte sich mit einem Aufstöhnen im Stuhl zurück. »Es war kein Unfall. Alles passt zusammen: der funktionierende Herd am Vorabend. Der nächtliche Autounfall des Immobilienmaklers. Caterine Ouziels angebliche Migräne. Das Telefonat. Und wenige Minuten später …« Er schlug mit der Faust auf den Tisch, dass die Gläser schepperten und sein Vater mit raschem Griff sein Glas hochnahm. »Jemand hat nachgeholfen«, beharrte Pierre. »Und er wird es wieder versuchen.«

Alain trank einen Schluck von dem Anisschnaps und stellte das Glas zurück auf den Tisch. »Dann beweise es.«

»Das kann ich nicht.«

»Weil du keine Eier hast?«

»Was willst du denn damit sagen?«

»Du hattest sie schon damals nicht. Du warst gut, du hättest als *Commissaire* Karriere machen können, du wärst richtig weit gekommen. Stattdessen hast du bei der ersten größeren Konfrontation den Schwanz eingekniffen und bist nach Sainte-Valérie gezogen, um als Dorfpolizist zu arbeiten.«

»Ich bin *Chef de police municipale*«, korrigierte Pierre. »Und ich bin sehr glücklich mit meiner Entscheidung.« Er schnalzte unwillig mit der Zunge, aber er hatte nicht vor, über das Stöckchen zu springen, das sein Vater ihm hinhielt. »Du irrst dich, ich habe sehr wohl Eier. Der Grund, warum ich in diesem Fall nicht ermitteln kann, ist vielmehr, dass ich viel zu emotional an die Sache herangehe. Das macht es nur noch schlimmer. Ich habe die Nerven verloren, als ich mit Madame Ouziel sprach. Ich habe eine wichtige Zeugin … ein mutmaßliches Opfer … angebrüllt und sie in die Ecke gedrängt, statt sie ins Boot zu holen. Das ist unverzeihlich.«

»Ein kapitaler Fehler«, sagte Alain und verzog den Mund zu einem Grinsen. »Mir wäre das sicher nicht passiert.«

»Ach ja?« Pierre zuckte die Schultern und sah in Richtung des Vorplatzes, auf dem Caterine Ouziel mit ihrer Reisetasche erschien, den Kleidersack in der erhobenen linken Hand. Sie eilte auf den Parkplatz zu, ohne sich umzudrehen, als plötzlich jemand ihren Namen rief.

»Caterine, wo willst du denn hin?«

Pierre erhob sich und lugte um die Ecke. Es war Georges Leveque, der ihr bis zur Treppe folgte und sich dann missmutig umdrehte und zurück ins Haus ging.

»Na los, Alain«, sagte Pierre mit einem Anflug von Spott und zeigte auf den sich rasch entfernenden kanariengelben Punkt. »Der Juror und ich sind bereits gescheitert. Jetzt bist du dran, zeig mal, was du kannst.«

»Ich …«

»Siehst du«, sagte er, als sein Vater unschlüssig sitzen blieb. »Ist alles nicht so einfach.« Pierre lächelte. »Ich für meinen Teil werde nun die Beamten von der Notwendigkeit einer offiziellen Ermittlung überzeugen. Bevor erste Spuren verloren gehen und sich mögliche Tatverdächtige in alle Richtungen verteilen.«

Richard griff nach dem Reiseführer und verstaute ihn in seiner Jackentasche. »Nehmen Sie mich mit in den Ort? Es ist schon nach zwei, und ich habe einen Bärenhunger.«

»Natürlich. Was ist mit dir, Alain?«

Alain schüttelte den Kopf. Saß mit verschränkten Armen da wie ein bockiges Kind. Pierre kannte das schon. Sein Vater wollte hofiert und darum gebeten werden, sie zu begleiten. Aber den Gefallen tat er ihm nicht.

»Na schön. Wir sehen uns später.«

Sie waren bereits auf dem Parkplatz, als Pierre hinter sich eilige Schritte hörte.

»Wartet«, rief Alain, »ich komme mit.«

II

Sie waren der Landstraße gefolgt, die schnurgerade durch das Rhônetal und an weitläufigen Weinfeldern entlangführte. Rechter Hand lag der kalkbedeckte Gipfel des Mont Ventoux, der aus der Ferne wirkte wie eine überdimensionale Rutschbahn aus Schnee.

Bald verschwammen die Bergketten zu fernen Schemen, und schließlich waren da nur noch die Reben, die in immer schwungvoller geformten Hügeln standen. In regelmäßigen Abständen tauchten Schilder auf, die den Weg zu Weingütern wiesen, deren Namen Pierre irgendwann einmal auf einem Etikett gelesen hatte.

Ouvert 7/7 jours, stand auf einem davon. Täglich geöffnet für Besichtigungen. *Caveau, Wine Tasting*, auf einem anderen. *Accueil. Welcome.*

Châteauneuf-du-Pape lag auf einer Anhöhe, von weit her sichtbar durch die Überreste des Schlosses, die hoch über den Dächern thronten. Ganz allmählich waren sie dem Ort nähergekommen, bis er schließlich hinter den ersten von Thujahecken eingeschlossenen Häusern, den Zypressen und Pinien der Vorgärten verschwand.

Noch bevor sich die Ruine wieder ins Blickfeld schob, schickte sie das Navigationsgerät nach links. Pierre ignorierte die Anweisung und fuhr weiter in Richtung Altstadt, wo er die beiden Väter absetzen wollte, bevor er die Gendarmerie aufsuchte.

An der Straße reihten sich nun wieder die Schilder der Weingüter aneinander, die zur *dégustation* einluden. Sie passierten ein Weinmuseum, dann ein sandfarbenes Gebäude mit Zinnen, das der ehemaligen päpstlichen Sommerresidenz nachempfunden war. Auf einem Hof standen mehrere Tanklaster. Bereit, den umgefüllten Wein zu ihren Destinationen in ganz Europa zu transportieren.

Je näher sie der Altstadt kamen, desto dichter wurde der Schilderwald. Der ganze Ort schien Wein zu atmen. Und dennoch waren die Straßen nahezu menschenleer. Sie passierten eine Gruppe Radfahrer, die sich vor dem Brunnen über einen ausgebreiteten Plan beugten. Ein asiatisches Paar, das vor einem blumengeschmückten Haus mit dem Schriftzug *Immobilier Terre & Maison* für ein Selfie posierte.

Am meisten wunderte Pierre, dass es keine Kinder gab. Keine Jungen und Mädchen, die zwischen den Häusern umherliefen und Fangen spielten oder Verstecken. Nirgendwo Heranwachsende, die mit aufgesetzten Kopfhörern oder einem Ball in der Hand durch die Gassen schlenderten. Nur Menschen mittleren Alters und Greise.

Er brachte den Wagen vor einem Restaurant zum Stehen und drehte sich zu den beiden Vätern um. »Wir sind da.«

»*La Mule du Pape*«, las Alain. »Das klingt doch nett. Bei dem schönen Wetter könnten wir draußen sitzen.«

Sie verabredeten, dass die beiden hier eine Kleinigkeit essen und auf Pierres Rückkehr warten sollten. Und als Richard fragte, ob er ihm ebenfalls etwas bestellen solle, nickte Pierre nur und überließ es ihm, ein Gericht auszuwählen. Er glaubte nicht, dass er etwas essen könne, nicht in dieser Situation.

Pierre wartete, bis Charlottes Vater den Wagen verlassen hatte, dann rief er Alain noch einmal zu sich. »Benimm dich anständig, in Ordnung? Richard hat schon genug Sorgen.«

»Rickard«, äffte Alain die deutsche Aussprache nach. »Wie sich das schon anhört. Es sagt einfach alles, *n'est-ce pas*? Bei uns klingt alles weicher und runder.« Er verzog den Mund zu einer Schnute. »Rischarde«, sagte er mit übertriebener Betonung. »Das, mein Lieber, ist eine Frage des Stils.«

»Versprich es«, beharrte Pierre und wartete, bis sein Vater zwei Finger zum Schwur hob. Dann fuhr er zurück zu der Gabelung, an der das Navigationssystem ihn nach Westen geschickt hatte.

Die Gendarmerie lag weit außerhalb des Ortes. Gerade als die Straße immer ländlicher wurde und Pierre dachte, das Navigationsgerät habe ihn in die Irre geführt, tauchte hinter einer Kurve das blau-weiß-rote Schild mit der schwarzen Schrift auf. Er stellte den Wagen auf dem Besucherparkplatz ab.

Die *gendarmerie nationale* war groß. Sie bestand aus einem Gebäude für den Publikumsverkehr und einigen weiteren, die hinter einem hohen weißen Tor lagen und offenbar erst kürzlich erbaut worden waren. Modern gewischte Fassaden in hellem Apricot, flache Dächer mit rostroten Ziegeln.

Jetzt erinnerte er sich auch wieder an einen Artikel, den er vor Jahren gelesen hatte und in dem von der Errichtung einer Kaserne die Rede war, in der fünfzehn Unteroffiziere samt Familien untergebracht werden sollten.

Pierre ging zum Besuchereingang und drückte auf den Klingelknopf.

Die Jalousien, die den Eingangsbereich vor Blicken schützten, wurden sachte beiseitegeschoben, und nachdem Pierre sich dem Aufruf folgend über den Lautsprecher vorgestellt hatte, erklang der Summer.

Eine junge Frau in hellblauer Bluse, Krawatte und royalblauem Rock nahm ihn in Empfang. Als Pierre seinen Ausweis gezeigt und den Grund seines Besuches geschildert hatte, ließ man ihn einige Minuten alleine. Schließlich führte man ihn in ein kleines Zimmer mit niedriger Decke und einem aufgeräumten Schreibtisch, dahinter ein junger Mann mit schmalem Gesicht und spitzem Kinn, der – den Streifen seines Abzeichens zufolge – den Dienstgrad eines *Sous-lieutenant* besaß.

Pierre nahm ihm gegenüber auf dem Besucherstuhl Platz und gab seine Aussage zu Protokoll. Er beschrieb, was er am Morgen gegen elf unter dem Fenster im ersten Stock des Schlosshotels gehört hatte und dass nur wenige Minuten später seiner eigenen Freundin das Berühren des Herdes beinahe zum Verhängnis geworden wäre.

»Meiner Einschätzung nach handelt es sich um einen Mordversuch«, schloss er. »Einen Mordversuch, der Caterine Ouziel galt, die allerdings vorgibt, nichts von alldem zu wissen.«

Der junge *Sous-lieutenant* nickte höflich, dann bedankte er sich für die Informationen und stand von seinem Stuhl auf. »Sollten wir weitere Fragen haben, kommen wir auf Sie zurück.«

»Und was geschieht nun?«, fragte Pierre, überrascht über die mangelnde Dringlichkeit in dessen Gesichtsausdruck. Nur zögernd erhob er sich von seinem Platz.

»Das entscheidet *Lieutenant* Bompard.«

»Ist er denn anwesend?«

Der *Sous-lieutenant* schüttelte den Kopf. »Heute ist Samstag«, sagte er nur.

»*Mon Lieutenant*«, Pierre warf einen Blick auf das Namensschild seines Gegenübers, »Dufour. Die Zeit drängt. Sie müssen handeln. Es könnte doch sein, dass der Täter erneut zuschlägt und dass Madame Ouziel dieses Mal wirklich etwas passiert.«

»Bei allem Respekt, werter Kollege, was auch immer Madame Ouziel über die Unfälle zu wissen glaubt, sie hat sich geirrt.«

»Was macht Sie da so sicher?«

»Christophe Roumejon ist nicht ermordet worden. Seine Frau hat gesehen, wie die Dachziegel ihren Mann getroffen haben.«

»Vielleicht hat sie gelogen.«

»Solange wir nichts finden, das diesen Verdacht erhärtet, gehen wir davon aus, dass sie die Wahrheit sagt.«

»Und wie erklären Sie sich den Unfalltod des Immobilienmaklers … Wie hieß er noch?«

»Daniel Avonde.«

»Genau. Es heißt, die Tatsache, dass Roumejon sein Weingut an eine chinesische Investorengruppe verkaufen wollte, sei im Ort auf Widerstand gestoßen.«

»Ja, das wird erzählt. Und wir sind dem selbstverständlich nachgegangen. Ohne Ergebnis. Die Männer, die infrage kämen, sind allesamt anständige Menschen, die sich noch nie etwas zuschulden kommen ließen.«

»*Bonjour*«, sagte jemand hinter Pierre, und der *Sous-lieutenant* zuckte zusammen. »Seit wann besprechen wir ermittlungsrelevante Dinge mit Personen außerhalb unserer Brigade?«

Pierre wandte sich um. Im Türrahmen stand ein etwa fünfzigjähriger, mittelgroßer Mann mit fluffig abstehendem, kurz geschnittenem Haar und auffallend breiter Nase. Das musste Bompard sein.

»*Mon Lieutenant* …«, stotterte Dufour, fing sich aber rasch wieder. »*Monsieur le policier* Durand ist ein Kollege aus Sainte-Valérie. Er hat etwas gehört, das ihn an einem Unfall zweifeln lässt, und da wollte ich für Klarheit sorgen.«

»Ein Kollege?« Der *Lieutenant* streckte Pierre auffordernd

die flache Hand entgegen. »Geben Sie mir mal Ihren Dienstausweis.«

»Gerne.« Pierre reichte ihm seine Karte.

»Ein Beamter der *police municipale*«, stellte er stirnrunzelnd fest und gab Pierre den Ausweis zurück.

»Ja. Aber ich bin nicht dienstlich hier, sondern privat. Ich habe zufällig ein Telefonat mitgehört, das mich vermuten lässt, dass der Herd, der den Stromunfall im *Château des Vignes* ausgelöst hat, manipuliert war.«

Noch einmal erzählte er, was er nur wenige Minuten vorher Dufour berichtet hatte. »Ich gebe zu, einige Sätze waren lückenhaft, aber sie erschließen sich im Zusammenhang der Ereignisse.«

Bompard lehnte sich an den Türrahmen und nickte.

»Ich habe mir gerade von dem Einsatz berichten lassen. Die Kollegen haben den Herd in Augenschein genommen und auf Verlangen der von Ian Fitzgerald informierten Versicherung einen Kriminaltechniker beauftragt, der«, er sah auf die Uhr, »ihn in diesem Augenblick auf vorhandene Spuren überprüft. Ich warte noch auf den abschließenden Bericht. Momentan spricht alles dafür, dass es ein Unfall war. Sollte Madame Ouziel Beweise für ihre Vermutungen haben, würde das die Sachlage natürlich entscheidend verändern. Ich kenne sie gut und werde sie dazu befragen.«

»Sie hat mich rausgeworfen, als ich mich nach dem Anruf erkundigte. Aber vielleicht lag es auch nur daran, dass ich ein Fremder für sie war.«

»Das lässt sich rasch klären.« Bompard verließ den Raum, und man hörte ihn über den Gang hinweg telefonieren. Kurze Zeit später stand er wieder im Türrahmen. »Sie sagt, sie habe mit einer Migräne im Bett gelegen und kein solches Telefonat geführt.«

Pierre zog die Brauen zusammen. »Das ist gelogen. Die Verbindungsdaten ihres Mobiltelefons werden das sicher belegen.«

»Dazu bräuchte ich einen richterlichen Beschluss«, entgegnete Bompard, »und den werde ich nur aufgrund Ihrer Aussage sicher nicht bekommen. Kann denn eine weitere Person das Gehörte bezeugen?«

»Nein.«

»Und Sie sind sicher, dass es Madame Ouziels Stimme war?«

»Ich nehme es an.«

»Aber sicher sind Sie nicht?«

Pierre schüttelte den Kopf. Er spürte, wie ihm der Ärger den Hals hinaufkroch, doch er riss sich zusammen. Der Mann machte nur seinen Job. »Sie hat eine Stimme ohne großen Wiedererkennungswert. Entscheidend ist der Zusammenhang. Was sie erzählt hat, passt unzweifelhaft zu dem, was später in der Hotelküche geschah. Außerdem war das Zimmer, aus dem die Stimme drang, das von Caterine Ouziel.«

»Sie standen im Freien, richtig? Das Fenster von Madame Ouziels Zimmer lag Ihrer Aussage nach im ersten Stock. Könnte es denn nicht auch so gewesen sein, dass Sie eine Fernsehsendung aus dem Nachbarzimmer mitgehört haben oder ein Hörspiel im Radio?« Er verschränkte die Arme. »Verstehen Sie mich bitte nicht falsch. Ich bin der Letzte, der nicht alle Möglichkeiten im Auge behalten will. Aber Sie werden sicher verstehen, dass ich ohne konkrete Verdachtsmomente keine Ermittlungen einleiten kann.«

Pierre lachte trocken auf. »Das Gespräch war eindeutig. Caterine Ouziel hatte Angst. Sie befürchtete, als Nächste dran zu sein.«

»Gut möglich, dass Sie recht haben. Angenommen, Madame

Ouziel, von der im Übrigen bekannt ist, dass sie seit ihrer Jugend an regelmäßig auftretenden Migräneattacken leidet, hat diese nur vorgespielt, nachdem sie vom Autounfall des Maklers erfahren hatte. Möglich auch, dass sie sich in etwas hineingesteigert hat, weil es mit dem Verkauf des Weinguts eine reale Verbindung zwischen den beiden Verstorbenen gibt. Und nun hat sie zwei voneinander unabhängige Dinge – die Unfälle und die berufliche Zusammenarbeit – miteinander verknüpft und daraus ihre eigenen Schlüsse gezogen.«

»Sie glauben, sie hat sich die Gefahr nur eingebildet?«

»Ich will es nicht ausschließen. Es ist doch denkbar, dass sie inzwischen zu einem anderen Schluss gekommen ist und nun das Telefonat leugnet.«

»Warum sollte sie das tun?«, fragte Pierre.

»Weil es ihr unangenehm ist?« Bompard hob die Schultern. »Madame Ouziel ist auch für ihre psychische Labilität bekannt, aber das nur unter uns. Sehen Sie, die Kriminaltechniker haben die beiden tödlichen Unfälle auf eine mögliche Fremdeinwirkung hin überprüft und nichts dergleichen gefunden. Der Bericht für den heutigen Unfall steht wie gesagt noch aus, aber wie ich dem Einsatzbericht meiner Kollegen entnehmen kann, hatten sich sowohl die Erdung als auch die Starkstromleitung aus der Fassung gelöst, und Letztere hatte das Eisengehäuse des Herdes berührt. Auf dem Boden waren Kratzspuren zu sehen, als sei die Kochstelle um wenige Millimeter in eine neue Position gerückt worden.« Er hob die Hände. »Nach meinem Ermessen gibt es für uns keinerlei Gründe einzuschreiten.«

Es war nicht zu fassen! Pierre schluckte heftig. Ärger und Ungeduld hatten sich unterhalb seiner Kehle zu einem festen Klumpen vereint, der geradezu schmerzhaft Auslass begehrte. Er schluckte noch einmal und versuchte, seiner Stimme einen unaufgeregten Klang zu verleihen. »Hatte Caterine Ouziel beruflich mit den beiden Unfallopfern zu tun?«

Bompard schürzte die Lippen. »Das kann ich Ihnen nicht sagen. Aber ausschließen würde ich es nicht. Sie berät immer wieder mal Kaufinteressenten bei der Wahl eines Weinguts. Aber das muss nichts zu bedeuten haben. In diesem Ort ist jeder auf irgendeine Art und Weise mit Wein verbunden.«

»Es wäre Ihre Aufgabe, das nachzuprüfen«, platzte es aus Pierre heraus, er konnte seinen Ärger nun nicht länger zurückhalten. »Wenn es wirklich so war, wie ich glaube, dann braucht Caterine Ouziel dringend Polizeischutz.«

»Na schön.« *Lieutenant* Bompard blieb überraschend ruhig. »Ich will mir später nicht vorwerfen lassen, zu spät reagiert zu haben. Daher werde ich das mit unserem *Capitaine* von der *Compagnie d'Orange* besprechen. Möglicherweise genügt der Anfangsverdacht, um die Staatsanwaltschaft einzuschalten. Ob es allerdings ausreicht, Ermittlungen einzuleiten, wage ich zu bezweifeln.« Bompard trat einen Schritt zurück und bedeutete Pierre mit einer Handbewegung, dass das Gespräch für ihn damit beendet war. »Melden Sie sich bei uns, wenn Sie weitere Anhaltspunkte finden.«

Pierre nickte und verabschiedete sich. Als er bereits im Flur stand, fiel ihm noch etwas ein. »Eine letzte Frage noch: Wie lautet das Ergebnis der Blutalkoholuntersuchung des Immobilienmaklers?«

»Sie war negativ. Als Daniel Avonde von der Straße abkam, hatte er nicht einen einzigen Tropfen getrunken.«

12

Als Pierre das Gebäude der Gendarmerie verließ, war es zwanzig nach drei. Der Himmel war strahlend blau, es war kälter geworden und windiger.

Das Gespräch hatte ihn unbefriedigt zurückgelassen. Auch wenn *Lieutenant* Bompard ihm zugesichert hatte, die übliche Routine für mögliche Ermittlungen in Gang zu setzen, konnte er sich nicht des Gefühls erwehren, dass es viel zu lange dauern würde, bis der Untersuchungsrichter endlich grünes Licht gab. Ihn trieb jedoch weniger die Sorge um Caterine Ouziel an als vielmehr das Gefühl, dass sich bald das Zeitfenster schloss, innerhalb dessen der oder die Täter gefunden werden konnten.

Er beschloss, es nicht bei der Beobachterrolle zu belassen, sondern selbst aktiv zu werden. Aber dafür musste er seine Gedanken, die nach diesem Gespräch wild durcheinanderschwirrten, dringend zu Papier bringen, bevor sie sich wieder verflüchtigten.

Kaum saß er hinter dem Lenkrad, öffnete er das Handschuhfach und suchte nach etwas Geeignetem, worauf er sich ein paar Notizen machen konnte. Er fand Handzettel von Charlottes *Épicerie*, auf denen die wöchentliche Mittagskarte abgedruckt war, und hielt inne. Zärtlich strich er über das Papier.

Eine ungeheure Sehnsucht überkam ihn, und er holte sein Telefon hervor, wählte ihre Nummer. Die Ärztin hatte zwar gesagt, dass Charlotte absolute Ruhe brauche, doch es konnte nur heilsam sein, eine vertraute Stimme zu hören.

Der Anrufbeantworter sprang an, offenbar war ihr Smartphone ausgestellt. Ich werde es später noch einmal versuchen, dachte er enttäuscht und sprach ihr eine kurze, aufmunternde Nachricht auf Band. Dann wendete er den Menüzettel, um sich auf der Rückseite Notizen zu machen.

1. *Auslöser:*
   Anstehender Verkauf des Weinguts von Christophe Roumejon an eine chinesische Holding
2. *Mögliche Motive und Täter:*
   - *Habgier. Verhinderung des Abschlusses, um das Weingut selbst kaufen zu können ☞ Wer profitiert davon? Namen Winzer? Notabene: Können die Morde den Verkauf wirklich verhindern?*
   - *Warnung, um weitere Einflussnahme chinesischer Investoren zu verhindern ☞ Aktivisten? Nationalisten? Traditionalisten?*
   - *Neid und Missgunst anderer Winzer, die Christophe Roumejon den neuen Reichtum nicht gönnten*

Den letzten Punkt strich er wieder, denn es erklärte nicht, warum der oder die Täter die Morde über Roumejon hinaus fortsetzten. Ian hatte erzählt, dass der Besitzer des Weinguts bedroht worden war, aber er hatte keinen Namen nennen können. Sicher wusste Roumejons Witwe Agnès, aus welcher Ecke die Bedrohung gekommen war. Pierre schrieb ihren Namen auf ein weiteres Blatt und umkreiste ihn. Daneben den des tätowierten Koches, mit dem Caterine Ouziel am Vorabend aneinandergeraten war und von dem er sich nur den Vornamen gemerkt hatte: Alexandre.

Der Szenekoch hatte gesagt, sie überschreite eine rote Linie. Was hat er damit gemeint? Hatte sie mitgeholfen, den Investoren Roumejons Weinberg schmackhaft zu machen?

Ian hatte von einem Galgen erzählt, den jemand Christophe Roumejon auf die Haustür gemalt hatte. Es wäre interessant zu erfahren, ob das zweite Opfer, Daniel Avonde, ebenfalls eine Warnung erhalten hatte. Oder Caterine Ouziel.

Pierre betrachtete den Zettel. Der Fall sah eigentlich recht eindeutig aus, aber nicht immer lag die Lösung auf der Hand. Er musste einen Schritt zurücktreten, den Blickwinkel erweitern. Alles betrachten, auch das Unwahrscheinliche, damit er nichts übersah. Eine weitere Verbindung zwischen den Opfern beispielsweise, die über das Berufliche hinausging.

Im Grunde kam jeder in Frage, der sich in der gestrigen Nacht im *Château des Vignes* aufgehalten hatte, und das waren etliche Personen. Wenn er den Fall mit Sorgfalt angehen wollte, mussten die allesamt überprüft werden, bevor sie abreisten.

Pierre stieß die Luft aus. Er würde Hilfe brauchen, wenn ihm das Kunststück gelingen sollte. Die Suche nach einem Täter, nach einem weiteren Tatmotiv, glich der Suche nach der berühmten Nadel im Heuhaufen.

Entschlossen wählte Pierre die Nummer des Schlosshotels und verlangte, als sich eine Rezeptionistin meldete, nach Ian. Die Dame verband ihn mit der Kellerei des Weinguts, und es dauerte eine Weile, bis der Ire abnahm.

»Es ist schrecklich, ich weiß gar nicht, was ich sagen soll«, schluchzte er über die Freisprechanlage, noch bevor Pierre ihm sein Anliegen schildern konnte. »Monsieur Berg hat mir erzählt, dass Charlotte wieder auf die Beine kommt, trotzdem ist es eine entsetzliche Geschichte. Nicht auszudenken, wenn ihr etwas passiert wäre!«

»Ja, wir können von Glück reden«, sagte Pierre und wechselte augenblicklich das Thema, weil er merkte, wie sehr ihn die erneute Konfrontation mit Charlottes Unfall anstrengte. »Warum ich anrufe: Ich habe eine Bitte. Ich möchte herausfinden, wer das Ganze zu verantworten hat, und dabei brauche ich deine Hilfe.«

»Selbstverständlich. Sag mir, was ich tun soll.«

»Ist die Filmcrew noch da?«

»Ich glaube schon, aber als ich vorhin im Hotel war, waren sie gerade am Zusammenpacken. Wie ich hörte, sind sie auf der Suche nach einer neuen Location.«

Pierre startete den Motor und fuhr vom Parkplatz auf die Straße. Er musste sich beeilen, bevor sich Zeugen, mögliche Täter oder Komplizen in alle Windrichtungen zerstreuten. »Ich brauche eine vollständige Liste aller Gäste. Außerdem die Namen und Adressen sämtlicher Angestellter, die sich gestern Nacht im Hotel aufgehalten haben oder die sich über einen Schlüssel Zutritt verschaffen konnten.«

»Die Daten meiner Angestellten gebe ich dir gerne, aber die der Hotelgäste …« Ian zögerte. »Damit mache ich mich strafbar.«

»Verdammt, Ian! In deinem Hotel wäre beinahe ein Mensch getötet worden, meine Charlotte, und du fragst dich, ob du die Adressen der möglichen Täter herausrücken kannst?«

»Du glaubst, es war jemand von der Filmcrew?«

»Das lässt sich zu diesem Zeitpunkt nicht ausschließen. Immerhin wusste der Täter, an welchem Herd Caterine Ouziel stehen sollte.« Ihm fiel etwas ein. »Wie gut kennst du eigentlich die Önologin? Was kannst du mir über sie erzählen? War sie mit dem Winzer und dem Makler befreundet oder haben sie zusammengearbeitet?«

»Ich kann nur für Christophe reden, und mit dem war sie ganz sicher nicht befreundet. Die beiden mochten sich nicht besonders. Ob sie trotzdem zusammenarbeiteten … Ich kann nur sagen, dass sich Caterine Ouziel sehr für die Region Châteauneuf-du-Pape engagiert. Sie möchte die Önogastronomie stärken, das Zusammenspiel von Kulinarik und Wein in seinem authentischen regionalen Umfeld verbessern. Nach dem Vorbild des Vaucluse oder der Toskana.«

»Ich dachte, es gibt bereits touristische Anstrengungen in der Gegend. Zwei große Festivals, die sicher viele Besucher anziehen.«

»Das stimmt. Aber darüber hinaus? Bei den Attraktionen, die man als Tourist im Netz findet, handelt es sich fast ausschließlich um *ateliers de dégustation* und Weinwanderwege. Natürlich, der Weinbau ist das Herz der lokalen Wirtschaft. Touristisch werden wir jedoch, abgesehen von denjenigen, die explizit Erlebnisse rund um den Wein suchen, kaum wahrgenommen. Caterine Ouziel hat recht, wir müssen den Fokus um das Kulinarische erweitern. Es ist viel zu wenig bekannt, dass es, neben der kulinarischen Weinbar *Le Goût du Vin* von Caterine Ouziel, einige hervorragende Restaurants gibt. Beispielsweise das *La Table des Vignerons*, das in den warmen Monaten authentische Spitzengastronomie bietet. Und wer, der nicht von hier kommt, weiß schon, dass das historische Restaurant *La Mère Germaine*, dessen Gastraum ein dreizehn Meter langes Wandbild des Pariser Malers Hippolyte Romain ziert, nach aufwendiger Renovierung neu eröffnet wurde? Dass die *Domaines Mousset* über eine hervorragend sortierte *épicerie fine* verfügt, in der man regionale Produkte kaufen kann? Oder dass es vor den Toren der Stadt eine *chocolaterie* gibt, die Pralinen aus feinster Bioschokolade herstellt? All das sind Dinge, die in den Vordergrund zu rücken sich Caterine Ouziel zur Aufgabe gemacht hat. Sie will Urlauber ansprechen, die mehr von einer Region erwarten als nur eine Aneinanderreihung von Verkaufs- und Verkostungsräumen. Eine schöne Landschaft, gutes Essen und Wein … das sind die Gründe, warum Touristen eine Region aufsuchen. Menschen, die diese Kombination suchen, geben mit rund einhundertfünfzig Euro pro Tag mehr aus als andere.«

»Das klingt nach einer großen Aufgabe.«

»Das ist es. Aber Caterine Ouziel hat bereits einige schöne Kooperationen angestoßen. Sie war es, die die Filmproduktionsfirma davon überzeugt hat, die Sendung für die Region *Provence-Alpes-Côte d'Azur* hier aufzuzeichnen, und nicht, wie ursprünglich geplant, in der Haute-Provence.«

Pierre runzelte die Stirn. »Wie hat sie das denn geschafft? Die Haute-Provence mit ihren Lavendelfeldern ist ja geradezu symbolisch.«

»Sie hatte vermutlich Unterstützung vom hiesigen Tourismusverband. Am Ende waren wohl die Bilder ausschlaggebend, die man von den herbstlich gefärbten Weinfeldern machen kann. Ein Kameramann, der Beleuchter und der Tontechniker sind bereits am Donnerstag angereist. Sie haben uns bei der Weinlese gefilmt und einige Drohnenaufnahmen gemacht.«

»Christophe Roumejon wurde am vergangenen Sonntag ermordet. War irgendjemand vom Filmteam da schon vor Ort?«

»Nein. Die Scouts von der Produktion waren bereits im Juni hier. Und dann noch mal ein Rechercheur Anfang August.«

Pierre dachte an das Gespräch in der Gendarmerie zurück. »Wusstet du, dass Madame Ouziel psychisch labil sein soll?«

»Nein, wer behauptet denn so etwas?«

»*Lieutenant* Bompard. Er meinte, es sei allgemein bekannt.«

»Davon habe ich noch nie etwas gehört. Es passt auch gar nicht zu ihr. Auf mich wirkt sie immer wie eine Amazone, manchmal auch wie eine Diva, jedoch keine Spur von Labilität.«

»Du sagtest, Christophe Roumejon und Caterine Ouziel mochten sich nicht besonders. Warum?«

»Vielleicht solltest du das Bernard Gazet fragen, das ist mein Verwalter. Er kennt Christophe länger als ich, sicher kann er dir Näheres dazu erzählen.«

»*Bon*«, sagte Pierre nachdenklich. Er hoffte, dass Gazet mehr über Caterine Ouziel wusste und auch, wer ein Interesse daran haben könnte, den Verkauf des Weinguts zu verhindern. Vielleicht hatte er sogar eine Meinung zu dem mit Kreide gezeichneten Galgen auf der Eingangstür des Winzers. »Wie gesagt«, knüpfte er wieder am Beginn des Gespräches an, »ich brauche die Listen sämtlicher Personen, die sich seit Freitag im Schlosshotel aufhalten. Du musst sie mir ja nur irgendwo hinlegen, dann fotografiere ich sie ab.«

»Na schön«, sagte Ian nach einer kurzen Pause. »Ich deponiere sie hinter dem Tresen der Rezeption, sie ist momentan nicht durchgängig besetzt. Aber pass auf, dass niemand etwas davon mitbekommt. Wenn mich jemand fragt: Ich weiß von nichts.«

»Du kannst dich auf mich verlassen!«

Pierre legte auf und dachte nach. Ian hatte am Morgen von Christophes Reaktion auf die Kreideschmiererei erzählt. Dass er geglaubt hatte, die anderen seien nur neidisch, weil er sich mit dem Geld frühzeitig zur Ruhe setzen konnte, während sie bis an ihr Lebensende schuften mussten. Vielleicht war es voreilig gewesen, diesen Punkt zu streichen. Beide Opfer waren erfolgreich. Ebenso wie Caterine Ouziel, die sogar im Begriff gewesen war, durch die Fernsehsendung einen gewissen Bekanntheitsgrad zu erreichen. Wer sagte denn, dass das Motiv nicht Hass wegen des Erfolges der drei war? Neid oder Eifersucht waren starke Gefühle, die eine blinde Wut auslösen konnten. Es wäre nicht das erste Mal, dass deshalb ein Mord geschah.

Pierre hielt an einem Seitenstreifen, nahm das Blatt mit den Motiven zur Hand und erneuerte die Notiz. Dann fuhr er zurück auf die Straße und wählte die Nummer seines Assistenten.

13

Es dauerte eine halbe Ewigkeit, bis Luc ranging. Pierre wollte gerade auflegen, als das atemlose »Ja?« seines Assistenten erklang.

Im Hintergrund war ein Klacken zu hören, dann ein überraschter Aufschrei, gefolgt von frenetischem Beifall.

»Hier ist Pierre. Was ist denn das für ein Lärm?«

»Ich stehe gerade am Bouleplatz. Florence hilft heute im *Café le Fournil* aus, und da habe ich Penelope gefragt, ob sie Lust hat mitzukommen. Sie stellt sich ziemlich gut an, obwohl sie ein Mädchen ist.« Luc kicherte. »Und sag mir jetzt bloß nicht, das eine habe mit dem anderen nichts zu tun. Frauen sind in dieser Sportart nicht besonders geschickt, das sind persönliche Erfahrungswerte. Aber Penelope … hui, die schlägt gerade unseren Mechaniker Stéphane um Längen. Du solltest mal sehen, wie der sich aufregt.« Er lachte keckernd. »Und, wie läuft es bei dir? Darf man schon gratulieren?«

»Nein.« Pierre zögerte, dann erzählte er von Charlottes Unfall und gab sich große Mühe, unaufgeregt zu wirken.

»Das ist ja furchtbar«, entfuhr es Luc. »Geht es ihr gut?«

»Sie liegt im Krankenhaus und wird noch wegen möglicher Nachwirkungen überwacht. Eine Vorsichtsmaßnahme, die Ärzte sind zuversichtlich. Es war verdammtes Glück, dass ihr nichts weiter passiert ist. Die Polizei ist davon überzeugt, es sei ein Unfall gewesen, wie zwei weitere auch, die allerdings tödlich ausgingen.«

»Und jetzt willst du den Täter finden und zur Rechenschaft ziehen.«

Luc hatte es mit einer Mischung aus Aufgebrachtheit und Entschlossenheit gesagt, und es entsprach genau dem Gefühl, das Pierre bei seiner Suche antrieb.

»Allerdings«, bestätigte er. »Willst du mir dabei helfen?«

»Machst du Witze? Sag, was ich tun soll, ich bin sofort dabei.«

Pierre merkte auf. Das Hinweisschild zur Zufahrt zum *Château des Vignes* tauchte vor ihm auf, und er setzte gerade den Blinker, als ihn ein Gedanke siedend heiß durchfuhr. Er hatte die beiden Väter vergessen. »*Merde*.«

»Alles in Ordnung, Pierre?«

»Ja.« Er fuhr ein Stück in die Auffahrt und leitete ein hektisches Wendemanöver ein. »Ich habe nur etwas vergessen«, sagte er, während er in einer Staubwolke zurück nach Châteauneuf-du-Pape fuhr. »Also, pass auf.« Pierre gab Luc einen kurzen Abriss der Lage. »Es sind ziemlich viele Personen, zu denen ich Hintergrundinformationen brauche«, sagte er. »Sowohl zu den Hotelangestellten als auch zur Filmcrew. Ich will wissen, ob es bei irgendjemandem persönliche Verbindungen zu den Opfern gibt, also zu dem Winzer Christophe Roumejon und dem Makler Daniel Avonde. Möglicherweise war einigen Leuten der Verkauf des Weinguts ein Dorn im Auge. Mir fehlt dabei noch das Bindeglied zu einer dritten Person, die Opfer des Stromschlages werden sollte: Caterine Ouziel. Sie ist Önologin und sollte ursprünglich an Charlottes Stelle an der Kochshow teilnehmen. Möglicherweise hat sie die chinesischen Käufer bei der Wahl des Weinguts beraten. Caterine Ouziel engagiert sich innerhalb der Region für einen stärkeren Fokus auf die Kulinarik und hat sich sehr dafür eingesetzt, dass die Folge über die Provence in Châteauneuf-du-

Pape gedreht wird. *Lieutenant* Bompard behauptet, dass sie psychisch labil sei. Vielleicht kannst du herausfinden, ob da etwas dran ist.«

»Moment, nicht so schnell, ich muss mir die Namen irgendwo notieren. Aber ich habe keinen Stift …«

»Nimm dein Mobiltelefon.«

»Ich soll damit schreiben?«

»Darauf, Luc«, seufzte Pierre. »Per Eingabe auf der Tastatur. Du hast doch eine Notizfunktion.«

Sein Assistent kicherte. »Klar, das weiß ich auch, war nur ein Scherz. Kannst du die Namen bitte wiederholen?« Seine Stimme klang nun etwas entfernter.

»Christophe Roumejon, Daniel Avonde, Caterine Ouziel«, diktierte Pierre.

Ein Tippen war zu hören. »Und weiter?«

Pierre dachte nach. Etliche Namen schwirrten ihm durch den Kopf, aber er wollte sich auf die wichtigsten konzentrieren, um Luc nicht zu überfordern.

»Einer noch: Alexandre …« Er überlegte, jetzt fiel ihm auch der Nachname wieder ein. »Alexandre Pithois. Das ist einer der beiden Konkurrenten in der Sendung. Der Name des anderen Koches …« Er stockte wieder. Alles, woran er sich noch erinnerte, war, dass der Mann *pâtissier* war. Sein Namensgedächtnis schien wirklich nicht mehr das beste, ob das am Alter lag? »Den weiß ich gerade nicht. Ich schicke ihn dir später mitsamt einer Liste der Personen, die vor Ort waren. Aber kein Wort zu unserem Bürgermeister. Es ist ein reines Privatvergnügen, keine Ermittlung. In Ordnung? Ich habe keine Lust, noch einmal mit ihm aneinanderzurasseln.«

»Ist doch Ehrensache! Hast du dich schon bei ihm bedankt?«

»Bedankt? Wofür?«

»Für den Wein. Ich habe Marechal vorhin auf dem Weg zum

Bouleplatz getroffen, und er hat gefragt, ob du das Geschenk erhalten hast.«

»Warum will er das wissen? War der Wein vergiftet?«

Luc lachte. »Blödsinn. Aber du solltest dich besser mit ihm gut stellen. Gerade wenn du dich wieder in fremde Ermittlungen einmischst.«

»Das lass mal meine Sorge sein.«

Pierre legte auf und gab Gas. In der Ferne tauchte die Silhouette des Ortes auf.

Der Bürgermeister konnte sich seinetwegen gehackt legen. Anfang Juli, als die Gemeinderatsmitglieder über den Lautsprecher des Empfangsraumes mitgehört hatten, was für ein Intrigant er war, hatte Marechal jegliches Vertrauen verspielt. Seither wusste Pierre die Dorfbewohner noch stärker hinter sich als je zuvor.

Er schüttelte den Kopf. Nein. Marechal konnte ihm nicht mehr gefährlich werden, dessen war er sich sicher.

Die beiden Väter saßen noch immer auf der Terrasse des Restaurants. Vor ihnen, auf einem mit Werbung bedruckten Papiertischset, standen zwei Flaschen Rotwein und zwei halbleere Gläser. Dazwischen eine eingerollte Zeitung und ein mit Alufolie abgedeckter Teller.

Pierre fiel sofort auf, dass Richard Berg sehr müde aussah. Er hatte die Ellenbogen auf die Tischplatte gestützt, der Kopf lag schwer auf den Händen.

»Ich habe dir eine Pizza bestellt«, bemerkte Alain, als Pierre sich zu ihnen setzte. »Die hast du als Kind immer so gerne gegessen.«

Pierre hob die Alufolie an und seufzte. »Was ist das für eine?«

»Eine *campagnarde*.«

Pierre teilte die Pizza in Stücke und biss von einem ab. Sie war kalt, aber würzig. Gebratener Speck, Zwiebeln, Käse. Nach wenigen Bissen schob er den Teller von sich und winkte dem Kellner. »Wir sollten rasch zahlen. Ich muss zurück zum Hotel.«

»Warst du denn erfolgreich?«

»Nein. Die Kollegen in der Gendarmerie glauben nicht an Vorsätzlichkeit. *Lieutenant* Bompard hat mir zwar zugesichert, die Staatsanwaltschaft zu verständigen, aber er bezweifelt, dass der Anfangsverdacht ausreicht, um Ermittlungen einzuleiten.«

»*Merde!*« Alain schüttelte ungläubig den Kopf. »Ihr könntet über die *action civile* eingreifen. Als Opfer einer Straftat hat Charlotte das Recht, den Untersuchungsrichter direkt einzuschalten.«

»Es ist ja noch nicht einmal bewiesen, dass es eine Straftat war.« Pierre runzelte die Stirn. »Das dauert mir alles viel zu lange. Ian hat erzählt, dass die Filmcrew bereits ihre Sachen packt. Wenn sie erst weg sind, wird es immer schwieriger, das Ganze nachzuvollziehen.«

Alain schlug mit der Hand auf den Tisch, woraufhin Richard erschrocken zusammenzuckte. »Das musst du verhindern!«

»Jawoll«, knarzte Richard. Es wirkte, als sei er aus tiefem Schlaf erwacht. »Machen Sie sie fertig.«

Irritiert sah Pierre zu Charlottes Vater und fuhr dann, an Alain gewandt, fort: »Ich tue, was ich kann. Mein Assistent Luc unterstützt mich, aber langsam läuft mir die Zeit davon.« Pierre fuhr sich mit beiden Händen über das Haar. »Ich kann *Lieutenant* Bompard sogar ein bisschen verstehen. Sämtliche Unfälle sind gut geplant, es gibt keinerlei Hinweise darauf, dass sie initiiert wurden.«

»Papperlapapp. Sicher haben die Beamten etwas übersehen. Wir sollten uns das Ganze noch mal angucken.« Alain entrollte die Zeitung, die vor ihm auf dem Tisch lag. »Hier ist ein Artikel über den Autounfall.« Er schob sie Pierre zu. »Seite zwei.«

»Besichtigen wir jetzt die Schlossruine?«, fragte Richard mit schwerer Zunge. Seine Brille war verrutscht, und er legte sie vor sich auf den Tisch, weshalb seine Augen nun klein wie die eines Maulwurfes waren.

Alain gab ein verärgertes Schnalzen von sich. »Ihre Tochter liegt im Krankenhaus, und Sie denken immer nur an diese Schlossruine.«

»Hilft ja nichts«, entgegnete Richard. »Trübsal blasen macht Charlotte auch nicht gesund.«

Pierre sah seinen Vater mit gerunzelter Stirn an. »Hast du ihn etwa abgefüllt?«, fragte er leise.

»Er hat dankbar zugegriffen.« Alain grinste. »Ich wollte, dass er endlich mal den Stock aus dem Hintern nimmt. Kann ja keiner ahnen, dass er nichts verträgt. Ich habe mindestens doppelt so viel getrunken und sieh mich an: das blühende Leben.« Er erhob sich. »Lies dir den Artikel durch, ich begleiche inzwischen die Rechnung.«

Alain verschwand im Inneren des Restaurants, während Pierre sich in den Artikel versenkte, in dem es um den tödlichen Autounfall des Immobilienmaklers ging. Ein Reporter war vor Ort gewesen und hatte Fotos von den Räumungsarbeiten gemacht. Von dem Autowrack, das im blauen Licht des Feuerwehreinsatzwagens per Kranwagen auf ein Abschleppfahrzeug gehievt wurde. Das Stoffdach des Porsche-Cabrios war komplett eingedrückt. Der Unfall, so berichtete der Reporter, habe sich gegen neun Uhr abends ereignet. Der Bewohner eines naheliegenden Hofes habe den Lärm gehört und sofort die Polizei informiert.

Auch der Ort des Unglücks war in dem Artikel benannt.

Ein Blick auf den Onlinekartendienst sagte Pierre, dass er in unmittelbarer Nähe lag. Er würde sich die Unfallstelle rasch auf dem Weg zum Hotel ansehen.

Er stand auf. »Los, Richard, wir fahren.«

»Wo ist mein Freund Alain?«, knarzte der und tastete nach seiner Brille.

»Der kommt gleich. Wir gehen schon mal zum Auto.« Er half Charlottes Vater aus dem Stuhl, legte einen Arm stützend unter Richards und begleitete ihn Schritt für Schritt nach draußen. Dabei drehte er sich immer wieder nach seinem Vater um. Aber selbst nachdem er Richard auf den Rücksitz befördert hatte, war Alain noch nicht zu sehen.

Verärgert rief Pierre ihn an. Einmal, zweimal. Als er es zum dritten Mal versuchte, tauchte Alain hinter der Straßenecke auf.

»Wo warst du?«, fragte Pierre entnervt.

»Ich habe noch Zigaretten geholt. Ohne die werde ich unausstehlich.« Dabei lächelte Alain breit, als habe er gerade im Lotto gewonnen. »Und das kannst du nicht ernsthaft wollen.«

Die Stelle, an der Daniel Avonde mit seinem Wagen verunglückte, war leicht zu finden. Eine gut sichtbare Bremsspur zeichnete den Asphalt und ging dann in eine Schleuderspur über, wonach sich der Wagen offenbar wieder gefangen hatte. Dann brach die Spur ab, und kurz darauf war aufgewühlte Erde zu sehen, außerdem abgeknicktes Astwerk.

Pierre drosselte die Geschwindigkeit und blickte sich nach einer Haltemöglichkeit um.

Die Straße war schmal, bot gerade eben Platz für zwei Autos, sofern man den Schotterstreifen am Rand zum Ausweichen verwendete. Anders als die meisten Straßen in dieser Region, die durch Anbaugebiete führten, war sie von Bäumen gesäumt. Schmale Stämme, an denen Efeu emporrankte. Dazwischen dichte Laub- und Nadelbäume wild durcheinander, als hätte vor vielen Jahren jemand einen Becher mit unterschiedlichen Samen ausgeschüttet und sie großzügig über die Landschaft verteilt. Links eine erhöht liegende Böschung mit Eichen, die sich gefährlich zur Straße neigten. Einer der Bäume war offenbar wenige Tage nach dem Sturm auf die Fahrbahn gestürzt und beiseitegeräumt worden. Pierre fragte sich, ob Daniel Avondes Wagen wohl dagegengeprallt war.

»Kannst du bitte anhalten?«, kam Richards Stimme vom Rücksitz. Er klang jämmerlich.

Pierre setzte den Blinker. Nur etwa fünfzig Meter weiter öffnete sich der Blick hinter einer Kurve. Vor ihm lagen endlose Weinfelder unter einem stahlblauen Himmel.

Kaum hatte Pierre den Citroën an einer Feldeinfahrt geparkt, stürzte Richard hinaus und verschwand stöhnend hinter eine Buschreihe.

»Du gehst ihm nach und passt auf, dass er nicht stürzt«, wies Pierre seinen Vater an.

Alain setzte eine Unschuldsmiene auf. »Warum ich?«

»Weil du ihn abgefüllt hast.«

Pierre ging den Weg zurück bis dorthin, wo der Immobilienmakler ums Leben gekommen war.

Die Stelle, an der sich der Porsche überschlagen hatte, war deutlich zu sehen. Abgerissene Äste, ein umgeknickter Baum. Obwohl man die Unfallstelle inzwischen geräumt hatte, waren noch immer Metallteile zu sehen, außerdem Glassplitter, die sich über den Boden verteilten.

Er ging zur Böschungsseite und untersuchte den umgestürzten Baum, den man bereits zerteilt und zum Abtransport vorbereitet hatte. Es waren keine Spuren von einem Aufprall zu sehen.

Nachdenklich stellte sich Pierre mitten auf die Straße und strich sich über den Kopf.

Warum musste Daniel Avonde so stark bremsen? Hatte ihn ein Tier erschreckt, das unverhofft die Straße überquert hatte? Oder gar ein Mensch?

Der Porsche hatte sich wieder gefangen, und doch hatte er sich nur wenige Meter später kurz vor der Böschung überschlagen. Pierre dachte, dass es einiges brauchte, um einen Wagen, dessen Fahrer bereits die Geschwindigkeit gedrosselt hatte, dazu zu bringen.

Vielleicht hatte jemand eine Rampe benutzt, über die er die Räder auf der linken Seite geleitet hatte. So, wie es beim Film üblich war, um solche Szenen zu drehen. Er kannte sich nicht damit aus, aber gab es nicht auch Möglichkeiten der Filmtechnik, um Dachziegel abheben zu lassen?

Wenn er mit seiner Vermutung recht hatte, dann gab es eine Verbindung zu jemandem aus dem Filmteam, die er bislang übersehen hatte. Er musste herausfinden, wer aus der Gruppe sich bereits am vergangenen Sonntag hier aufgehalten hatte. Nur woher wusste der Täter, dass der Makler diese Straße nehmen würde? Genau zu diesem Zeitpunkt?

Einzig: Aus welchem Motiv?

Pierre griff in seine Jackentasche und stellte fest, dass er die Notizzettel im Auto hatte liegen lassen. Stattdessen fand er die Schachtel mit dem Ring, den er Charlotte gestern Abend hatte überreichen wollen. Seufzend zog er sie hervor. Die Dame aus dem Schmuckgeschäft hatte sie hübsch verpackt. Weißes Papier mit kleinen rosa Blüten und einer tiefroten Schleife, die inzwischen ein wenig zerknittert war.

Er schloss die Augen und atmete tief durch. Die Ärztin hatte ihm gesagt, er solle zwischen fünf und sechs Uhr auf der Station anrufen, um sich nach Charlottes Zustand zu erkundigen. Jetzt war es gerade mal kurz nach vier.

Endlich öffnete er die Augen, steckte die Schachtel wieder

in die Jackentasche und eilte zurück zum Wagen. Richard hatte sich quer über den Rücksitz gelegt, während Alain rauchend an der Beifahrertür lehnte und ihm ungeduldig entgegensah.

»Und? Irgendwas gefunden?«

»Nein.«

»Hättest mich lieber mal mitsuchen lassen sollen, statt mich hier als Babysitter einzusetzen«, sagte Alain. Mit einer abfälligen Bewegung schnippte er die Zigarette auf den Boden und trat sie aus.

Pierre schwang sich hinter das Steuer. »Glaub mir, ich habe es in all den Jahren auch ohne dich geschafft.«

»Ja, als Dorfpolizist.«

Pierre hatte die Nase endgültig voll. Er beugte sich über seinen Vater hinweg und öffnete die Beifahrertür.

»Was soll das?«, fragte Alain.

»Du kannst gerne aussteigen, wenn du ein Problem damit hast.«

Sein Vater sah ihn irritiert an. »Das machst du nicht.«

»Und ob. Von hier sind es etwa zehn Minuten zu Fuß. Ich habe keine Lust mehr auf deine Respektlosigkeiten. Also, was ist?«

Alain hob beide Hände, dann zog er die Tür wieder zu. »Schon gut. Ich halte mich zurück. Willst du jetzt endlich losfahren? Wir kommen sonst noch zu spät zum großen Showdown.«

»Welcher Showdown?«, fragte Pierre, während er den Wagen zurück auf die Straße lenkte und das Gaspedal durchtrat.

Doch er erhielt keine Antwort.

14

Auf dem Hotelparkplatz herrschte hektisches Treiben. Ein Filmcrew-Mitglied nach dem anderen lief die Steintreppe hinab, das in schwarze Hüllen und Taschen verpackte Equipment geschultert oder unterm Arm. Die Kurzgeschorene schimpfte, weil niemand auf die Idee gekommen war, den Transporter bis vor die Kellerei zu fahren.

»Sie wollen schon los?«, fragte Pierre einen Kameramann.

»Ja. Wir haben ein Hotel bei Carpentras aufgetan, mit einer großen Küche. Es soll zwar nicht ganz so hübsch sein wie das *Château des Vignes*, aber das ist momentan unser kleinstes Problem.«

Pierre nickte. Er musste sich beeilen, wenn er vor der Abfahrt noch mit den beiden Köchen sprechen wollte. »Wo sind die Kandidaten?«

»Meinen Sie Alexandre Pithois und Dominique Reille?«

Pierre versuchte, sich den Namen des *pâtissiers* fest einzuprägen. »Genau die.«

Der Mann zuckte die Schultern. »Sie sind wohl noch auf ihren Zimmern.«

»Wissen Sie, auf welcher Etage die liegen?«

»Nein. Ist das wichtig?«

Die Liste, dachte Pierre und sprintete an dem Mann vorbei die Treppe hinauf zum Hoteleingang, ohne auf seinen und Charlottes Vater zu achten, die sich gerade aus ihren Sitzen schälten. Wenn Ian sein Versprechen gehalten hatte, dann lag die Liste mit allen Gästen samt Zimmernamen an der Rezeption.

Kaum dass Pierre das Foyer betreten hatte, strebte er auf den unbesetzten Empfangstresen zu. Und tatsächlich: Ian hatte die Listen auf einem Ablagekorb deponiert, der von vorne nicht einsehbar war.

Es waren drei Seiten. Niemand achtete auf Pierre, der sich wie zufällig ein Stück hinter den Tresen stellte und mit einer raschen Bewegung die Handykamera über die Papiere gleiten ließ. Endlich trat er wieder hervor und warf einen Blick auf die abfotografierten Seiten. Auf dem ersten Blatt waren die Namen, Adressen und Telefonnummern der Gäste vermerkt, dazu die jeweiligen Zimmer, in die zum Teil zwei Personen gebucht waren, samt der zugehörigen Etage.

Er stellte fest, dass sämtliche Mitglieder der Produktionsgesellschaft in Paris wohnten: Aufnahmeleiter Adnan Zouari, Regisseurin Laëtitia Hardy, die prominente Moderatorin Janine Véran – jetzt erinnerte sich Pierre auch wieder an sie –, Juror Georges Leveque und sieben weitere Personen, die er nicht zuordnen konnte.

Pâtissier Dominique Reille lebte in Aix-en-Provence und Szenekoch Alexandre Pithois in Ramatuelle bei Saint-Tropez.

Einzig Caterine Ouziel wohnte in der Region Châteauneuf-du-Pape, am Stadtrand von Orange und damit, wie Pierre auf seinem Mobiltelefon nachvollzog, etwa eine Viertelstunde vom *Château des Vignes* entfernt. Dass man ihr dennoch ein Zimmer im Hotel gebucht hatte, was für zusätzliche Kosten sorgte, entsprach vielleicht dem Wunsch der Produktionsleitung, dass alle Beteiligten während der Aufzeichnungen ständig erreichbar sein mussten, dennoch war es eine gedankliche Notiz wert.

Auf zwei weiteren Blättern standen die Namen der Mitarbeiter des Schlosshotels und der Kellerei, daneben ihre Aufgabenbereiche. Es waren an die dreißig Personen, die Erntehelfer mitgezählt.

Ian hatte neben einigen Namen mit Bleistift ein Kreuz gemacht. Offenbar kennzeichnete es diejenigen, die am Wochenende gearbeitet hatten oder einen Schlüssel zum Hotel besaßen. Neben drei Zimmermädchen, einer Rezeptionistin, einer Bedienung für den Barbereich und einer für das Frühstück zuständigen Kraft waren da noch der Verwalter Bernard Gazet mit seiner Frau Mireille und zwei Mitarbeiter der im Nebenhaus untergebrachten Kellerei.

Pierre seufzte. So viele Namen!

»Sie werden für die entstandenen Kosten aufkommen müssen«, sagte eine weibliche Stimme in diesem Moment. Die Tür des Restaurants wurde aufgestoßen, heraus kamen Ian Fitzgerald, dessen Wangen die Farbe seines Haarschopfes angenommen hatten, und die Regisseurin Laëtitia Hardy, die kurz innehielt, bevor sie mit ihrer Tirade fortfuhr. »Sie hören von unserem Anwalt.«

»Dem sehe ich gelassen entgegen«, lautete Ians Antwort. »Bevor Sie hier mit Ihrem Trupp angerückt sind, hat die Elektrik tadellos funktioniert. Ich kann nur hoffen, dass Ihr Techniker über eine entsprechende Ausbildung verfügt. Ansonsten wird die Produktionsgesellschaft für den Schaden aufkommen.«

»Unser Techniker hat Ihren Herd nicht mal angerührt. Seine Aufgabe ist es, die Stromversorgung sicherzustellen, damit die Beleuchtung und die Kameras funktionieren. Nein, *Sie* haben zu verantworten, dass die Produktion nicht stattfinden kann. Lesen Sie mal Ihren Vertrag!«

Damit strebte die Regisseurin dem weit geöffneten Portal entgegen. Als sie Pierre sah, hielt sie kurz inne und trat näher, um ihm die Schulter zu tätscheln.

»Es tut mir leid um Charlotte, wirklich. Richten Sie ihr bitte meine Genesungsgrüße aus.« Damit eilte sie weiter.

»Ärger?«, fragte Pierre Ian.

Der Ire knetete seine Hände. »Ich hoffe, nicht. Laut Versicherung ist der Herd verschoben worden. Ich kann nur hoffen, dass sich das Ganze bald klärt.«

»Guten Tag, die Herren.«

Im Eingangsportal stand *Lieutenant* Bompard. Hinter ihm strömten zwei Beamtinnen und drei Beamte ins Hotel. Einer von ihnen geleitete die Regisseurin am Arm wieder herein.

»Was soll das?«, sagte Laëtitia Hardy und riss sich los.

Immer mehr Crewmitglieder betraten das Foyer, ebenso Alain und Richard, dessen Gesicht noch immer sehr blass war. Als Letztes kamen auch die beiden Köche die Treppe herab und setzten sich auf die Stufen. Sichtlich gespannt auf das, was nun folgen sollte.

Der *Lieutenant* wartete, bis einer der Beamten ihm ein Zeichen gab, und bat um Ruhe.

»Wir haben den berechtigten Verdacht, dass es einen Zusammenhang zwischen den tödlichen Unfällen von Christophe Roumejon und Daniel Avonde und dem Stromschlag gibt, der Mademoiselle Berg heute schwer verletzt hat. Wir möchten Sie daher bitten, das Hotel vorerst nicht zu verlassen und sich im Restaurant einzufinden, bis wir sämtliche Personalien aufgenommen und unsere Befragungen durchgeführt haben.«

Adnan Zouari stemmte sichtlich empört die Hände in die Hüften. »Das können Sie nicht tun, wir haben Termine.«

»Dann rate ich Ihnen, meine Leute nicht zu behindern. Je besser Sie kooperieren, desto schneller können Sie das Château verlassen.«

Ein Murren ging durch die Gruppe der Anwesenden. Aber

sie folgten den Anweisungen der Beamten und trollten sich ins Restaurant.

»Das nenne ich mal eine beeindruckende Aktion«, sagte Pierre, als der *Lieutenant* und er alleine waren. »Woher der Sinneswandel?«

»Das kann ich Ihnen sagen: Es ist ein anonymer Anruf eingegangen, der alles auf den Kopf stellt.«

15

Luc schmatzte genüsslich, als er den ersten Bissen von seinem Sandwich nahm.

Es war eher ein Nachmittagssnack als ein Mittagessen, aber er hatte lange geschlafen und erst spät gefrühstückt. So war es eben an den freien Wochenenden, da ließ man sich einfach treiben und sah dabei nicht auf die Uhr. Ein Wochenende, an dem er nichts anderes tun wollte als faulenzen, Boule spielen und – wenn alles gut ging – endlich wieder mit den anderen Männern abhängen.

Zumindest war das sein Plan gewesen, bis Pierre ihn angerufen und um seine Mitarbeit gebeten hatte. Nähere Informationen über Dominique Reille und Alexandre Pithois hatte er noch auf dem Bouleplatz herausfinden können. Die Köche gehörten der Generation an, die der Öffentlichkeit via sozialer Medien Einblicke in ihr Leben gaben. Das verbindende Element zwischen den beiden Unfallopfern Christophe Roumejon und Daniel Avonde mit der Önologin Caterine Ouziel hingegen war nicht so leicht zu finden wie erhofft.

Der besseren Konzentration wegen hatte er sich etwas zu essen geholt und sich damit auf eine Bank im Park der *Église Saint-Michel* verzogen, in der Annahme, rasch zum Bouleplatz zurückkehren zu können.

Er hatte die Aufgabe gelöst, noch bevor er den ersten Bissen tat. Dank seines wachen Köpfchens und seiner guten Kombinationsgabe war er innerhalb weniger Klicks an Informationen gekommen, die Pierres Fall in eine entscheidende Richtung treiben würden.

Luc leckte sich über die Lippen und fing einen herablaufenden Tropfen Soße auf. Das Sandwich schmeckte außerordentlich saftig. Es war eine Variante des *pan bagnat*, das normalerweise mit *salade niçoise* gefüllt war. In der herbstlichen Version des *Café le Fournil* steckte stattdessen Feldsalat mit Kürbisspalten, Äpfeln und Ziegenfrischkäse zwischen den Weißbrothälften, übergossen mit einer ungemein würzigen Honigsoße, aus der ein Hauch von Thymian herauszuschmecken war.

Leider war es, wie er mit Blick auf die schmierig-gelbe Spur auf seiner Jeans feststellte, genauso durchtränkt und schwer zu essen wie das Original.

Mit einer Serviette versuchte er die mit Kürbisfasern und Frischkäse vermischte Soße zu entfernen, woraufhin der Streifen zwar weniger Essensreste enthielt, sich aber deutlich verbreiterte. Vielleicht hätte er die Papiertüte, in die das Sandwich gewickelt war, nicht gleich wegwerfen sollen?

Achselzuckend dachte Luc, dass Florence ihm die Hose ohnehin sofort ausziehen würde, bevor ihr das Malheur, dessen Konsistenz und Farbe die Fantasie unschön anregten, überhaupt auffiel.

Der Gedanke an Florences weichen, runden Körper versetzte seine Lenden in zuverlässige Vorfreude, während sich in seiner Magengrube eine vage Angst breitmachte. Eine Angst, die er bereits seit mehreren Wochen, vielleicht sogar Monaten verspürte, auch wenn es lange gedauert hatte, sie sich einzugestehen. Und auch jetzt schalt er sich einen peinlichen Schwachmaten, weil er sie nicht besser im Griff hatte.

Andere würden ihn darum beneiden, wenn sie nur ahnten, wie häufig seine Männlichkeit gefragt war. Aber Tatsache war, dass es – auch wenn er dies niemals zugeben würde – langsam anstrengend wurde. Am Anfang einer Beziehung, ja, da konnte man nicht genug voneinander bekommen. Sie hatten das Bett kaum noch verlassen, gingen über Sofas und Tische. Von den kalten Fliesen im Badezimmer oder den Wäldern rund um Sainte-Valérie, ja, von den dunklen Hofeinfahrten gar nicht erst zu reden. Aber inzwischen waren sie bereits seit über einem Jahr liiert, ohne dass sich an der Frequenz je etwas geändert hätte.

Das war doch nicht normal, oder etwa doch? Luc seufzte. Bislang waren seine Beziehungen immer nur kurz gewesen, nie mehr als acht, neun Monate. Er musste zugeben, dass er keine Ahnung hatte, wie es ansonsten so lief und was man gemeinhin als normal bezeichnete. Den Umfragen, die in den Medien gerne zitiert wurden, konnte man ohnehin nicht glauben, zumal es einen eklatanten Unterschied zwischen den Aussagen der weiblichen und jenen der männlichen Befragten gab.

Hungrig biss er ein weiteres Stück von dem Sandwich ab und beugte sich dabei vor, sodass der nächste Schwall Soße auf den Gehweg klatschte.

Eigentlich hatte er vorgehabt, den Samstagabend endlich mal wieder in der *Bar du Sud* zu verbringen, wo die Männer des Dorfes zusammentrafen, um bei einem *bière pression* Karten zu spielen und zotige Witze zu reißen oder über Politik zu debattieren. Dort waren sie unter sich und – zumindest meistens – einer Meinung. Doch Florence, die im *Café le Fournil* arbeitete, hatte ihm das Sandwich mit einem derart leidenschaftlichen Kuss überreicht, dass er sich dazu hatte überreden lassen, stattdessen wie üblich bei ihr vorbeizuschauen. Dieses Mal würde er nicht die ganze Nacht bleiben, nahm er sich vor, schließlich gab es auch noch ein Leben neben Florence. Er würde sich gegen Ende des Abends von ihr loseisen und noch einen kleinen Abstecher in die Bar machen, bevor einer der Männer auf die Idee kommen konnte, er stehe unter ihrem Pantoffel.

Luc biss erneut ab und kaute mit vollen Backen, während er sich die Hände an der verbliebenen sauberen Ecke der Serviette abwischte. Gerade wollte er Pierres Nummer wählen, um ihm das Ergebnis seiner Recherchen zu berichten, als sein Telefon mit einem »Pling« den Eingang einer Nachricht ankündigte. Und dann noch eines und nun schon wieder.

»Jetzt hör aber mal auf, Pierre!«

Vor Lucs Augen breiteten sich drei lange Listen aus. Eine mit den Namen der Angehörigen des Filmteams und zwei mit den Angestellten aus Restaurant, Hotel und Kellerei. Das Ganze verbunden mit der Bitte, die relevanten Personen auf Schnittmengen mit den beiden Opfern und Caterine Ouziel zu überprüfen.

Mon Dieu, dachte er, das waren aber viele Namen, damit ging wohl sein ganzes Wochenende flöten. Aufstöhnend strich Luc sich über die Stirn und sah in Richtung der *Place du Village*, wo er den Tag eigentlich ausklingen lassen wollte. Vorbei! *Adieu, Bouleplatz. Adieu, Bar du Sud.*

Hastig schob er das letzte Stück des Sandwiches in den Mund und beschloss, die Sache abzukürzen. Er wählte Pierres Nummer.

Als der den Anruf entgegennahm, war im Hintergrund lautes Stimmengewirr zu hören.

»Klingt, als wärst du in einer Wartehalle«, stellte Luc fest.

»Hier findet gleich eine Zeugenbefragung statt«, sagte Pierre, und es klang, als halte er die Hand seitlich an den Hörer. »Ist es wichtig?«

»Ja, ich habe die entscheidende Schnittmenge gefunden.«

»So schnell? Großartig, erzähl!«

Luc räusperte sich. »Alle relevanten Personen stehen … ähm … oder standen in Verbindung mit der *Échansonnerie des Papes.* Das ist eine Weinbruderschaft, die aus einem festen Mitgliederstamm besteht und aus einigen Ehrenmitgliedern, die sich um die Förderung des Weinbaugebiets Châteauneuf-du-Pape verdient gemacht haben. Man nennt diese die ›Inthronisierten‹.« Er lächelte zufrieden und wartete auf einen Ausruf des Erstaunens. Als dieser ausblieb, fuhr er mit seinen Erläuterungen fort. »Der Winzer Christophe Roumejon war festes Mitglied, ebenso Caterine Ouziel. Und die Immobilienfirma von Daniel Avonde und seinem Partner findet sich in der Liste der Unterstützer und Sponsoren.«

»Die beiden Köche auch?«

Lucs Lächeln erlosch. »Nein. Du wolltest doch Verbindungspunkte zwischen den drei Opfern, und das ist einer, oder etwa nicht?«

»Sicher, aber das war zu erwarten.«

Luc runzelte die Stirn. »Wie meinst du das?«

»Nun, jeder hier in der Region lebt direkt oder indirekt vom Weinanbau. Dass die drei einer Weinbruderschaft angehören, ist nicht wirklich überraschend. Das wäre es, wenn sie zum Verein der Tiefseetaucher gehörten oder dem der Hasenzüchter. Du verstehst, was ich meine?«

»Nur weil etwas offensichtlich ist, bedeutet es noch lange nicht, dass es keine Relevanz hat«, widersprach Luc. »Die Kraft solcher Verbindungen ist nicht zu unterschätzen. Ich habe mal gelesen, dass es gerade in Bruderschaften zu grässlichen Verschwörungen kommen kann. Wusstest du übrigens, dass die *Échansonnerie des Papes* im Keller der zerstörten päpstlichen Sommerresidenz sitzt? Ich meine, das ist doch irgendwie verdächtig.«

»Luc, bitte!« Ein Seufzen drang durch den Hörer. »Was hast du über die beiden Köche herausgefunden?«

Luc richtete sich auf. Hier wandelte er auf sicherem Terrain. »Also: Dominique Reille ist dreiunddreißig Jahre alt und lebt in Aix-en-Provence. Er hat sich während seiner Ausbildung auf Süßspeisen und Konditoreiwaren spezialisiert und arbeitet derzeit als *pâtissier* in einem Sternerestaurant. Auf seinem Instagram-Account schreibt er, dass er davon träumt, ein eigenes Café zu eröffnen. Ein mondänes, so wie das *Angelina* in der *Rue de Rivoli* in Paris. Das ist wohl auch der Grund für seine Teilnahme bei der Kochshow.«

»Ist er verheiratet? Hat er Familie?«

»Nein, er ist Single. Aber er hat einen Mops. Der heißt Bijou.«

»Und Alexandre Pithois?«

»Der ist einundvierzig und hat eine Freundin, die einen kleinen Sohn mit in die Beziehung gebracht hat. Lebt in Ramatuelle. Zuerst hat er als Surflehrer gejobbt, dann als Barmann und schließlich in der Küche des Restaurants *La Vague d'Or*, eines Hotspots in Saint-Tropez, wo er seine Liebe zum Kochen entdeckte. Pithois ist ein Quereinsteiger, der angeblich ein gutes Gespür für unkonventionelle Variationen traditioneller Gerichte hat. Ein Regelbrecher, den die Medien wegen seines Aussehens und der markigen Sprüche feiern. Der junge Wilde. 2013 hat er sich mit einem Foodtruck selbstständig gemacht, und damit war er ziemlich erfolgreich. Von den Einnahmen hat er vier Jahre später ein Szene-Restaurant in La Croix-Vallmer eröffnet und dann ein weiteres in Marseille. Das ging ziemlich daneben. Anfangs hat die Presse zwar begeistert darüber berichtet, aber bald wurde es still um ihn. Die Geschäfte liefen nicht gut, ein Restaurantchef hat ihn betrogen. Scheint, als brauche er dringend Investoren, um den Laden wieder flottzumachen.«

»Hat einer der beiden Kontakte zu den Verstorbenen?«

»Ich habe dazu nichts gefunden.«

»Okay, dann suchen wir weiter.«

Luc seufzte. »Du willst wirklich, dass ich die ganze Liste durchgehe?«

»Ja«, bestätigte Pierre. »Ich möchte alles wissen. Jeder Hinweis könnte wichtig sein. Wer aus der Filmcrew hat einen Bezug zu den beiden Opfern oder zu Caterine Ouziel? Welcher Hotelangestellte ist mit einem von ihnen zerstritten? Gibt es irgendwelche Feindschaften? So etwas in der Art.«

»In Ordnung, Chef. Aber das kannst du doch vor Ort viel besser …«

Jemand in Pierres Nähe schlug laut gegen ein Glas.

»Ich muss jetzt auflegen, ich melde mich.«

Die Schnittmengen will er, dachte Luc, als das Gespräch beendet war. Ihm war schon klar, wo diese lagen, und tatsächlich brauchte er nur einen der aufgeführten Namen aus der Liste der Filmcrew zu picken und mit denen auf der Homepage der *Échansonnerie des Papes* abzugleichen, um festzustellen, dass er recht hatte mit seiner Vermutung. Besagte Person war inthronisiert worden, was ihn schon wunderte, da diese laut Liste in Paris wohnte.

Aber er würde jetzt nicht noch einmal bei Pierre anrufen und sich eine verbale Backpfeife abholen. Besser, er folgte dem Weg, den sein Chef ihm vorgegeben hatte. Und das sollte er vernünftigerweise an einem Ort tun, wo er konzentriert arbeiten und sich Notizen machen konnte.

Luc erhob sich murrend und ging zum Bouleplatz hinüber, wo die anderen sicher schon auf seinen Einsatz warteten.

Keine Frage, er schätzte Pierre und würde alles tun, um ihm bei der Aufklärung des Falls zu helfen. Sie waren im Laufe der Jahre zusammengewachsen. Aus dem anfänglichen Vorbehalt war eine echte Freundschaft entstanden. Und natürlich freute er sich, wenn Pierre ihn mit einer Recherche beauftragte. Aber jedes Mal, wenn er seinem Chef eine seiner Ideen vortrug – vor allem jene, die sich um mystische Analogien drehten –, erntete er ein Stirnrunzeln, und das wurmte ihn schon länger.

Das war beim Fall des ermordeten Journalisten so, wo er den Spuren der Tempelritter gefolgt war, und auch bei dem Fall der verschwundenen Frauen, die man in der Haute-Provence erschossen aufgefunden hatte. Zugegeben, er hatte nicht immer richtiggelegen, aber die rundweg erteilte Ablehnung schmerzte doch sehr. Dabei hatte er Pierre noch nicht einmal von dem Erlass von 1954 erzählt, mit dem der damalige Bürgermeister von Châteauneuf-du-Pape Ufos verbot, den Ort zu überfliegen oder gar zu landen. Oder von dem Winzer, der grüne Männchen gesehen haben wollte und es gleich mehreren Zeitungen erzählte.

In Maillane, wo er aufgewachsen war, hatte man mehr Sinn für diese Dinge. In dem kleinen Ort nördlich von Saint-Rémy-de-Provence hielten die Leute die okzitanische Kultur noch hoch und damit auch das Interesse für die mystische Vergangenheit dieser Gegend.

Pierre war eben ein Großstädter, und die hatten noch nie ein Sinn für tiefere Zusammenhänge.

»Pah!«, stieß Luc aus und sonnte sich in dem Gefühl, etwas Besseres zu sein. Doch es änderte nichts daran, dass seine Laune im Keller war, als er am Bouleplatz ankam.

»Alles in Ordnung?«, fragte Penelope, die am Rand der Bahn stand und dem Spiel der älteren Dorfbewohner zusah. »Wo hast du denn so lange gesteckt? Ich dachte, du wolltest dir nur kurz was zu essen holen.« Sie grinste, als sie die ölige Spur auf seiner Hose entdeckte. Aber sie verkniff sich eine Bemerkung.

Luc sah sich um, ob die anderen Spieler außer Hörweite waren, und legte dann einen Finger auf die Lippen. »Der Chef hat einen neuen Fall. Und ich soll ihm bei der Aufklärung helfen.«

»Das klingt doch toll. Du wirkst allerdings nicht gerade glücklich.«

Luc hielt Penelope wortlos sein Handy hin.

»Was ist das?«, fragte sie mit Blick auf das Display.

»Eine Liste mit Namen, die ich überprüfen soll. Es gibt noch zwei weitere.«

»Oha, gratuliere!« Ihr Blick schien anerkennend, aber Luc war der ironische Beiklang nicht entgangen.

»Das sind mindestens fünfzig Personen«, sagte er mit einer Mischung aus Stolz und Überforderung. »Und Pierre will so schnell wie möglich ein Ergebnis.«

»Lass mal sehen.« Penelope nahm ihm das Telefon aus der Hand. »Eine Filmcrew? Wow! Zwei davon kenne ich sogar. Janine Véran hat früher bei Fernsehgalas assistiert, und Georges Leveque ist der größte Gockel unter den Fernsehköchen. Der nimmt sich furchtbar wichtig.«

»Das hilft mir jetzt auch nicht weiter.«

Es klang so verzweifelt, dass sich Penelope erneut über das Display beugte, sichtlich bemüht, ihm die Aufgabe etwas schmackhafter zu machen.

»Sieh nur, auf den Listen der Hotelangestellten stehen Kreuzchen neben einigen Namen. Ich nehme an, dass du nur diejenigen überprüfen sollst. Also, das sind vierzehn auf der Liste der Filmcrew plus«, sie kniff die Brauen zusammen, »elf Angestellte. Das macht genau fünfundzwanzig Personen.«

»Klingt auch nicht viel besser. Wenn ich pro Person eine halbe Stunde veranschlage, was echt wenig ist, bin ich um Mitternacht noch nicht fertig.«

»Wenn du willst, helfe ich dir.«

»Das würdest du tun?«, fragte Luc, und auf seinem Gesicht erschien ein Strahlen. Die Aussicht, den Abend mit Penelope zu verbringen, ließ ihn all seinen Groll vergessen. Sie war nicht nur hübsch, sondern auch klug, und man hatte mit ihr immer etwas zu lachen.

Penelope nickte. »Na klar. Worum geht es denn überhaupt?«

»Es hat …« Luc beugte sich zu ihrem Ohr. »Es hat im Hotel einen schrecklichen Unfall gegeben, dem Charlotte beinahe zum Opfer gefallen wäre.«

Ihr Kopf schnellte nach oben, sodass ihr hochgebundener Zopf wippte. »Du meinst, sie wäre beinahe … Und das sagst du erst jetzt? Meine Güte! Geht es ihr gut?«

»Ich denke, schon.«

»Liegt sie noch im Krankenhaus?«

»Keine Ahnung.«

»Männer!« Penelope stützte die Hände in die Hüften und schüttelte den Kopf. »Wenn du das nächste Mal mit Pierre telefonierst, fragst du genauer nach.«

Luc machte ein reumütiges Gesicht. »Versprochen. Hilfst du mir nun?«

Sie machten sich sofort auf den Weg zur Wache. Als sie in die *Rue des Oiseaux* bogen, versperrte ihnen ein Umzugswagen den Weg.

Ein Mann stand davor und kommandierte zwei Packer herum. Er war klein und untersetzt und hatte eine enorme Glatze, die er mit einigen Kammlinien zu überdecken versuchte.

»Ist das nicht …?« Luc senkte den Kopf und eilte an ihm vorbei. Als sie außer Hörweite waren, stieß er Penelope an. »Das war doch der Typ, den unser Bürgermeister an Pierres Stelle einsetzen wollte.«

»Bist du dir sicher?«

Penelope drehte sich um. »*Merde*, du hast recht. Was macht der denn hier?«

»Keine Ahnung. Aber wir sollten Pierre besser nicht darüber informieren. Der hat schon genug Sorgen.«

16

Es hatte geschlagene zehn Minuten gedauert, bis alle im Restaurant versammelt waren. Und weitere fünf, bis sich der *Lieutenant* Gehör verschaffen konnte.

»Ich möchte, dass Sie sich sortieren«, sagte Bompard, als es endlich still war im Raum. »Die Beamten werden nun Ihre Personalien aufnehmen und Sie zu den Vorfällen befragen. Alle Personen, die sich sowohl am Sonntag, dem siebenundzwanzigsten September, als auch in der Nacht von gestern auf heute in der Region Châteuneuf-du-Pape aufgehalten haben, setzen sich bitte auf die von mir aus gesehen linke Seite. Alle anderen gehen nach rechts.«

»Wenn ich Sie recht verstehe, sortieren Sie hier die Alibis.« Das war Charlottes Vater. Richard war noch immer etwas blass um die Nase. »Ich bin erst am Samstagmorgen angereist.«

»Dann benötigen wir von Ihnen keine Aussage.«

Richard durchquerte den Raum. »Ich lege mich einen Moment hin«, flüsterte er Pierre zu, bevor er im Treppenhaus verschwand. »Wir sehen uns später.«

»Und was«, fragte die rundliche Frau, die beim Frühstück bedient hatte, »ist mit den Angestellten, die an besagtem Sonntag Ende September gearbeitet haben? Die haben doch dann ein Alibi. Sollen die sich trotzdem links hinsetzen?«

Der *Lieutenant* blies die Luft durch die Backen. »Wenn Sie am siebenundzwanzigsten September in der Zeit zwischen fünf und sieben nachweislich durchgängig hier im Hotel waren, gehören Sie ebenfalls auf die rechte Seite. Für alle anderen gilt das soeben Gesagte. Die Beamten werden Sie jetzt nacheinander aufrufen und zum Gespräch auf die Terrasse bitten.«

»Wie lange wird das dauern?« Der Zwischenruf kam von Adnan Zouari.

»Eine Stunde, vielleicht zwei. Es hängt ganz von Ihrer Kooperationsbereitschaft ab.«

Stühle wurden gerückt, mehrere Personen verteilten sich neu. Pierre ließ den Blick über die Anwesenden gleiten, unter denen sich möglicherweise auch der Täter oder einer seiner Helfer befand. Die meisten sah er heute zum ersten Mal.

Auf der linken Seite nahm ein Dreiergrüppchen tuschelnder junger Frauen Platz, vermutlich das Reinigungspersonal. Direkt neben der Tür saßen zwei Männer mit derben Stiefeln und schwieligen Händen. In einem dickwangigen Herrn mit vollem Schnurrbart erkannte Pierre den Verwalter Bernard Gazet, der auf der Website des Schlosshotels abgebildet war.

Auf der rechten, völlig überfüllten Seite saßen unter anderem eine Frau, die der formellen Kleidung nach die Rezeptionistin zu sein schien, und die Bedienung vom Frühstücksraum. Die Mitglieder der Filmcrew hatten zwei Tische zusammengeschoben und saßen eng nebeneinander, in eine hitzige Diskussion verstrickt. Nur die beiden Köche hatten abseits auf Barhockern Platz genommen. Szenekoch Alexandre Pithois hatte sich an der Bar bedient, er hielt ein Glas Rotwein in der Hand, während *pâtissier* Dominique Reille sich gerade eine Limonade eingoss. Offenbar herrschte zwischen den beiden trotz der Konkurrenzsituation Waffenstillstand.

Nicht einer von ihnen war am Sonntag vor einer Woche hier gewesen. Und es gab bislang nichts, das auf eine Tatbeteiligung seitens der Filmleute hinwies.

Pierre ignorierte seinen Vater, der ihm von einem Platz am

Fenster aus heftig zuwinkte, und gesellte sich zu dem *Lieutenant*, der das Treiben vom Foyer aus verfolgte.

»Sie sagten, Sie hätten einen anonymen Anruf erhalten«, begann er ohne jede Einleitung das Gespräch.

»So ist es.«

»Was hat der Anrufer denn gesagt?«

Lieutenant Bompard blickte ihn an. Zögernd. Dann nickte er. »Na schön, ich will nicht verhehlen, dass ich erst dachte, der Anruf käme von Ihnen. Aber eine entsprechende Überprüfung der Telefondaten verlief negativ.«

»Sie haben ernsthaft geglaubt, ich …?« Pierre hielt inne. Er schwankte zwischen Verärgerung und Belustigung.

»Ich wollte sichergehen. Ich nahm an, dass Sie damit die Ermittlungen anstoßen wollten.« Bompard hob die Schultern. »Der Anrufer hat behauptet, dass sich der Täter in diesem Moment im Hotel befindet. Er habe für keine der Tatzeiten ein Alibi. Also werden wir nun jeden Einzelnen hier überprüfen.«

»Sie halten den Anruf für einen Scherz.«

»Ich persönlich halte es für eine Verschwendung polizeilicher Ressourcen. Aber der Staatsanwalt war der Meinung, es sei möglicherweise relevant, ebenso der Ermittlungsrichter. *Et voilà*, hier sind wir.«

»Wenn Sie die Verbindungsnachweise angefordert haben, dann kennen Sie jetzt sicher auch den Gesprächspartner von Caterine Ouziel.«

»Nein. Dass dieses ominöse Telefonat stattgefunden hat, können wir inzwischen ausschließen. Die Überprüfung hat ergeben, dass Madame Ouziel in der Zeit vor elf Uhr, also unmittelbar vor dem Stromunfall, nicht telefoniert hat.«

»Wie bitte?« Pierre war überrascht. Damit hatte er nicht gerechnet. »Aber sie wird sich ja wohl kaum ins Zimmer gestellt und die Wand angeschrien haben.«

»Monsieur, ich bitte Sie! Hören Sie auf, sich an das angebliche Telefonat zu klammern. Ich kann gut verstehen, dass Sie jemanden suchen, dem Sie den Unfall Ihrer Freundin anlasten können. Aber Sie sind nicht objektiv. Das sind Rachegelüste, die Sie vorantreiben, und dabei machen Sie Fehler.«

»Ich habe mir das Gespräch nicht eingebildet«, widersprach Pierre.

»Falsch. Sie glauben, es sich nicht eingebildet zu haben. Ich denke, Sie sollten aus Ihrer Ausbildung wissen, wie fehlerhaft sich Erinnerungen gestalten, wenn sie von Emotionen überlagert werden. Und wie leicht sich echte Erinnerungen durch eine falsche Schlussfolgerung manipulieren lassen. Man sucht nach Beweisen, die die favorisierte Lösung untermauern, und wendet sich deshalb von dem gesamten Spektrum ab, das die Realität zu bieten hat.« Er hob die Hände, um Pierres Protest zu unterbinden. »Denken Sie nur an die hohe Fehlerquote bei gesteuerten Zeugenbefragungen. Am Ende gestehen manche Verdächtige sogar Taten, die sie gar nicht begangen haben. Es ist dasselbe Prinzip, das nun bei Ihnen wirkt.« Bompard sah ihn eindringlich an, und als er weitersprach, war seine Stimme voll Mitgefühl. »Ihre Freundin wäre beinahe ums Leben gekommen. Sie sind nicht objektiv, und das ist nur allzu menschlich.«

Pierre wollte erneut widersprechen, doch er spürte, wie er unsicher wurde.

Charlotte …

Die Erinnerung an ihr blasses Gesicht, an ihre Kraftlosigkeit trieb ein Ziehen durch seinen Körper. Plötzlich war die Angst wieder da, die Sorge, dass sie sich von dem Stromschlag nicht erholen könnte. Er senkte den Kopf und atmete ein paarmal ein und aus. Wartete, bis er seine Emotionen wieder im Griff hatte.

Seine Gedanken wanderten zu dem Abend auf der Restaurantterrasse. Caterine Ouziels Telefon hatte geklingelt, während sie mit den beiden Köchen gestritten hatte. Sie war aufgestanden und weggegangen, das Telefon in der Hand.

»Und am Abend vor dem tödlichen Autounfall? Mit wem hat Madame Ouziel gegen einundzwanzig Uhr telefoniert?«

»Mit Daniel Avonde. Der Makler hatte mehrfach versucht, sie zu erreichen. Um zwanzig Uhr neunundvierzig hat sie ihn dann zurückgerufen.«

Pierre merkte auf. Caterine Ouziel hatte kurz vor seinem Tod mit dem Mann gesprochen. »Und ansonsten?«

»Wie, ansonsten?«

»Na, mit wem hat sie an dem Abend noch telefoniert?«

»Soweit ich mich erinnere, gab es drei verpasste Anrufe von Agnès Roumejon«, sagte der *Lieutenant* mit einem angespannten Lächeln. »Und einen Rückruf. Aber ich wüsste nicht, welche Relevanz das für uns hat. Vor allem nicht für Sie.« Er deutet mit dem Kopf auf die Treppe. »Unsere gemeinsame Reise endet an dieser Stelle, keine weiteren Ermittlungen, hören Sie? Wie wäre es, wenn Sie jetzt auf Ihr Zimmer gingen? Ihre Aussage haben wir ja bereits aufgenommen.«

»Mon Lieutenant?« Ein Beamter trat aus dem hinteren Bereich zu ihnen. »Ich habe Monsieur Fitzgerald gefunden. Er war in der Kellerei und wartet nun in seinem Büro auf Sie.«

»Also gut«, sagte Bompard. »Beginnen wir mit der Arbeit.« Damit verließ er den Raum.

Pierre dachte gar nicht daran, sich zurückzuziehen. Erst wollte er herausfinden, was Alexandre Pithois gemeint hatte, als er Caterine Ouziel vorwarf, eine rote Linie überschritten zu haben. Er durchquerte das Restaurant und setzte sich auf einen der Hocker neben den beiden Köchen.

»*Bonjour*«, sagte er freundlich.

»*Bonjour*«, kam es von Dominique Reille zurück, während

Alexandre Pithois den Blick auf sein Telefon gerichtet hielt und etwas tippte.

Durch die offene Terrassentür drang kühle Herbstluft herein, vermischt mit dem Geruch von Zigaretten. Aus dem Augenwinkel sah Pierre, dass Alain draußen einem Beamten Rede und Antwort stand und dabei an einer Zigarette zog. Er schien das Ganze zu genießen, ganz so, als sei es ein unterhaltsames Theaterstück.

An einem anderen Tisch saß Georges Leveque mit verschränkten Armen und beantwortete die Fragen einer jungen Beamtin. Der Juror sah müde aus.

Pierre wandte sich wieder den beiden Köchen zu und suchte nach einem guten Gesprächsanfang. Er durfte diese günstige Gelegenheit nicht ungenutzt verstreichen lassen, aber er hatte Mühe, sich zu konzentrieren. Für einen Moment schloss er die Augen und versuchte, sich die Ereignisse jenes Abends in Erinnerung zu rufen, als er mit Charlotte und Alain auf der Terrasse gesessen hatte. Aber dann rückte das Bild der am Boden liegenden Charlotte in den Vordergrund, und er riss die Augen wieder auf. Der *Lieutenant* hatte recht, er war nicht objektiv genug. Es ging ihm nicht darum, den Mörder des Winzers und des Immobilienmaklers zu finden. Er wollte der Person gegenüberstehen, die Charlottes Unfall zu verantworten hatte.

»Hoffentlich dauert es nicht mehr lange«, sagte er endlich mit Blick auf seine Armbanduhr und tat, als spräche er mit sich selbst. Zehn vor fünf. In wenigen Minuten würde er bei *Madame le docteur* Joubert anrufen.

Pithois hob den Kopf. »Sie wollen zu Ihrer Freundin, nicht wahr?«

Konnte er Gedanken lesen?

»Das Ganze ist ein verfluchter Mist!«, stieß Pierre aus

und war plötzlich wieder bei der Sache. »Offenbar wollte jemand Madame Ouziel schaden. Aber warum? Wer tut so etwas?«

Die beiden sahen sich an, schließlich nickte Pithois.

»Ich denke, dass jemandem ihre neue Tätigkeit nicht gefällt.«

»Sie meinen ihren Einsatz für die Region Châteauneuf-du-Pape?«

»Na ja, damit hat sie es wohl übertrieben. Ich habe von einem Lieferanten erfahren, dass sie im großen Stil versucht, chinesische Interessenten zu Investitionen in hiesige Weingüter zu bewegen. Für eine saftige Provision natürlich.« Er machte eine abfällige Handbewegung. »Wenn das erst einmal anfängt, dann fallen die hier bald ein wie die Heuschrecken. In der Weinregion Bordeaux gibt es inzwischen hundertachtundfünfzig Châteaus in chinesischem Besitz. Hundertachtundfünfzig! Diese Zahl müssen Sie sich mal auf der Zunge zergehen lassen. Bei insgesamt rund dreitausend Châteaus mag es wie ein Bruchteil wirken, aber Beobachter gehen von weit mehr als zweihundert Interessenten aus, deren Kaufverträge kurz vor dem Abschluss stehen. Chinas Superreiche befinden sich auf Shoppingtour, und ich möchte lieber nicht wissen, wie hoch die Zahlen in fünf Jahren sind. Das wirkt sich natürlich auch auf den Markt aus. Der Hektarpreis im Bordelais liegt inzwischen bei bis zu drei Millionen Euro, das ist doch nicht normal. In Châteauneuf-du-Pape zahlt man nur ein Achtel davon. Noch. Aber die Kurve geht steil nach oben.«

»War es das, worüber Sie gestern Abend auf der Terrasse gestritten haben?«

Pithois lachte auf. »Ach, das haben Sie mitbekommen? Nun ja, im Gegensatz zu Caterine Ouziel bin ich der Meinung, dass wir an einem Strang ziehen sollten, wenn wir verhindern wollen, dass es demnächst auch in der Provence losgeht. Stattdessen wittert sie das große Geld und verscherbelt das Land ihrer Väter. Das ist erbärmlich und skrupellos.«

»Der Winzer«, sagte Pierre, »der am vergangenen Freitag von herabfallenden Ziegeln erschlagen wurde, wollte ebenfalls an einen chinesischen Investor verkaufen.«

»Das habe ich mir fast gedacht. Warum sollte man denn sonst einen Verkäufer samt Makler beseitigen?«

»Was für ein sinnloses Unterfangen«, mischte sich Dominique Reille in das Gespräch ein. »Will der Täter etwa jeden ermorden, der mit den Chinesen Geschäfte macht? Eine ganze Branche lebt doch schon davon. Châteaus, die ihre Weine über Exporteure nach China verkaufen. Winzer, die für gutes Geld chinesische Weinbauern in die Geheimnisse der Rebkultur einweihen.«

Alexandre Pithois funkelte ihn wütend an. »Ich rede nicht vom Handel oder dem Austausch von Know-how. Sondern davon, dass sich die Chinesen Grund und Boden erkaufen wollen. Wusstest du, dass die *Immobilier Terre & Maison* ihre Exposés auch auf Chinesisch anbietet? Sie suchen sogar eine Muttersprachlerin, um ihr Team zu ergänzen.«

»Und was willst du dagegen tun? Die Entwicklung ist doch längst im Gange. Ich habe gelesen, dass ein Investor aus China einen halben Hektar Land in Châteauneuf-du-Pape besitzt. Das ist nur bislang niemandem aufgefallen, weil das Château nordwestlich von Orange liegt, im Departement Vaucluse. Ein halber Hektar klingt jetzt nicht viel, aber damit ist der Fuß in der Tür. Und, ja, da hat Caterine recht, niemand wird verhindern können, dass weitere folgen.«

»Du verteidigst sie auch noch?«

Der *pâtissier* schlug den Blick nieder und rückte seine randlose Brille zurecht. »Na ja, es stimmt doch. Wenn sie es nicht tut, dann jemand anderes.«

»Was für ein dämlicher Fatalismus!«, rief Pithois aus. »Einer macht immer den Anfang, aber wenn man das Bewusstsein in der Öffentlichkeit nicht schärft und diese Methoden anprangert, dann brechen irgendwann die Dämme.« Der Szenekoch schnalzte verärgert mit der Zunge. »Der Ausverkauf unseres Bodens hat längst begonnen. Nur scheint sich hier niemand darüber aufzuregen. Bis auf diesen einsamen Kämpfer, der sich jetzt dagegenstellt.«

Pierre schwieg und verfolgte die Diskussion mit zunehmendem Interesse. Alexandre Pithois war gerade dabei, sich so richtig in Rage zu reden, und er war gespannt, wie weit der Koch dabei ging.

Dominique Reille presste die Lippen aufeinander und nickte langsam, als müsse er das Gehörte im Kopf erst einmal sortieren. »Das klingt«, sagte er endlich, »als würdest du diese Morde befürworten. Hast du denn kein Mitleid mit den Opfern und ihren Familien?«

»Natürlich. Aber manchmal braucht es schärfere Geschütze, um eine Wirkung zu erzielen. Wenn jemand zum Sturm auf unser Land bläst, dann können wir mit dem Werfen von Wattebäuschen nicht viel ausrichten.«

Pierre musste sich sehr zusammenreißen, darauf nichts zu erwidern, und auch der *pâtissier* sog die Luft ein.

»Was ist mit all den anderen Investoren?«, sagte Dominique Reille leise. Es war ihm anzumerken, dass ihn die Diskussion anstrengte. »In der ganzen Provence haben sich Menschen aus der Schweiz, den Niederlanden, Belgien, Skandinavien und Großbritannien eingekauft … Und sie machen ihren Job verdammt gut. Oder hast du vergessen, dass Ian Fitzgerad Ire ist?«

Alexandre Pithois zog die Brauen zusammen. »Du missverstehst mich, ich habe nichts gegen eine gut durchmischte internationale Gemeinschaft, ich bin ja kein Rechter, ganz im Gegenteil. Bei uns im Var werden renommierte Weingüter sogar von amerikanischen Produzenten und Hollywoodstars wie Georges Lucas oder Angelina Jolie und Brad Pitt betrieben. Da sind Winzergrößen wie Marc Parrin beteiligt, die verstehen ihr Handwerk. Aber sollte je einer auf die Idee kommen, sein Weingut an einen Chinesen zu verkaufen, wäre bei uns die Hölle los.«

»Chinesische Investoren greifen sicher ebenfalls auf französische Weinexperten zurück«, entgegnete Pierre, der den richtigen Moment gekommen sah, sich wieder in das Gespräch einzumischen. »Wo liegt da für Sie der Unterschied?«

»Dass sich mit den Chinesen ganz sachte eine unter dem Deckmantel der sozialistischen Marktwirtschaft agierende Diktatur in unser Land schleicht, die unsere Werte wie das Recht auf freie Entfaltung, auf Meinungs-, Presse- und Religionsfreiheit und das der freien Wahlen mit Füßen tritt. Und dass wir verdammt gut aufpassen sollten, wenn wir nicht eines Tages aufwachen wollen in der späten Erkenntnis, dass wir von ihrer Macht und ihrem Geld abhängig sind, während sie uns zunehmend die Luft abschnüren.«

»Ist das nicht ein bisschen übertrieben?«, fragte Reille, sichtlich skeptisch. »Es klingt ja gerade so, als sei da eine Invasion im Gange, aber wir reden hier von Menschen wie dir und mir. Manche Chinesen haben ihre ganz eigenen Probleme mit dem Staat und wären froh, hier bei uns frei und unbeschwert leben zu können, ohne ständig für die Vergehen ihrer Regierung in Geiselhaft genommen zu werden.«

Alexandre Pithois lachte überrascht auf. »Ich rede doch nicht von den netten Chinesen von nebenan. Sondern von Geschäftsleuten, von denen die totale Unterwerfung verlangt wird. Liest du denn keine Nachrichten? Erst vor Kurzem ist der Alibaba-Gründer Jack Ma, der ebenfalls vier Châteaus im Bordelaise besitzt, nach einer regierungskritischen Rede spurlos verschwunden. Drei Monate später taucht ein Video auf, in dem er von einer Zeit des Nachdenkens spricht. Er ist nicht der erste Unternehmer, den sie handzahm gemacht haben, nur der reichste.« Der Szenekoch hob in einer eindringlichen Geste beide Hände. »Die chinesische Staatsregierung zeigt ihren Machtanspruch immer schamloser. In Hongkong werden freie Demonstranten per Gesetz zu Terroristen erklärt und verschwinden in irgendwelchen Kerkern, während die chinesische Führung schon bereitsteht, um sich das demokratisch regierte Taiwan einzuverleiben. Die Regierung in Peking hat keinerlei Skrupel, Uiguren in Arbeitslager zu stecken und einer Gehirnwäsche zu unterziehen. Oder gar die eigene Bevölkerung engmaschig zu überwachen.«

»Ich sehe ein«, entgegnete Reille, »dass dort schlimme Dinge passieren. Aber bis Europa wird der Arm nicht reichen. Wir haben unsere eigenen Gesetze.«

»Wenn du dich da mal nicht täuschst. Sieh nur, was gerade mit Australien passiert. Ein falsches Wort, und es hagelt unverhältnismäßig hohe Strafzölle auf Rindfleisch, Wein, Gerste und Zucker, was den ganzen Kontinent, der wirtschaftlich von China abhängig ist, in höchste Nöte bringt. Andere Staaten halten sich zurück mit Kritik, sie sehen ja, was sie erwartet. Und ich möchte nicht wissen, womit die chinesischen Abgesandten den EU-Beamten in Brüssel gedroht haben, nachdem ein offizieller Bericht die Desinformationspolitik Chinas offenlegen und anprangern wollte. Ganze Passagen wurden gestrichen und umformuliert, bis es genehm war. Selbst Hollywood wird handzahm, um wichtige chinesische Investoren nicht zu verlieren. Die Filmzensur liegt in Händen der Propaganda-Abteilung der Kommunistischen Partei und bestimmt, was freigegeben wird und was nicht. Und die amerikanischen Produzenten nehmen in vorauseilendem Gehorsam Rücksicht auf chinesische Befindlichkeiten. Einen Film über Tibet mit Brad Pitt würde es heute nicht mehr geben.« Er hatte sich in Rage geredet, schlug nun mit der flachen Hand auf den Tisch. »Die ganze Welt wird auf Linie gebracht. Diejenigen, die noch immer denken, sie verkaufen ihre Weingüter an eigenständige Personen und Firmen, spinnen mit am engmaschigen Netz einer skrupellosen Diktatur. Das fängt harmlos und klein an, und ehe man sich's versieht, ist es zu spät.«

Jetzt war der Szenekoch an einer entscheidenden Stelle angelangt.

»Das alles ist ja aus den Medien bekannt«, warf Pierre ein. »Und trotzdem ändert sich nichts. Vielleicht«, er musste Pithois provozieren, um eine Antwort zu erhalten, »ist es ja gar nicht so schlimm?«

Alexandre Pithois sah ihn an, als sei er nicht zurechnungsfähig. »Es ändert sich nichts, wenn die Leute zu kurz denken und nur jene Informationen in ihr Weltbild lassen, die sie nicht zu sehr fordern. Die Menschen sind nun mal so strukturiert, dass sie bloß Dinge als wahr anerkennen, für die sie sich nicht ändern müssen.«

»Also nach mir die Sintflut?«

»*Exactement.*« Nun schnaubte er. »Aber so funktioniert es nicht. Man muss dem Einhalt gebieten, die Leute aufrütteln, bevor es zu spät ist!«

»Auch mit Mord?«

Alexandre Pithois zuckte die Schultern. »Das wäre durchaus denkbar. Wenn Sie mich fragen, wird die Polizei am Ende einen Menschen als Täter präsentieren, der ein erklärter Gegner der chinesischen Expansionspolitik ist. Und ich kann es ihnen nicht einmal verübeln.«

Pierre sah den Szenekoch nachdenklich an. »Ich habe tatsächlich Verständnis für Ihre Sorge und stimme in den meisten Punkten mit Ihnen überein. Doch ich würde nie so weit gehen, Gewalt gegen andere zu rechtfertigen. So, wie Sie klingen, gäben Sie jedenfalls einen guten Mörder ab.«

»Wer weiß!« Alexandre Pithois lachte polternd. »Nur war ich leider vergangenen Sonntag nicht hier, als Christophe Roumejon sein Leben aushauchte. Ich habe ein Restaurant vor der Insolvenz zu bewahren, da bleibt keine Zeit, um aufkeimende Mordlust auszuleben.«

»Dennoch …«, setzte Pierre an. Was, wenn es sich um zwei verschiedene Vorgänge gehandelt hat oder es mehrere Täter gibt, die zusammenarbeiteten? »Den Autounfall zu fingieren oder den Herd zu manipulieren wäre für Sie ohne weiteres möglich gewesen.«

Alexandre Pithois' Lachen erstarb. »Sie glauben, ich hätte versucht, Caterine Ouziel …«

»Ich frage mich«, sagte Pierre, »woher der Täter wusste, an welchem Herd sie stehen sollte, damit er den richtigen manipuliert.«

»Es gab einen Ablaufplan«, sagte der Szenekoch gelangweilt. »Den hat jeder von uns erhalten.«

Dominique Reille nickte. »Ich habe auch Pläne herumliegen sehen. Also könnte es genauso gut einer der Hotelangestellten getan haben.«

Pierre ließ den Blick wieder durch den Raum gleiten. Auf der gegenüberliegenden Seite starrten die Zimmermädchen auf ihre Smartphones. Die beiden Arbeiter saßen noch immer mit verschränkten Armen da und schwiegen. Ian Fitzgerald, der soeben den Raum betreten hatte, nahm neben seinem Verwalter Platz und flüsterte ihm etwas ins Ohr.

War unter ihnen der anonyme Anrufer? Aus welchem

Grund wollte er verhindern, dass der Täter davonkommt? Oder handelte es sich nur um ein Ablenkungsmanöver?

»Irgendjemand«, sagte er ruhig, »der sich gerade in diesem Raum befindet, treibt ein doppeltes Spiel. Und ich frage mich, wer es sein könnte.«

Pithois verzog den Mund. »Keine Ahnung, und es interessiert mich auch nicht. Mir reicht's, ehrlich!« Er erhob sich und ging auf einen Beamten mit krausem Haar zu, der gerade ein Gespräch beendet hatte und das Restaurant wieder betrat. »Kann ich bitte als Nächster drankommen? Ich habe keine Lust, noch länger zu warten.«

»Natürlich. Folgen Sie mir.«

Pierre sah dem Szenekoch stirnrunzelnd nach. Er würde Pithois auf die Liste der möglichen Täter setzen, sobald er die Zeit fand, seine Notizen zu vervollständigen. Dann warf er einen Blick auf seine Armbanduhr. Es war sechs Minuten nach fünf. Sein Herz machte einen Satz.

»Ich bin gleich wieder da«, murmelte er und eilte nach draußen. Auf einmal war ihm alles egal. Der ganze Fall trat hinter einem einzigen Gedanken zurück: Wie ging es Charlotte?

Er trat ins Freie und drängte sich durch die über die ganze Terrasse verteilten Tische, an denen die Beamten mit den zu Befragenden saßen. Er lief weiter durch den Park bis zum Pool, wo er sich auf einer der Liegen setzte. Er atmete tief ein und sah auf das hellblaue Wasser, das sich im Wind kräuselte.

Dann strich er sich das wehende Haar aus dem Gesicht und wählte die Nummer der Ärztin.

17

Nach einer Weile, die Pierre wie eine Ewigkeit vorkam, meldete sich eine Dame von der Zentrale.

»Hören Sie«, sagte Pierre, »ich möchte gerne mit *Madame le docteur* Joubert sprechen.«

»Sie ist gerade in einer Besprechung.«

»Aber es ist dringend. Ich will wissen, wie es Charlotte Berg geht. Die Ärztin hat mich gebeten, mich um fünf zu melden, sie werde mir Näheres zum Zustand der Patientin sagen können.«

»Es tut mir leid, das geht jetzt nicht. Versuchen Sie es bitte später noch einmal.«

»Wann?«

»In etwa einer halben Stunde.«

»Können Sie mir nicht wenigstens sagen, ob es Mademoiselle Berg gut geht? Ist sie wieder wach?«

»Ich bin nicht befugt, etwas zum Zustand unserer Patienten zu sagen. Wie gesagt, versuchen Sie es später noch einmal. *Au revoir.*«

»Warten Sie. Können Sie ihr nicht eine Nachricht zukommen lassen? Sie soll mich zurückrufen, sobald …« Er lauschte in die Stille. Die Leitung war tot, die Frau hatte aufgelegt.

»*Merde!*«

Dieses Mal wählte er direkt die Durchwahl der Station, die ebenfalls auf der Karte notiert war. Er ließ es klingeln, bis ein Störungszeichen erklang. Danach versuchte er es noch einmal auf Charlottes Handy. Nichts.

Pierre starrte auf das Telefon in seiner Hand. Am liebsten hätte er es auf den Boden geschmettert, aber dann besann er sich. Seufzend schob er es in die Hosentasche.

Dann erhob er sich von der Liege und ging durch die Anlage, ohne einen Blick für die akkurat getrimmte Rasenfläche oder die bunt bepflanzten Kübel zu haben, bis er auf dem Parkplatz innehielt.

Aus dem Übertragungswagen, dessen Tür einen Spalt breit geöffnet war, drang Licht. Pierre wandte sich der Treppe zu, die zum Schlosshotel führte, als er plötzlich Charlottes Stimme zu hören glaubte. Sie kam aus dem Wagen.

Er ging näher und spähte hinein. Im Inneren war ein Arbeitsplatz aufgebaut, mit Mischpulten, Bildschirmen und Soundsystemen. Auf einem Drehstuhl saß der Toningenieur, flankiert von der Regisseurin Laëtitia Hardy und *Lieutenant* Bompard. Sie alle starrten auf einen mehrteiligen Bildschirm, auf dem schlanke Hände zu sehen waren, die einen Teig kneteten. Charlottes Hände. Es war eine Aufzeichnung der letzten Minuten vor dem Unglück. Pierre trat näher. In einem anderen Ausschnitt war sie in Großaufnahme zu sehen. Sie lachte, während sie mit der Moderatorin plauderte.

»Meine herbstlich-moderne Variante des *salade au chèvre chaud* sind kleine *tartelettes* mit Steinpilzen und Ziegenweichkäse, serviert auf einem Bett aus Wildkräutersalat«, erklärte sie. »Dazu mache ich ein Brombeer-Chutney, für das ich als Nächstes braunen Zucker mit Knoblauch und Ingwer erhitze.« Sie stellte eine Schale mit den kleingehackten Zutaten auf die Arbeitsplatte und schaltete den Herd ein.

Pierre hielt den Atem an, als sich in der nächsten Sekunde ihr Gesicht krampfartig verzerrte und sie wie von einer unsichtbaren Faust getroffen nach hinten fiel und dabei eine Studiolampe umriss. Ein mehrstimmiger Aufschrei war zu hören, dann ein Kreischen. »Oh mein Gott! Schaltet den Strom aus, schnell!«

Die herumfahrende Kamera streifte die beiden Väter, Richards Augen waren aufgerissen, für einen kurzen Moment sah man das Entsetzen in seinem Blick. Das Entsetzen eines Mannes, der befürchten musste, seine Tochter für immer verloren zu haben. Dann wechselte das Bild auf die am Boden liegende Charlotte.

Abrupt wandte Pierre sich um, eilte kopflos weiter, die Hände zu Fäusten geballt. Die Treppe zum Schlosshotel rannte er sogar hinauf. Als er auf dem Vorplatz ankam, war er vollkommen außer Atem, und er blieb stehen, um zu verschnaufen. Mehrfach schüttelte er den Kopf, um die Bilder zu vertreiben, die furchtbare Sorge, die wieder präsent war, wie in dem Moment, als er sich neben Charlotte kniete und keinen Puls fand.

Allmählich verlangsamte sich sein Herzschlag, und der Atem wurde ruhiger, als er den Mann mit dem dichten Schnauzbart über die Restaurantterrasse eilen sah. Es war der Verwalter des Weinguts, Bernard Gazet, der nun den Weg hinab in Richtung der Weinfelder lief.

»Monsieur Gazet«, rief Pierre, während er noch um Fassung rang, und folgte ihm, als er nicht reagierte.

Als er den Weinbauern eingeholt hatte, beugte der sich gerade über eine Reihe kurzgeschnittener Reben, die sich unter dem Gewicht der Trauben nach unten bogen.

»Monsieur Gazet«, wiederholte Pierre, und der Angesprochene richtete sich überrascht auf.

Der Winzer war ein bulliger, hemdsärmelig wirkender Mann mit grauem Haar und ernstem Blick. Er trug ein tief ins Gesicht gezogenes Cap, das er nun ein Stück nach hinten schob.

»Wollen Sie zu mir?«

»Ja«, sagte Pierre etwas außer Atem und stellte sich vor. »Haben Sie einen Moment Zeit?«

Bernard Gazet nickte. »Ian hat schon angedeutet, dass Sie auf mich zukommen würden. Sie wollen über Christophe Roumejon sprechen, nicht wahr?«

»So ist es. Ich glaube, dass er ermordet wurde. Noch habe ich keine stichhaltigen Beweise dafür. Aber vielleicht können Sie mir helfen, welche zu finden.«

»Das mache ich gerne«, sagte Gazet, »nur weiß ich nicht, wie.«

»Erzählen Sie mir von ihm.«

Der Winzer nickte. »Christophe war ein feiner Kerl mit einem guten, manchmal recht derben Humor. Vielleicht hat er ein bisschen zu viel getrunken und auch mal losgepoltert.«

»Gepoltert?«

»Er konnte unleidlich sein. Christophe war in seinem Beruf nicht glücklich, und das soll etwas heißen, wenn man ein Weingut führt, das über Generationen in Familienbesitz ist. Die hohe Arbeitsbelastung hat ihm zugesetzt, am Ende war er innerlich leer. Ausgepumpt. Als habe man ihm den Stecker gezogen.« Gazet sah an Pierre vorbei auf die Reben. »Man braucht schon eine Menge Leidenschaft für Wein, um diesen Job zu machen. Es ist eine verdammt harte körperliche Arbeit, man ist immer im Freien, bei jeder Witterung. Und es gibt keine festen Arbeitszeiten, weder Wochenenden noch Feiertage. Die meisten von uns schreckt das nicht ab. Wir leben für die Weinberge, ohne die sind wir nichts. Christophe hingegen …« Er blickte Pierre direkt an. »Manchmal, in einer stillen Stunde, habe ich ihn beneidet.«

»Beneidet?«

»Als der Notartermin feststand, war er wie befreit.« Gazet

lächelte, dann wurde er wieder ernst. »Es ist eine schwere Zeit für uns Winzer. Der Klimawandel macht uns zu schaffen.«

»Selbst hier?«, fragte Pierre überrascht und sah auf den mit farbigen Kieseln bedeckten Boden.

Die Region war bekannt dafür, beste Bedingungen für den Weinanbau zu bieten. Sein Freund, der Sommelier Martin Cazadieu, hatte ihm erst letztens einen ausführlichen Vortrag darüber gehalten. Die *galets*, die rostbraunen und grauen Kiesel, die einst von den Gletschern hinterlassen und von den Wassern der Rhône geschliffen wurden, speicherten Wärme und Wasser. Gleichzeitig lief das überschüssige Wasser bei Starkregen ab. Und wenn der Mistral über die Felder fegte und dabei Fäulnis und Schädlinge austrieb, dann wurde die herbe Kälte, die er mit sich brachte, von den Steinen abgepuffert, da sie die tagsüber gespeicherte Wärme abends wieder abgaben.

»Ja, selbst hier«, bestätigte Gazet. »Über Jahrhunderte waren die *galets* der eigentliche Grund für unseren Erfolg. Nun wird die hohe Speicherqualität der Steine zum Problem. In Hitzesommern erhalten die Pflanzen selbst nachts keine Abkühlung. Zum Glück sind unsere Reben sehr alt und wurzeln tief, dadurch geraten sie nicht unter Trockenstress wie die jüngeren Pflanzen. Die größten Sorgen bereitet uns jedoch die Tatsache, dass die hohen Temperaturen die Reife beschleunigen.« Der Weinbauer zeigte auf die kniehohen Reben, an denen pralle Trauben hingen. »Dies hier sind die letzten Beeren, die morgen geerntet werden, dann sind wir fertig mit der gesamten Lese. Dabei haben wir erst Anfang Oktober. In diesem Jahr mussten wir bereits Ende August beginnen, zehn Tage früher als im Vorjahr.« Er zog eine Ernteschere aus der Hosentasche und knipste eine Traube ab. »Hier, probieren Sie.«

Pierre steckte sich eine der dunklen Weinbeeren in den Mund und zerbiss die feste Schale. »Mhm, süß!«

»Die Grenache-Traube ist sogar noch süßer.« Gazet lächelte bitter. »Je reifer die Traube, desto mehr Zucker, und dieser wandelt sich in Alkohol um. Einige Weine haben inzwischen sechzehn Prozent. Das liegt weit über dem definierten Mindestalkoholwert von zwölfeinhalb Prozent. Das ist viel zu schwer, da bleibt der Genuss irgendwann auf der Strecke. Gerade jetzt, da der Trend von den marmeladigen Weinen weg und hin zu den leichteren geht.«

»Und warum erntet man nicht einfach noch früher, bevor die Trauben zu süß sind?«

»Weil dann der Geschmack zu flach wird. Die Säure und die Phenole, die einem Wein Struktur geben, bilden sich erst, wenn die Temperaturen wieder sinken.«

»Gibt es denn dafür keine Lösung?«

Gazet wiegte den Kopf. »Einige Winzer verstärken den Anteil von zuckerarmen Counoise-Trauben, aber das Ergebnis ist wenig überzeugend. Es wird seit Längerem diskutiert, die erlaubten Rebsorten den Klimaveränderungen anzupassen und neue hinzuzunehmen, die in der Lage sind, den Grenache besser auszubalancieren. Im *Institut Français de la Vigne et du Vin* in Le Grau-du-Roi wird bereits seit Jahren zu dem Thema geforscht, ebenso im *Institut national de la recherche agronomique*. Aber die Forschungsweinfelder liegen in der Camargue, und dort kämpft man gegen die Versalzung der Böden, etliche müssen verlegt werden. Auch die Forschungen der Kooperative *Cellier des Princes* sind weit gediehen. Ausgewählte Winzer stellen ihre Böden zur Verfügung, um neue Rebsorten zu testen. Am vielversprechendsten sind der Caladoc, eine Kreuzung aus Grenache noir und Malbec, der auch in Spanien, Portugal, Bulgarien und Argentinien angebaut wird. Dazu der fruchtige Marselan, bei dem man Grenache noir und Cabernet Sauvignon gekreuzt hat. Möglicherweise werden weitere Rebsorten aus Italien und Portugal getestet, es kann noch Jahre dauern, bis man zu einer Entscheidung kommt. Christophe hat das alles viel zu lange gedauert, er ist ungeduldig geworden.«

»Das kann ich gut verstehen.«

»Papperlapapp! Die traditionellen Weingüter haben schon weit größere Herausforderungen überstanden. 1865 die gemeine Reblaus, die über London eingeschleppt wurde. Dann der falsche Mehltau, der Ende des neunzehnten Jahrhunderts von Nordamerika kam und einen Großteil der Rebstöcke vernichtet hat. Irgendwie werden wir auch die Tücken des Klimawandels überstehen, aber das gelingt nicht von heute auf morgen. Man muss sich genau überlegen, welche Sorten man austauscht, das ist eine Entscheidung für Jahrzehnte. Es muss sichergestellt sein, dass sich grundlegende Geschmacksmerkmale nicht ändern, die den Wiedererkennungswert garantieren. Christophe hingegen hat neues Land zugekauft und dort großflächig Marselan angebaut, ohne die Ergebnisse abzuwarten.«

»Obwohl die Traube nicht zu den erlaubten Rebsorten gehört?«

»Es war eine Wette auf die Zukunft. Christophe hat die Weine selbstverständlich unter der *Appellation Côtes du Rhône* etikettiert. Es gibt eine amtliche Prüfungsnummer. Aber er war davon überzeugt, dass diese Sorte irgendwann für die *Appellation Châteauneuf-du-Pape* zugelassen wird. Sollte sich herausstellen, dass er recht hatte, dann wäre sein Weingut mit einem Schlag ein Vielfaches wert.«

Pierre rieb sich die Stirn. Er ahnte, dass dieser Punkt wichtig sein könnte. »War das der Grund, warum die chinesische Holding ein Angebot für das *Château Roumejon* gemacht hat?«

»Ja«, bestätigte Bernard Gazet. »Und es gibt noch einen weiteren Faktor, warum diese Rebsorte so zukunftsträchtig ist: Die

Chinesen lieben das geschmeidige und ausgleichende Bouquet des Marselan. So sehr, dass sie ihn in den nördlichen Regionen Chinas inzwischen selbst anbauen. Dennoch kaufen die Konsumenten bevorzugt französische Weine. Die Rotweine aus Châteauneuf-du-Pape aber sind ihnen viel zu stark und zu bitter. Einige unserer Winzer haben daher Cuvées mit weniger Eichenfass und mehr Frucht kreiert. Christophes Weine sind besser angekommen, er hat um die zwanzigtausend Flaschen jährlich nach China exportiert. Es fehlte nur noch der letzte Schritt: die richtige Appellation. Mit einem *Châteauneuf-du-Pape* verdient man mehr als mit einem *Côtes du Rhône.*« Er atmete tief ein. »Das Warten hat ihn mürbe gemacht. Aber die Mühlen mahlen nun mal langsam.«

»Glauben Sie, ihm hat jemand übelgenommen, dass er nach China exportiert?«

»Warum das denn?«

»Es gibt Menschen, die glauben, die wirtschaftlichen Verflechtungen mit China könnten unsere Kultur unterwandern.«

»So? In meinen Augen passiert genau das Gegenteil. Nicht die Chinesen durchdringen unsere Kultur, sondern wir französisieren China. Vor wenigen Jahren gab es dort noch nicht einmal einen eigenen Begriff für Wein. Das Wort *jiu* bezeichnet alle alkoholischen Getränke. Ganz gleich, ob aus der Gärung von Trauben, Weizen oder Reis. Und nun ist es ein Symbol von Eleganz und Stil. Seit einigen Jahren bildet sich in hochentwickelten Industriestädten wie Shanghai oder Beijing ein junger, gebildeter Mittelstand aus, der sich mit westlicher Lebensart schmückt. Sie besitzen ein Faible für hiesige Konsumgüter und reisen viel und gerne. Der Traum vieler Jugendlicher ist es, in Europa zu studieren. Sie werden sehen, nur wenige Jahrzehnte weiter und China muss einsehen, dass sie sich in Wahrheit mit der immensen Ausbreitung und Durchflechtung Europas einer Welt geöffnet haben, die viele Anhänger findet.«

»Offenbar«, erwiderte Pierre, »gibt es jemanden, der das anders sieht und nun am *Château Roumejon* ein Exempel statuieren will.«

Bernard Gazet winkte ab. »Christophe war nicht der Einzige, der nach China exportiert hat. Zur Abschreckung würden sich die großen Namen viel besser anbieten, die *Domaine de Nalys* oder das *Château La Nerthe*.« Er hob die Schultern. »Natürlich, einige Traditionalisten sind empört, und es gibt auch Menschen, die mit dem Finger auf die Produzenten zeigen, die ihre Cuvées dem chinesischen Geschmack anpassen, weil es momentan in bestimmten Kreisen nicht salonfähig ist. Aber zur Wahrheit gehört auch, dass ansonsten chilenische Winzer den Markt übernehmen. Ihre Weine haben eine fruchtige, warme Süße und milde Tannine und sind daher leicht zu trinken.«

»Den Markt übernehmen«, wiederholte Pierre. »Ist denn der Export dorthin so bedeutsam für die Weingüter?«

Gazet nickte heftig. »Die wenigsten können es sich leisten, auf den Umsatz zu verzichten. China ist der zweitgrößte Markt für französischen Wein, gleich nach den USA. Die Marketingmaschinerie läuft auf Hochtouren. Viele Winzer kooperieren mit Exporteuren oder Verkaufs- und Verkostungsbüros in Hunan und Sichuan und investieren in ansässige PR-Agenturen, um auf den führenden Online-Verkaufsplattformen sichtbar zu sein. Das gilt im Übrigen für sämtliche Weinregionen Frankreichs. Die Regionen Nouvelle Aquitaine und Midi-Pyrénées haben sich vor ein paar Jahren sogar zu einer Marke zusammengeschlossen und vertreiben regionale Weine unter dem Namen *Maisons Sud Ouest France*. Sie organisieren französische Wochen, nehmen an der Wein- und Spirituosenmesse *Vinexpo* in Hongkong teil und tun alles, um Botschafter der französischen Lebensart zu werden.«

Pierre strich sich über das Kinn. Gazet hatte eben etwas Wichtiges gesagt: Wenn jemand mit dem *Château Roumejon* ein Exempel hatte statuieren wollen, warum tarnte er dann die Morde als Unfälle? Er dachte an Alexandre Pithois und dessen wütenden Appell, die Chinesen nicht zu unterschätzen. Die Stimme zu erheben, um auf das Problem der Unterwanderung aufmerksam zu machen.

Die beiden Morde dagegen waren still. So still, dass man sie gar nicht als Morde wahrnahm. In Gedanken strich er das zweite Motiv von seiner Liste. Es waren keine Aktivisten, Nationalisten oder Traditionalisten gewesen. Der oder die Täter wollten nicht, dass man Rückschlüsse auf sie zog. Denn sie hatten sich womöglich bereits zu erkennen gegeben.

»Was wissen Sie über den Galgen, den ihm jemand auf die Tür gemalt hat?«

Der Winzer atmete tief durch. »Ian hat Ihnen davon erzählt, richtig?«

Pierre nickte.

»Ich kann mir denken, wer es war. Aber das sind anständige Kerle.«

»Anständige Kerle machen keine offenen Morddrohungen.«

Gazet zögerte. »Es ist einiges schiefgelaufen mit dem Verkauf.«

»Was genau?«

»Wenn ein Château mit einem Terrain zum Verkauf steht, das über sehr alte Reben von bis zu hundert Jahren verfügt, dann gibt es eine Menge Interessenten. Der aufgerufene Preis war hoch, aber die alten Lagen sind erstklassig, also haben sich neben einem großen Produzenten auch drei Winzer zusammengeschlossen und ein Angebot abgegeben. Als dann diese chinesische Holding das Angebot immer weiter erhöht hat, zog sich der große Produzent zurück, aber die Winzer haben mit finanzieller Unterstützung der Kooperativen nachgezogen. Sie sind gescheitert. Nun geht das Gut für neun Millionen über den Tisch, drei mehr als der taxierte Wert. Sie können sich vorstellen, dass die Winzer aufgebracht waren. Und ja, vielleicht haben sie Roumejon in ihrer Wut einen Galgen auf die Tür gemalt, aber es sind gute Menschen. Sie sind nicht imstande zu töten.«

»Wie lauten die Namen der Winzer?«

Gazet schüttelte den Kopf. »Wie gesagt, niemand von ihnen würde je einen Menschen umbringen.«

»Was macht Sie da so sicher?«

»Mein Bauchgefühl.«

Das mit dem Bauchgefühl war immer so eine Sache, doch da Gazet inzwischen die Arme verschränkte und ihm damit eine Grenze signalisierte, die er nicht überschreiten wollte, nickte Pierre nur und machte sich eine gedankliche Notiz.

»Sie waren wütend«, flüsterte Gazet endlich und löste die Arme, schob schließlich die Hände in die Hosentaschen. »Wütend, dass ihr alter Weggefährte sie so einfach fallen ließ, um sich ein schönes Leben zu machen. Er hätte gar nicht so viel Geld gebraucht, er war einfach gierig geworden.«

Pierre schwieg. Die Wut war verständlich. Und auch wenn er es nicht guthieß, offene Morddrohungen zu platzieren, so war das noch lange kein Beweis dafür, dass diese auch umgesetzt worden waren. Er beschloss, es vorerst dabei zu belassen und weitere Fragen zu stellen, die dem Fall einen neuen Impuls geben konnten. Vielleicht gab es noch eine andere Ebene. Eine, die im Verborgenen lag und die – wenn es nach dem Täter ging – auch dort bleiben sollte.

»Was ist mit Daniel Avonde? Kennen Sie ihn gut?«

»Nein, überhaupt nicht. Ich habe seinen Namen in diesem Zusammenhang zum ersten Mal gehört.«

»Und Caterine Ouziel? Ian sagte, sie und Christophe Roumejon hätten sich nicht so gut verstanden.«

»Das ist richtig. Caterine und Agnès haben sich öfter getroffen. Christophe hat das nicht so gerne gesehen, er hat versucht, Agnès von ihr fernzuhalten. Er meinte, Caterine übe einen schlechten Einfluss auf ihn aus.«

»Inwiefern?«

Gazet legte eine Hand an seine Cap, schob es vor und wieder zurück. Ihm war deutlich anzusehen, dass dies nicht sein Thema war, es schien ihm unangenehm, über solche Dinge zu reden.

»Nun«, begann er endlich, »Caterine ist eine zielstrebige, impulsive Person, die kein Blatt vor den Mund nimmt. Agnès hingegen … ist still und scheu. Eine Frau, die tut, was man von ihr verlangt.«

»Glauben Sie …« Pierre brach ab und überlegte, wie er den Gedanken, der ihm durch den Kopf schoss, formulieren solle. »Glauben Sie, Christophe hatte Angst, dass seine Frau ihn verlassen könnte?«

Gazet hob die Schultern. »Was weiß denn ich über solche Dinge? Ich weiß nur, dass er sich auf sein neues Leben gefreut hat, und zwar gemeinsam mit seiner Frau.« Er sah Pierre direkt in die Augen. »Was macht Sie so sicher, dass es Morde waren? Ich meine, ich habe die ganze Zeit hin und her überlegt. Und ich komme zu keinem Ergebnis. Egal, wie man es dreht und wendet: Es gibt weder einen tragfähigen Beweis noch ein Motiv.«

»Dass man kein Motiv erkennt, heißt nicht, dass keines vorhanden ist«, entgegnete Pierre.

»Sie wollen unbedingt eines erkennen, weil Sie es sonst

nicht aushalten, stimmt's?« Der Weinbauer zuckte die Schultern. »Ich kann Sie sogar verstehen. Ihre Freundin hätte tot sein können, und so etwas erträgt sich leichter, wenn man jemandem die Schuld dafür geben kann.«

Mit seiner Frage traf Gazet einen wunden Punkt. Was machte ihn eigentlich so sicher? Alles, worauf er sich stützte, war ein Telefonat, das dem Verbindungsnachweis zufolge offenbar gar nicht stattgefunden hatte.

Pierre rieb sich die Stirn.

Dabei wusste er noch ganz genau, wie er innegehalten hatte, als er unter dem Fenster entlangging. Caterine Ouziels Stimme war deutlich zu hören gewesen. Er versuchte, sich an ihre Worte zu erinnern, aber er war sich auf einmal nicht mehr sicher, was sie gesagt hatte. Sie waren bruchstückhaft gewesen, unvollständige Sätze, deren Bedeutung er sich intuitiv zusammengereimt hatte. Und woher wollte er wissen, dass es tatsächlich Caterine Ouziel gewesen war? Er kannte ihre Stimme doch kaum.

Lieutenant Bompard hatte von der unbewussten Manipulation von Erinnerungen gesprochen, und auch Pierre selbst kannte das Phänomen aus dem Polizeialltag. Er wusste, dass sich in emotionalen Stresssituationen falsche Annahmen verfestigten und plausibler wurden, je stärker man sie sich bildlich vorstellte. So glaubte man am Ende an eine Wahrheit, die es gar nicht gab.

Pierre schluckte hart. Er hatte das Gefühl, sich im Kreis zu drehen.

Er bedankte sich bei dem Winzer für die Auskünfte und ging den Weg zurück bis zur Terrasse.

Hatte *Lieutenant* Bompard womöglich recht? Hatte er sich alles nur eingebildet? Hatte er vielleicht doch nur den Ton einer Krimiserie im Fernsehen gehört, als er unter dem geöffneten Fenster vorbeiging? Und dann alle aufgescheucht, weil er der Meinung war, Caterine Ouziel habe in ihrem Zimmer gesprochen?

Die Geschehnisse hatten seine Ahnung bestätigt, es konnte unmöglich ein Zufall sein, dass genau das eingetroffen war, was er aufgrund des Gehörten befürchtete.

Und dann dieser anonyme Anrufer. Irgendjemand in diesem Hotel war der festen Überzeugung, der Täter befinde sich unter ihnen. Es konnten sich doch nicht zwei Menschen unabhängig voneinander dasselbe einbilden.

Pierre starrte in das inzwischen hell erleuchtete Restaurant, wo an dem einzigen besetzten Tisch sein Vater saß.

»Alle ausgeflogen«, flüsterte er.

Pierre sah auf die Uhr, die halbe Stunde seit seinem Gespräch mit dem Krankenhaus war längst verstrichen. Abrupt drehte er sich um und holte sein Mobiltelefon hervor. Wählte die Nummer der Ärztin. Voller Sorge vor dem, was sie ihm über Charlottes Zustand berichten mochte.

18

»Joubert.« Die Stimme klang gehetzt.

»*Madame le docteur*, hier Durand. Wie geht es Charlotte Berg?«

»Ah, Monsieur Durand. Die klinischen Befunde sind weitgehend unauffällig. Sie ist zwar sehr müde, aber das ist normal. Wir haben sie von der Intensivstation auf die Kardiologie verlegt, wo sie weiter unter Beobachtung steht. Für eine Entwarnung ist es allerdings noch zu früh. Sie war relativ lange ohne Bewusstsein. Sollten sich die neurologischen Symptome doch als schwerwiegender herausstellen, werden wir sie ins *Centre Hospitalier* von Avignon verlegen. Morgen wissen wir mehr.«

»Sie hat neurologische Symptome?«

»Ja. Auch das ist normal, doch wir wollen sichergehen.«

Die Ärztin hatte verhalten geklungen, und Pierre bekam es mit der Angst zu tun.

»Kann … ich mit ihr reden?«

Madame Joubert zögerte. »Gerade wird das Abendessen verteilt, aber es spricht sicher nichts dagegen, wenn Sie sie anrufen.«

»Das habe ich bereits versucht. Ihr Telefon ist aus, vermutlich ist der Akku leer. Ich könnte kurz vorbeikommen und ein Ladekabel mitbringen.«

»Ausgeschlossen. Die Patientin benötigt absolute Ruhe. Jede Art von Aufregung könnte in ihrem Fall die Heilung verzögern.«

»Was, wenn sie mich erreichen möchte?«

»Dann kann sie die Stationsschwester bitten, einen Anruf über das Patiententelefon zu tätigen.« Die Ärztin seufzte. »Es tut mir leid, aber ich habe jetzt Feierabend. Seien Sie versichert, dass Ihre Freundin in den besten Händen ist. Sollte sich irgendetwas an unserer Einschätzung ändern, melden wir uns selbstverständlich bei Ihnen.«

Damit war das Gespräch beendet. Pierre ließ das Telefon sinken und blickte in den Himmel, an dem rot beleuchtete Wölkchen in hohem Tempo vorübertrieben. Mit einem Gefühl ungewohnter Hilflosigkeit betrat er das Restaurant.

Der Raum sah aus, als sei er überhastet verlassen worden. Alain hatte sich inzwischen an einem Fensterplatz niedergelassen, vor sich ein Glas mit Pastis, und sah ihm neugierig entgegen.

»Wo warst du denn die ganze Zeit?«, fragte er, und es war wohl das erste Mal, seit Pierre denken konnte, dass in seiner Stimme ein Hauch von Sorge mitschwang. »Ich habe dich überall gesucht.«

Pierre setzte sich zu ihm und berichtete von seinem Gespräch mit Bernard Gazet. Von dem Telefonat mit der Ärztin erzählte er nichts, weil er keine Lust hatte, Charlottes Zustand mit seinem Vater zu besprechen.

»Bernard Gazet glaubt nicht an ein Auflehnen gegen Handelspartner oder Investoren«, schloss er. »Er sagt, die wirtschaftlichen Beziehungen zu China seien in der Weinbranche inzwischen Normalität.«

»So ist es«, sagte Alain. »Und kaum einer macht sich noch Mühe, das zu hinterfragen. Vor allem nicht diejenigen, die davon profitieren. Umfragen zeigen, dass sich die meisten Bürger lieber aus den Konflikten mit China heraushalten. Es ist für sie bequemer. Dabei sollten die Leute besser genauer hinsehen, welche Probleme sie sich damit aufladen.« Er griff nach seinem Glas und trank einen Schluck, bevor er fortfuhr. »Ein Anwaltskollege von mir arbeitet für einen großen Weinproduzenten, der nach China exportiert. Er hat sich intensiv mit den Problemen der Kennzeichnung beschäftigt, weil es nicht gelingt, die geschützte Herkunftsbezeichnung durchzusetzen. Es gibt zahlreiche Kopierversuche, denen die Importeure vor Ort mit speziellen Hologrammen oder QR-Codes entgegentreten, bei denen der Lieferprozess der Ware dokumentiert wird. Was glaubst du, wie viele Flaschen *Château Lafite* von 1982 es dort drüben gibt? Mehr, als je produziert wurden. Manche Fälscher geben sich nicht einmal die Mühe, den Namen richtig zu schreiben. Bei einem Preis von bis zu achttausend Euro pro Flasche ist das ein riesiges Geschäft. Vor ein paar Jahren erst hat das chinesische Handelsministerium viertausend gefälschte Flaschen sichergestellt. Immerhin tun sie so, als gingen sie dagegen an. Aber viel nützt es nicht. Das *Chinese Policy Institute* hat bei einer Untersuchung des Weinangebots in China festgestellt, dass rund siebzig Prozent aller gehandelten Weine in irgendeiner Form gefälscht sind.«

»Das ist ganz schön viel«, staunte Pierre, aber da prallten wohl auch zwei unterschiedliche Kulturen und Erwartungen aufeinander. Er dachte an die Mahnung, die der Szenekoch ausgesprochen hatte. »Alexandre Pithois glaubt, dass wir mit der zunehmenden chinesischen Einflussnahme in Europa auch unsere westlichen Maßstäbe herabsetzen.«

»Da hat er recht. Natürlich gibt es viele wirtschaftliche Vorteile. Aber ich befürchte, dass ökonomische Macht schleichend auch zur politischen wird. Die Revolution findet momentan eher im Privaten statt. Die Leute begehren auf, wenn historisch gewachsene Weingüter in *Château Grande Antilope* oder

Château Lapin d'Or umbenannt werden, wie kürzlich in der Weinregion Bordeaux geschehen. Ansonsten halten sie die Füße still.«

»Schloss goldenes Kaninchen?« Nun musste Pierre doch lachen, und er konnte sich gut vorstellen, zu welchen Reaktionen das im traditionsbewussten Bordelais geführt hatte. Aber deshalb morden? Er dachte an die Befragungen durch die Gendarmen und wies auf die kreuz und quer durcheinanderstehenden Stühle. »Ist hier noch etwas Wichtiges vorgefallen?«

Alain schüttelte den Kopf. »Nein. Die Beamten sind ohne Ergebnis wieder abgezogen.«

»Vielleicht habe ich mich tatsächlich verrannt.« Pierre rieb sich über das Gesicht. »Es fühlt sich an, als laufe ich einem Phantom hinterher. Das Einzige, was mich noch an eine Mordserie glauben lässt, ist der anonyme Anruf bei der Gendarmerie.«

»Nun ja.« Alains Mundwinkel zuckten. »Beim letzten Punkt kann ich dir vielleicht weiterhelfen …«

Es dauerte einen Moment, bis Pierre begriff. »Du? Du hast dort angerufen? Deshalb hast du so lange gebraucht, als du die Restaurantrechnung begleichen wolltest. Du warst gar nicht Zigaretten kaufen.«

Alain hob die Hände. »Ich wollte dir bloß helfen. Du hattest Sorge, dass alle Beteiligten abreisen, bevor der Täter gefunden werden kann. Also musste ich handeln. *Et voilà* … es hat geklappt.«

»Leider hat es nichts genützt.«

Pierre schüttelte langsam den Kopf. Er konnte seinem Vater nicht böse sein, nein, es rührte ihn sogar, dass er ihm beigesprungen war. Denn tatsächlich war es die einzige Möglichkeit gewesen, um die Beamten der Gendarmerie zum Handeln zu bringen. Aber es bedeutete auch, dass er nun nichts mehr in der Hand hatte.

»Dann sind wir jetzt wohl die einzigen Hotelgäste«, sagte er leise.

»Nicht ganz«, entgegnete Alain und grinste breit. »Du hast echt was verpasst. Als *Lieutenant* Bompard verkündete, dass er keinen Grund sehe, die Crew noch länger festzuhalten, ist der Aufnahmeleiter sofort aufgesprungen und hat seine Leute zur Eile angetrieben. ›Die nächste Location steht bereit‹, hat Zouari gesagt, ›und wir haben eine neue Köchin, die die entstandene Lücke sicher gut ausfüllen wird.‹ Daraufhin sind alle davongestürmt. Die meisten hatten ihre Koffer bereits nach unten gebracht und sind Zouari zum Ausgang gefolgt. Doch dann ist etwas Merkwürdiges geschehen.« Er hielt inne. »Dieser tätowierte Szenekoch ... Wie hieß er noch?«

»Alexandre Pithois.«

»Richtig. Alexandre Pithois ist demonstrativ sitzen geblieben. Er sagte, er weigere sich weiterzumachen. Er habe an dem Format nur teilgenommen, um sein Restaurant zu retten, aber nun, da er mitbekomme, was für ein verlogenes Spiel hier getrieben werde, habe er genug davon.«

Pierre runzelte die Stirn. »Was meinte er mit ›verlogenes Spiel‹?«

»Er hat wortwörtlich gesagt: ›Hier ist eine Kollegin um Haaresbreite einer tödlichen Gefahr entkommen, eine weitere ist beinahe gestorben. Wir können von Glück reden, dass sie das Ganze überlebt hat. Und Sie lassen hier das Personalkarussell rotieren und haben nichts anderes im Sinn, als weiterzudrehen.‹«

»Donnerwetter, das ist stark. Dem kann ich nur zustimmen.«

»Der Aufnahmeleiter war natürlich verzweifelt. Er sagte, sie hätten einen Zeitplan. Der Produzent habe angerufen, er sei wütend und wolle wissen, ob sie die Termine einhalten könnten.« Alain lachte trocken. »Er schien unter großem Druck zu stehen, und ehrlich gesagt hat er mir richtig leidgetan. Am schlimmsten war die Regisseurin. Weißt du, was die gesagt hat?«

»Du wirst es mir sicher gleich erzählen.«

»Sie meinte, so leid es ihr um die Kolleginnen tue, man könne das Ganze deswegen nicht abbrechen. Die Zuschauer interessierten derlei Dinge nicht, sie wollten sehen, wie in der Provence gekocht werde. Und dafür würden sie sorgen. Woraufhin der Szenekoch sagte, dass ihn das sehr wohl interessiere. Dass er derartige Methoden verabscheue und sie daher einen Ersatz für ihn suchen müsse. Er sei raus.«

Pierre lächelte. Wohl zum ersten Mal an diesem Tag. »Gut gemacht. Nun hat er vermutlich eine Klage wegen Vertragsbruch am Hals.«

»Und Dominique Reille ebenfalls, denn der ist ihm beigesprungen.«

»Wirklich?« Jetzt musste Pierre sogar lachen.

Alain stimmte ein. »Ich habe ihnen meine Karte gegeben, falls sie einen Rechtsbeistand brauchen, doch ich denke nicht, dass es passiert. Denn mitten in der schönsten Diskussion hat Zouari einen Anruf erhalten. Offenbar war der Produzent dran. Jedenfalls hat er einen hochroten Kopf bekommen und dann gekichert. Es klang ein bisschen hysterisch, ehrlich gesagt, aber es schien auch irgendwie befreiend.« Er wartete einen Moment und setzte dann genüsslich nach: »Man hat ihm gekündigt.«

Pierre riss die Augen auf. »Dem Aufnahmeleiter?«

»Ja. Diese Regisseurin … wie hieß sie noch? Laëtitia Hardy? Sie hat ihn eiskalt stehen lassen und ist nun mitsamt dem Team auf dem Weg nach Paris.«

»Und die anderen sind geblieben?«

Alain nickte. »Der ehemalige Aufnahmeleiter sagte, er wolle zumindest noch das schöne Hotel auf Produktionskosten genießen. Der Juror fand auch, dass es eine gute Idee sei.«

»Leveque ist noch da?«

»Ja. Er und die beiden Köche waren der einhelligen Meinung, dass es schade um die vielen Lebensmittel sei, und so haben Dominique Reille und Alexandre Pithois entschieden, am Abend für alle Anwesenden zu kochen. Um halb acht treffen wir uns hier im Restaurant.«

Auf einmal merkte Pierre, dass er einen gewaltigen Hunger hatte. »Das klingt gut. Weiß Richard schon davon?

»Nein, wahrscheinlich schläft er bis morgen früh durch.«

»Es wäre besser, du gibst ihm Bescheid.«

»Warum ich?« Alain schüttelte den Kopf.

»Weil du schuld daran bist, dass es ihm schlecht geht.«

»Weil ich ihm ein Glas Wein angeboten habe?«

Pierre runzelte die Stirn. Er dachte an Richards entgeisterten Blick, als seine Tochter zu Boden stürzte, und daran, wie er im Wartezimmer des Krankenhauses den Rosenkranz gebetet hatte. »Er ist Charlottes Vater, und ich will, dass er heute Abend dabei ist.«

Alain zog die Brauen hoch und schien erst zu einer empörten Antwort anzusetzen, dann ließ er es jedoch bleiben. »Und was machst du solange?«

Pierre sah auf seine Armbanduhr. Es war Viertel nach sechs. Viel schlimmer als der Hunger war die bleierne Müdigkeit, die ihn seit dem Gespräch mit dem Weinbauern erfasst hatte. »Ich lege mich noch einmal hin.«

»Das ist eine gute Idee«, sagte Alain und klopfte Pierre auf die Schulter. »Das Ganze war ein Schock für dich. Du solltest die Sache endlich hinter dir lassen. Vor allem auch die

Ermittlungen, nun, da sich sämtliche Verdachtsmomente in Luft aufgelöst haben. Wir machen uns einen netten Abend, und morgen sieht die Welt ganz anders aus.«

»Wahrscheinlich hast du recht.«

Pierre erhob sich und schlurfte in Richtung Treppenhaus. Es war zu viel passiert in den vergangenen Stunden. Manchmal verschob sich dabei auch die Erinnerung. Er wusste noch immer nicht, was genau er gehört hatte, als er unter dem offenen Fenster vorbeigegangen war.

Er atmete tief ein und stieß die Luft aus. Das Leben war manchmal gefährlich und nicht jeder Unfall willentlich herbeigeführt. Es war an der Zeit, die Realität zu akzeptieren.

19

Langsam schloss Pierre die Tür und lehnte sich gegen das Holz. Das Zimmer sah noch genauso aus, wie Charlotte und er es am Morgen verlassen hatten. Beim Anblick ihres Nachthemdes, das akkurat zusammengefaltet auf dem Bett lag, machte sich eine furchtbare Traurigkeit in ihm breit. Er ging hinüber und nahm es in die Hand, hielt den Stoff an sein Gesicht. Spürte, wie Tränen in ihm aufstiegen.

Wie gut es roch!

Er atmete tief ein. Nein, sagte er sich, er durfte sich der Schwärze nicht überlassen. Charlotte ging es gut. Die Ärztin hatte versprochen, sich zu melden, sobald sich etwas an ihrer Einschätzung änderte. Sie informierten ihn, wenn sie es für dringlich hielten. Er durfte nicht an das Schlimmste denken. Aber hier im Hotelzimmer, in dem sie gestern Nacht eng aneinandergeschmiegt eingeschlafen waren, überkam ihm wieder dieses furchtbare Gefühl der Untätigkeit, der Hilflosigkeit.

Er war es gewohnt, die Dinge aktiv anzupacken, wenn es ihm notwendig erschien. Für ihn selbst, ja, das fiel ihm manchmal schwer, doch für andere war er stets präsent, sprang in die Bresche, half, wenn Hilfe nottat. Und nun sollte er abwarten, bis man ihn über die nächsten Schritte informierte?

Sicher fühlte Charlotte sich einsam, wie konnte er sie da alleine im Krankenhaus liegen lassen, ohne jeglichen Kontakt?

Pierre trat ans Fenster, unschlüssig, was er tun sollte.

Der Wind hatte an Stärke gewonnen, trieb Wolken über

die Felder, die ohne das Leuchten der Abendsonne grau und abweisend wirkten.

Die Bilder vom Morgen zogen vor seinem inneren Auge vorbei. Der Moment, als er die Glastür des Restaurants gewaltsam öffnete und in die Küche stürmte, wo Charlotte bereits … Er verdrängte das Bild der auf dem Boden Liegenden und konzentrierte sich stattdessen auf einen Gedanken, der langsam an Präsenz gewann.

Wie in Trance machte er sich auf die Suche nach Charlottes Aufladekabel. Er kniete vor dem Nachttisch auf ihrer Bettseite und entdeckte in dem Regal unterhalb der Schublade ihr Smartphone. Natürlich, sie hatte es gar nicht bei sich gehabt.

Rasch steckte er das Telefon in seine Jacke. In der Schublade des Nachttisches fand er das zugehörige Ladekabel, das er zusammen mit Waschutensilien, frischer Wäsche, Jeans und Pullover in eine Tasche packte. Dann verließ er das Zimmer, hastete den Flur entlang, die Treppen hinab ins Freie. Den Weg zum Parkplatz rannte er.

Die Fahrt zum *Centre Hospitalier* in Orange dauerte keine zwanzig Minuten.

Pierre parkte in einer Seitenstraße und ging den Weg zum Haupttor zu Fuß. Von außen wirkten die Gebäude, als seien sie bunt zusammengewürfelt, ein jedes von einem anderen Architekten. Häuser, die wohl irgendwann in den siebziger Jahren gebaut worden waren. Sterile Kästen in Grau. Betonumrahmte Fenster, die wie Bullaugen wirkten oder wie Fernseher aus Schwarzweiß-Zeiten, wechselten sich ab mit orangebraunen Silos mit Balkonen, deren Geländer an Laufställe erinnerten.

Pierre überquerte den sich leerenden Parkplatz und betrat das Hauptgebäude. Die Ärztin hatte erzählt, dass Charlotte in die Kardiologie verlegt worden sei, und er hoffte, dass er sie ohne Hilfe finden würde.

An der Rezeption saß ein junger Mann. Er blickte kurz auf, wandte sich aber, als Pierre wie selbstverständlich grüßte und auf das Treppenhaus zueilte, wieder seinem Bildschirm zu.

Die Kardiologie war ausgeschildert. Pierre stieg die Stufen hinauf in den zweiten Stock, folgte den Hinweisschildern über einen langen Gang bis ans Ende. Der Geruch nach Putz- und Desinfektionsmitteln war beklemmend, und er musste kurz würgen, weil Erinnerungen an seine Kindheit in ihm aufstiegen, an den letzten Besuch bei seiner Mutter.

Dann stand er vor der Station. Pierre spähte durch die gläserne Tür und vergewisserte sich, dass niemand in Sichtweite war, der ihn aufhalten würde. Mit einem Druck auf den Türöffner gelangte er ins Innere. An einem Desinfektionsspender benetzte er seine Hände, ging langsam von Zimmer zu Zimmer, lugte durch die seitlichen Glasfenster.

Dann sah er sie. Charlotte war in einem Dreibettzimmer untergebracht, ein weiteres Bett war belegt. Mit geschlossenen Augen lag sie da, das lockige Haar, das von dem Kopfverband befreit worden war, umrahmte ihr Gesicht. Von ihrer mit einem Kittel bedeckten Brust hingen Kabel, angeschlossen an eine Maschine, die die Herzfrequenz aufzeichnete. Vorsichtig öffnete er die Tür und trat ein. Nickte der älteren Dame im Nachbarbett zu, die sich überrascht aufrichtete. Er legte den Finger auf die Lippen. Sie lächelte verständnisvoll und sank zurück auf ihr Kissen.

Pierre stellte die Tasche auf den Besucherstuhl und setzte sich an Charlottes Bett. Sie sah so friedlich aus, so entrückt, dass er Angst bekam. Mit schwerem Herzen nahm er ihre Hand. Sie schlug die Augen auf.

»Pierre!«

»Wie geht es dir, *ma douce*?«

»Besser.«

»Du siehst toll aus.«

»Schwindler.« Sie lächelte.

Aber es stimmte, sie wirkte rosiger, vitaler als am Vormittag.

»Ich habe dir was mitgebracht«, sagte er und legte das Telefon auf den Beistelltisch neben ihrem Bett. »Jetzt kannst du mich jederzeit anrufen.«

»Danke.« Charlotte setzte sich vorsichtig auf, damit die Kabel nicht verrutschten. Dabei kniff sie kurz die Augen zusammen. »Es ist so schön, dass du vorbeigekommen bist«, flüsterte sie. »Ich habe dich vermisst.«

»Hast du Schmerzen?«

»Ein bisschen. Sie haben mir etwas dagegen gegeben. Aber es rauscht in meinem Kopf. Und mir ist leicht schwindelig.«

»Das wird wieder, ganz bestimmt«, sagte Pierre ebenso leise.

»Ich hoffe es, ich hoffe es so sehr …« Sie stockte. »Ich muss dir etwas erzählen.« Tränen standen in ihren Augen.

Er erschrak. »Was ist passiert?«

»Ich habe …« Eine Träne löste sich und rollte ihr über die Wange. »Heute Abend gab es etwas Warmes zu essen. Fisch mit Kartoffelbrei. Erst dachte ich, es liege an der Schonkost. Also bat ich um Salz. Und dann …« Jetzt weinte sie. »Ich kann nichts mehr schmecken. Pierre, ich habe meinen Geschmackssinn verloren.«

»Bist du dir sicher?«

Sie nickte. »Ich hatte auch einen Tee mit Zitrone. Die Zitrone schmeckte genauso wie der Zucker, er hatte nur eine andere Konsistenz.«

Er strich ihr über die Wange und hoffte, dass sie nicht bemerkte, wie sehr ihn das bedrückte. »Hast du schon mit der Ärztin darüber gesprochen?«

»Ja. Sie meinte, das könne durchaus vorkommen bei einer Gehirnerschütterung. Eine vollständige Schädigung der betroffenen Hirnnerven sei dabei äußerst selten.«

»Da siehst du es. Sie werden sich wieder erholen, und bald ist alles wie früher, du wirst sehen.«

»Und wenn nicht?« Charlotte biss sich auf die Unterlippe. »Pierre, was, wenn nicht? Ohne Geschmackssinn kann ich nicht kochen. Was wird dann aus der *L'Épicerie Provençale*? Die Aromen, der Geschmack auf der Zunge ... das ist doch mein Leben!« Sie schluchzte, zog ein Kleenex aus der Box auf ihrem Nachttisch und putzte sich die Nase. »Weißt du, ich habe stets dafür gekämpft, meine Träume zu verwirklichen. Ich habe hart gearbeitet, immer das Ziel vor Augen. Und nun dachte ich, ich sei angekommen. Aber doch nicht, um alles in einer einzigen Sekunde zu verlieren!« Sie sah ihn mit großen, rotgeweinten Augen an. »Pierre, ich habe solche Angst. Ich mag mir meine Zukunft gar nicht ausmalen.«

»Charlotte ...« Er hatte sie noch nie so niedergeschlagen erlebt. »Ich bin sicher, dass dein Geschmacksinn zurückkommt«, sagte er und versuchte, seiner Stimme einen Ausdruck von Zuversicht zu geben.

Ihre Mutlosigkeit berührte ihn. Ausgerechnet Charlotte. Die stets optimistisch nach vorne sah und der eine Hürde auf dem Weg immer nur als Herausforderung erschien, die es mit ordentlichem Schwung zu überwinden galt.

Pierre hob seine Hand an ihr Gesicht und strich ihr zart über die Wange, bis sie den Kopf neigte und ihn fest an seine Handfläche presste. Nachdenklich betrachtete er ihr Gesicht. Die sonst so vorwitzigen Sommersprossen waren erblasst. Die Nase gerötet. Die Lippen in sichtbarer Verzweiflung aufeinandergepresst.

Es würde ihm nicht gelingen, ihre Angst kleinzureden. Sie

war da, sichtbar, und in diesem Moment unauflösbar. Doch er wollte sie nicht mit dem Blick in eine derart ungewisse Zukunft alleine lassen.

Ein Gedanke schoss ihm in den Kopf. Er tastete mit der freien Hand nach dem Päckchen in seiner Jackentasche. Die ganze Zeit hatte er gedacht, der perfekte Moment habe etwas mit einer zauberhaften Atmosphäre zu tun oder mit gut gekühltem Champagner. Aber all das zählte nicht. Nicht in diesem Moment. Das Wichtigste war, ihr zu zeigen, dass er bei ihr war, egal, was kam. Und dass die Zukunft viel Schönes für sie bereithielt.

Mit einem Lächeln hielt er ihr das Päckchen hin.

»Was ist das?«

»Mach es auf.«

Sie sah ihn überrascht an, begann erst die Schleife zu entfernen, dann das Papier. Langsam und mit ungläubigem Staunen hob sie den Deckel an. »Du …«

»Ich wollte es eigentlich schon am Freitag tun, aber dann kam mein Vater hinzu. Die ganze Zeit habe ich auf den richtigen Augenblick gewartet, und ich finde, es gibt keinen besseren als diesen.« Pierre kniete sich auf den Boden und nahm ihre Hand. »Liebe Charlotte, möchtest du meine Frau werden?«

Vom Nachbarbett kam ein Schluchzen.

»Ja«, sagte Charlotte, und ein Strahlen überzog nun ihr verweintes Gesicht. »Ja, das will ich!«

Sie streckte ihm die Hand entgegen, und er schob ihr den feinen silbernen Ring mit dem kleinen, eingefassten Stein auf den Finger. Dann zog er sie an sich, und sie küssten sich wieder und wieder.

»Er ist wunderschön«, wisperte sie endlich. »Und er passt perfekt. Woher wusstest du …?«

»Ich habe mir einen deiner Ringe ausgeliehen, um ihn

anzupassen.« Er lächelte. »Wir werden uns ein schönes Leben machen, *ma douce*. Wenn wir wieder zu Hause sind, beginnen wir mit der Planung. Wir könnten sofort heiraten, standesamtlich, und den Schwur dann im nächsten Jahr kirchlich besiegeln.«

»Und dann richten wir eine große Feier aus. Im Mai oder im Juni.«

Es tut ihr gut, dachte Pierre und freute sich, als sie aus dem Fenster blickte und versonnen lächelte.

»Eine große Feier«, bekräftigte er, um dem Thema mehr Raum zu geben, »zu der wir das ganze Dorf einladen.«

»Das halbe.« Sie sah ihn mit einem Schmunzeln an. »Unseren Bürgermeister Maurice Marechal will ich nicht dabeihaben.«

»Ich auch nicht.« Pierre runzelte die Stirn. »Und was ist mit Madame Duprais?« Die alte Witwe war zwar umgänglicher geworden, seitdem sie sich öfter mit dem alten Uhrmacher Didier Carbonne traf, aber in ihrer Neugier noch immer enorm anstrengend.

»Die muss mitfeiern, unbedingt, sonst ist sie auf ewig beleidigt.« Charlotte sah ihn an. Lächelte nun um einiges befreiter. »Außerdem gehört sie irgendwie dazu.«

»Und Louis«, ergänzte Pierre. »Er ist ein toller junger Mann, du wirst ihn mögen.«

»Ich weiß, ich habe ihn ja kurz kennengelernt.« Sie lächelte. »Und meine Jugendfreundin Anouk wird ebenfalls eingeladen.«

»Selbstverständlich.« Das Ganze begann ihm Spaß zu machen. »Und Eric Trouchon, meinen alten Kollegen aus Paris. Es wird eine große Feier, schätze ich.«

»Ja, ein Fest mit all unseren Lieben. Und Cosima«, sie gluckste, »trägt die Ringe zum Altar.«

Er lachte laut auf, hielt sich aber sofort die Hand vor den Mund, weil das Lachen bis in den Gang geschallt hatte.

Charlotte drückte seine Hand. »Ich freue mich darauf. Das ist die schönste Überraschung, die du mir machen konntest.«

Die Tür zum Krankenzimmer öffnete sich, und eine junge Schwester schob sich in den Raum. »Monsieur, was machen Sie hier?«

»Ich …« Pierre lächelte. »Wir wollen heiraten.«

Der Blick der Krankenschwester fiel auf die Schachtel und den Ring an Charlottes Finger. Auf ihrem Gesicht erschien ein Lächeln.

»Meinen Glückwunsch«, sagte sie. »Trotzdem muss ich Sie jetzt bitten zu gehen. Die Besuchszeit ist längst vorbei. Auch für Verlobte.«

»In Ordnung.« Pierre gab Charlotte einen langen Kuss und erhob sich. »Bis morgen, *ma douce*. Ich liebe dich. Alles wird gut.«

20

Als Pierre den Wagen auf dem Parkplatz vor dem Schlosshotel abstellte, war es bereits dunkel. Das *Château des Vignes* war von Dutzenden Lichtern angestrahlt, und aus einem halb geöffneten Fenster des Restaurants drang lautes Lachen.

Die Teilnehmer des Abendessens schienen bereits versammelt, aber er hatte keine Sorge, zu spät zu kommen. Schließlich war es erst Viertel vor neun, wie er mit Blick auf seine Armbanduhr feststellte. Wenn man sich in der Provence um halb acht zum Essen verabredete, war ein Auftischen der Speisen vor neun eher unwahrscheinlich.

Festen Schrittes stieg er die Treppen zum bekiesten Vorplatz empor, als ihm aus dem Nebengebäude, in dem die Kellerei lag, eine Frau entgegenkam. Pierre schätzte sie auf Ende vierzig. Sie trug eine ausgebeulte Jeans und einen schlichten schwarzen Pullover, darüber eine olivgrüne Jacke. Ihre Korkenzieherlocken hatte sie mit einem Gummiband auf dem Scheitelpunkt zusammengebunden, sodass sie hervorquollen wie Wasser aus einem Springbrunnen.

»Monsieur Durand, gut, dass ich Sie noch treffe. Ich bin Mireille Gazet, mein Mann hat mir von Ihrem Gespräch erzählt.« Sie stockte. »Sie sind doch Monsieur Durand?«

»Ja.«

Pierre blieb stehen. Madame Gazet schien auf ihn gewartet zu haben. Sie wirkte nervös, knetete ihre Hände, während sie um Worte rang.

»Was kann ich für Sie tun?«, fragte er aufmunternd.

»Ich wollte … Wie geht es Ihrer Freundin?«

»Ich komme gerade aus dem Krankenhaus. Es … es geht ihr schon besser.«

»Das freut mich zu hören.« Sie lächelte höflich, dann wurde sie wieder ernst. »Mein Mann hat mir wie gesagt von Ihrem Gespräch erzählt. Und dass er Ihnen die Namen der Winzer nicht verraten wollte, die Christophes Weingut kaufen wollten. Ich sage Ihnen, wie sie heißen: Thierry Menard, Gabriel Bigot und Bruno Debouzy.«

»Warum erzählen Sie mir das?«

»Weil ich glaube, dass Dinge, die man verschweigt, mehr Gewicht erhalten, als ihnen zusteht.«

»Da haben Sie recht.« Pierre schmunzelte. »Ich muss Ihrem Mann ziemlich viel Angst eingejagt haben.«

»Bernard sagte, dass Sie fest von einem Mord ausgehen. Und dass Sie von der Kreidezeichnung an Christophes Tür wissen. Bernard hatte Sorge, die drei mit seiner Aussage in Schwierigkeiten zu bringen. Ich möchte das jetzt klarstellen, damit die Sache aus dem Weg geräumt wird.« Madame Gazet fuhr mit einer Hand in ihre Jackentasche und nestelte einen gefalteten Zettel hervor. »Die drei haben Alibis. Hier, ich habe alles aufgeschrieben.«

Pierre entfaltete das Blatt und las.

Sonntag, 27. September: Im Sturm herabfallende Ziegel töten Christophe Roumejon. Zeit: 18:10 Uhr.

Es ist das erste Mal, dass ich die genaue Uhrzeit erfahre, dachte er, bevor er weiterlas.

Alibis:

- *Thierry Menard: Weinlese bis 19:00 Uhr*
- *Gabriel Bigot: Weinlese bis 19:30 Uhr*
- *Bruno Debouzy: Gespräch mit Monsieur Cohen, Direktor der Kooperativen* Cellier de Prince. *Dauer: 17:00 bis 18:30 Uhr.*

Es folgten mehrere Namen von Leuten, die die Aussagen wohl bezeugen sollten.

Pierre hob den Kopf. »Woher haben Sie das?«

»Ich habe ein bisschen herumtelefoniert. Mit den Frauen, den Arbeitern und dem Direktor der Kellerei. Die Alibis für die Zeit, als Daniel Avonde mit dem Auto verunglückte, stehen weiter unten.« Sie zeigte auf den Zettel. »Hier, lesen Sie. Ist alles verbürgt. Sie können das gerne überprüfen. Das sind alles anständige, fleißige Menschen, die sich zusammengeschlossen haben, um im Schatten der großen Châteaus zu bestehen. Sie haben vielleicht keine bekannten Namen, aber sie wissen, wie man guten Wein macht.«

»Ich danke Ihnen.« Pierre faltete den Zettel wieder zusammen.

»Und was machen Sie jetzt?«

»Etwas essen, es ist spät.« Er reichte ihr das gefaltete Blatt.

»Das können Sie behalten«, sagte Madame Gazet sichtlich irritiert und trat einen Schritt zurück. »Dann sind die Winzer also nicht länger verdächtig?«

»Nein.«

»Das ist gut. Einen schönen Abend, Monsieur Durand.«

Pierre schob den Zettel in seine Jackentasche und sah ihr nach, wie sie den Weg zurück zum Nebengebäude eilte, in dem offenbar auch die Wohnung des Verwalterehepaars lag. Dann ging er am Hotel entlang zur Außenterrasse, wo sich der hintere Restauranteingang befand.

Er war unendlich hungrig und gleichzeitig so müde, dass er glaubte, nicht einmal eine Gabel halten zu können. Und das war die allerschlechteste Kombination.

Auf Höhe des Parks hielt er inne. Nun befand er sich an der Stelle, an der er dem Telefonat gelauscht hatte. Er hob den Blick zum Fenster im ersten Stock, als ihm ganz unvermittelt die Szene des Morgens wieder vor Augen stand.

Auf einmal hörte er in seinen Gedanken die in höchster Sorge geschrienen Worte. Klar und deutlich, als rufe Caterine Ouziel jetzt, in diesem Augenblick, wieder ins Telefon.

»Ich sage es doch«, hatte sie geschrien, und ihre Stimme war gekippt. »Er ist tot. Sie behaupten, es sei ein Unfall gewesen, aber es war Mord. Genau wie bei …« Hier war das Folgende untergegangen, er war stehen geblieben, hatte auf das gelauscht, was dann kam: »Nein, ausgeschlossen, das bilde ich mir doch nicht ein. Ich bleibe im Zimmer und mache keinen einzigen Schritt, bis die Sache geklärt ist. Ich habe behauptet, dass ich …« Das Geräusch der zuschlagenden Tür. Und dann: »… Lage sei, an der Show teilzunehmen.« Sie hatte laut aufgeschluchzt. »Ich habe so furchtbare Angst, dass ich die Nächste bin, verstehst du? Ich will nicht sterben!«

Nein, er hatte sich nicht geirrt, die Situation war real gewesen, und er hatte die Sätze intuitiv richtig ergänzt: Es war Mord, genau wie bei *Christophe*. Und sie habe behauptet, *Migräne* zu haben.

Pierre brauchte nur einen Moment, um sich von der Erinnerung an die Panik zu befreien, die ihn überkommen hatte. Dann lief er zurück zu dem Nebengebäude, in dem die Frau des Weinbauern verschwunden war.

»Madame Gazet«, rief er und betätigte den Türklopfer.

Er hörte Schritte, die zögerlich klangen. Dann wurde die Tür geöffnet.

»Ja?«, fragte sie, sichtlich erschrocken. »Was gibt es denn noch?«

»Es war Mord, kein Unfall, da bin ich mir ganz sicher. Sowohl bei Christophe Roumejon als auch bei Daniel Avonde. Der Täter gibt sich die allergrößte Mühe, um jeden dieser Morde wie einen Unfall erscheinen zu lassen. Ebenso den Mordversuch an Caterine Ouziel. Ich frage mich, warum er das tut.«

Sie zuckte die Schultern und schwieg.

»Offenbar«, fuhr Pierre fort, »gibt es eine Verbindung zwischen Christophe Roumejon, Daniel Avonde und Caterine Ouziel, die einen direkten Rückschluss auf den Täter zulässt.«

»Das klingt einleuchtend. Aber was habe ich damit zu tun?«

»Sie und Ihr Mann, Sie sind doch hier im Ort verwurzelt und kennen die Bewohner. Gibt es jemanden, der einen Vorteil vom Tod dieser drei Personen hat?«

»Ich …« Sie brach ab.

»Was ist mit Christophe Roumejons Frau?«

»Agnès? Was soll sie denn damit zu tun haben?«

»Wird sie das Weingut erben?«

»Ich denke schon. Christophes Schwester Juliette hat sich damals, als der Vater gestorben ist, ihren Pflichtteil auszahlen lassen. Und ansonsten ist niemand mehr da. Sie können nicht ernsthaft annehmen, dass Agnès …« Sie schüttelte heftig den Kopf. »Nein, niemals. Jedem anderen würde ich eine solche Tat zutrauen. Aber nicht Agnès. Außerdem macht sie sich nichts aus Geld. Und was sollte sie auch ohne Christophe tun? Sie hatte doch sonst niemanden.«

»Die beiden haben keine Kinder?«

»Nein. Christophe hat lange damit gehadert. Er hat sich immer eine kleine Fußballmannschaft gewünscht und war enttäuscht, weil er niemanden hatte, dem er sein Weingut im Alter übergeben könnte.«

»Und Agnès? Wie ist sie damit umgegangen?«

»Ich glaube, sie hat am meisten darunter gelitten. Christophe war ja kein einfacher Mensch, er hat sie dafür verantwortlich gemacht, dass sein Leben nicht so verlief, wie er es sich vorstellte.«

»Dennoch sind sie zusammengeblieben.«

Sie nickte langsam. »Anfang des Jahres hatten sie ernsthafte Probleme, und sie sprach davon, ihn zu verlassen. Sie hat sogar eine Weile bei Caterine gewohnt und sich einen Anwalt gesucht.«

»Caterine Ouziel?«

»Ja. Die beiden kennen sich seit ihrer Jugend und haben sich offenbar in den letzten Monaten wieder angenähert. Ich habe nie verstanden, was Agnès an Caterine findet, sie ist das komplette Gegenteil von ihr. Agnès, die scheue, zurückhaltende Frau, und die selbstbestimmte, elegante Caterine.« Sie schüttelte den Kopf. »Christophe ist schier ausgeflippt. Sie haben früh geheiratet, und in seinem Leben gab es nie eine andere Frau als Agnès. Er hat versucht, sie zurückzugewinnen. Er konnte sehr charmant sein, wenn er wollte, und hat ihr sogar ein Auto gekauft, einen hellblauen Renault Twingo. Den hat er ihr mit einer großen Schleife vor die Tür stellen lassen.«

»Sie hat sich davon erweichen lassen?«

Die Frau des Winzers nickte. »Sie wäre wohl besser standhaft geblieben.«

»Hatten die beiden einen Ehevertrag?«

»Das weiß ich nicht, aber wie schon gesagt, Agnès macht sich nicht viel aus Geld. Außerdem würde man ihr sofort eine gut bezahlte Arbeit anbieten. Sie ist fleißig, und ihr Fachwissen ist groß, die Weingüter würden sich um sie reißen. Nein, deshalb ist sie nicht zu ihm zurückgekehrt.«

»Aus Liebe?«

Madame Gazet wiegte den Kopf. »Es war eher eine Art von Abhängigkeit. Agnès ist keine starke Person. Ihre Eltern waren einfache Feldarbeiter. Analphabeten, die Agnès früh von der Schule nahmen, damit sie Geld verdiente. Sie ist auf eine rührende Weise hilflos ohne einen Partner an ihrer Seite. Christophe hatte die volle Kontrolle über ihr Leben.« Madame Gazet zuckte die Schultern. »Sie haben sich zusammengerauft, wie man so schön sagt. Als das Angebot der chinesischen Holding konkreter wurde, ist Christophe richtiggehend aufgeblüht. Es war, als würde er sich mit dem Verkauf von einer zentnerschweren Last befreien. Er ist geradezu übermütig geworden und hat sich sogar ein Luxusauto gekauft, noch bevor ein einziger Cent auf dem Konto war.« Sie lachte. »Einen gelben Aston Martin mit handgenähtem Interieur. Der kostet hundertachtzigtausend Euro! Können Sie sich das vorstellen? Ein in die Jahre gekommener Weinbauer, der mit einem englischen Sportwagen durch die Gegend fährt, als gehöre er zum Jetset.« Jetzt schüttelte sie den Kopf. »Die vielen Millionen. Was sollte er denn mit all dem Geld? Sich eine ganze Garage mit Autos vollstellen? Aber er meinte, er habe sein Leben lang gearbeitet und es daher verdient, sich mit Agnès ein schönes Leben zu machen.«

»Wird das Weingut nach seinem Tod tatsächlich an die chinesische Holding verkauft? Der Vertrag ist ja noch nicht unterschrieben.«

Madame Gazet zögerte. »Sie haben eben noch gesagt, dass Sie die Winzer der Kooperativen nicht verdächtigen …«

Pierre verstand. »Agnès Roumejon will lieber an sie verkaufen, richtig?« Er holte das Blatt wieder hervor und betrachtete die Namen. Thierry Menard, Gabriel Bigot und Bruno Debouzy …

»Es wird ihr wohl nichts anderes übrigbleiben. Wie ich

höre, fühlen sich die chinesischen Investoren nicht länger an ihr Angebot gebunden. Es bringe Unglück, dass es eine Leiche auf dem Grundstück gab.« Sie sah ihn mit großen Augen an. »Werden die Winzer nun verhaftet?«

Pierre schob den Zettel zurück in die Hosentasche und wandte den Kopf. Blickte in die schwarze Nacht. Madame Gazet hatte ihm soeben das perfekte Motiv geliefert. Mit Christophe Roumejons Tod war der Verkauf des Weinguts an die chinesische Holding gestoppt. Der Weg für die drei Winzer war damit frei. Was zählte da schon ein Alibi, wenn man jemanden beauftragen konnte.

Aber dafür hätte die Ermordung des Weingutbesitzers eigentlich ausgereicht. Warum hätten sie das Risiko eingehen sollen, auch noch Daniel Avonde und Caterine Ouziel zu beseitigen?

Er erzählte Madame Gazet von seinen Bedenken. »Es muss noch einen anderen Grund geben, warum die beiden sterben mussten und weshalb auf Caterine Ouziel ein Anschlag verübt wurde.«

»Warum fragen Sie Caterine nicht selbst?«

»Sie will nicht darüber reden«, entgegnete Pierre. »Sie tut so, als sei die Bedrohung nicht vorhanden. Sie geht nicht einmal zur Polizei.« Pierre sah Madame Gazet direkt an. »Vor wem könnte Caterine Ouziel Angst haben?«

»Mir fällt wirklich niemand ein. Glauben Sie mir, Monsieur, ich habe mir dazu bereits meine Gedanken gemacht.«

»Hat sie Feinde?«

»Nicht dass ich wüsste.«

»Gab es vielleicht eine andere Sache, in die die drei verwickelt waren? Vielleicht ein Streit?«

»Nein.« Madame Gazet schürzte die Lippen. »Jedenfalls nichts Aktuelles. Früher gab es mal eine Sache, die im Dorf für

Aufregung gesorgt hat, aber das ist lange her. Ich bin mir nicht einmal sicher, ob Daniel da bereits in Châteauneuf-du-Pape wohnte. Er stammt nicht von hier.«

»Erzählen Sie.«

»Es muss irgendwann Ende der siebziger Jahre gewesen sein, als Christophes Bruder Michel tödlich verunglückt ist. Er war damals neunzehn, ein Jahr älter als Christophe.«

Pierre merkte auf. »Es hat einen Unfall gegeben?«

»Ich weiß, was Sie jetzt denken. Sie klammern sich an die Vorstellung, dass Sie doch recht hatten mit dem Mord. Aber bei Michel war es tatsächlich ein Unfall, dafür gibt es mehrere Zeugen.«

»Und diese Zeugen hießen nicht zufällig Daniel und Caterine?«

»Caterine war dabei, ganz sicher.«

»Was genau ist passiert?«

»Die Roumejon-Jungs, also Christophe und sein Bruder Michel, haben sich nachts mit einigen Freunden in der Schlossruine von Châteauneuf-du-Pape getroffen, so wie fast jedes Wochenende im Sommer. Sie haben Musik gehört, getrunken und vielleicht auch einen Joint geraucht. Damals gab es an den Auslässen vor den Burgfenstern noch keine Gitter. Michel hat sich auf das Sims gestellt und dabei die Balance verloren, er ist abgestürzt. An der Stelle geht es etwa zwanzig Meter in die Tiefe.« Sie atmete tief ein. »Die Familie ist daran zerbrochen. Nach außen haben sie so getan, als sei nichts geschehen. Aber es war nie wieder wie zuvor. Die Eltern haben einfach weitergearbeitet, und die Kinder sind auf der Strecke geblieben.«

»Sie sagten, dass Christophe eine Schwester hatte.«

»Ja. Juliette ist drei Jahre jünger als er. Sie hat besonders an Michel gehangen. Ich kann mich noch gut erinnern, dass sie damals schwor, diesen unsäglichen Ort zu verlassen, aber ihr Vater hat sie nicht gehen lassen. Als sie siebzehn war, ist sie dann abgehauen. Sie hat sich in jemanden aus Toulouse verliebt und bald eine eigene Familie gegründet. Ich habe sie seitdem nur noch zweimal gesehen: zur Beerdigung ihres Vaters, der mit Mitte sechzig an den Folgen eines Schlaganfalls gestorben ist, und zwei Jahre später dann bei der Mutter, die nach dem Tod ihres Mannes für zwei gearbeitet hatte. Am Ende hat ihr Herz nicht mehr mitgemacht. Christophe war mit Anfang dreißig auf sich allein gestellt und hat das Weingut ohne die Unterstützung seiner Schwester oder deren Familie geführt. Nur Agnès stand ihm zur Seite. Und natürlich die Angestellten, von denen einige schon bei den Großeltern gearbeitet haben.«

»Dieser Unfall in den Ruinen des Sommerschlosses …« Pierre stockte. Ein Gedanke war in ihm aufgestiegen. »Waren Sie damals auch dabei?«

»Nein.«

»Es heißt, Caterine Ouziel sei psychisch labil.«

»Wahrscheinlich erzählt man sich das, weil sie vor einigen Monaten in psychotherapeutischer Behandlung war.«

»Woher wissen Sie das?«

»Es … es gibt da eine Praxis in Bédarrides, die Hypnosetherapie anbietet. Die Schwägerin einer Freundin von mir wohnt in derselben Straße und hat Caterine dort mehrfach ein und aus gehen sehen. Meine Freundin hat es mir unter dem Siegel der Verschwiegenheit erzählt, aber es hat im Ort längst die Runde gemacht. Ich habe es inzwischen von mehreren Seiten erfahren.«

Pierre nickte. »Angenommen, Caterine Ouziel hat den Sturz gesehen und will dieses Erlebnis endlich verarbeiten. So etwas muss furchtbar sein für ein junges Mädchen. Hat sie je darüber gesprochen?«

»Ich … ich kenne Caterine nicht gut genug. Sie lebt in einer anderen Welt, wenn Sie verstehen, was ich meine.«

»Nein, aber vielleicht können Sie es mir erklären?«

»Sie ist nicht die Frau, die sich mit normalen Menschen wie uns abgibt. Sie wählt genau aus, mit wem sie ihre Zeit verbringt. Ich glaube, sie denkt, sie sei etwas Besseres. Und wahrscheinlich ist sie das auch, wenn man sich ansieht, wie viel sie bereits erreicht hat und mit welchen Leuten sie verkehrt.«

»Was für Leute meinen Sie?«

»Na ja, sie umgibt sich gerne mit den Einflussreichen der Stadt. Mit dem Bürgermeister, den Direktoren der Vereinigungen, dem Leiter der Tourismusbehörde. Wahrscheinlich muss man das auch, wenn man in einer männerdominierten Welt wie dieser bestehen will. Sie ist dabei weit gekommen.«

»Ist sie eigentlich verheiratet?«

»Caterine?« Mireille Gazet lachte. »Nein. Sie hatte zwar immer wieder Beziehungen, aber sie ist viel zu selbstbestimmt, als dass sie sich einem Mann unterwerfen würde.«

»Unterwerfen? Das klingt so negativ.«

»Aber es sind genau ihre Worte. Eine Frau, die heiratet, unterwirft sich dem Lebensmodell des Mannes. Und das kommt für sie nicht infrage.«

Pierre dachte an die Art und Weise, wie Caterine Ouziel das Telefonat geführt hatte. »Wie passt das zusammen?«, dachte er laut. »Eine selbstbestimmte Frau, die derart aus der Fassung gerät. Voller Angst, geradezu hysterisch.«

Madame Gazet schnalzte mit der Zunge. »Wissen Sie, was mir auffällt? Dass Männer selbstbestimmten Frauen oft keine Schwächen zugestehen. Dabei sind es doch gerade die Schwächen, die eine Fassade aus Stärke notwendig machen.«

»Darüber habe ich noch nie nachgedacht.« Pierre rieb sich

das Kinn. Das alles brachte ihn nicht weiter. »Wer könnte noch mehr über Caterine Ouziel wissen?«

»Fragen Sie Agnès.«

Bei der Erwähnung des Namens war ihre Stimme leise geworden. Sie wandte den Blick ab, und Pierre sah, dass sich in ihrem Gesicht eine Traurigkeit ausbreitete, die sie nur mühsam unter Kontrolle brachte.

»Agnès«, sagte Madame Gazet endlich, ohne den Blick zu heben, »ist wohl die tragischste Figur in dem Ganzen. Ich hoffe, sie steht das alles durch. Um sie tut es mir am meisten leid. Für sie ist das Ganze ein Albtraum.«

21

Der Blick in das Restaurant war verheißungsvoll. Aus dem Inneren drang das warme Licht von Kerzen, die auf mehrarmige Leuchter verteilt waren. Durch die Fenster konnte Pierre sehen, dass man Tische zu einer langen Tafel zusammengeschoben hatte, an der einige bereits Platz genommen hatten, während andere noch in Zweiergruppen beieinanderstanden und plauderten.

Pierre entdeckte Richard, der mit durchgedrücktem Rücken am Fenster saß. Er trug ein strahlend weißes Hemd mit Krawatte und sah viel zu fein aus für die bunte Gesellschaft.

In diesem Moment begrüßten die Anwesenden eine Kellnerin, die ein Tablett in der Hand balancierte, mit lautem Klatschen.

Was für eine Punktlandung, dachte Pierre. Er kam gerade rechtzeitig.

Während er voller Vorfreude auf ein opulentes Abendessen an den Fenstern entlang zur Terrassentür ging, klingelte sein Telefon. Es war Luc. Den hatte er vollkommen vergessen. Sofort bekam er ein schlechtes Gewissen.

»Seid ihr etwa noch am Arbeiten?«, fragte er zur Begrüßung.

»War ja auch eine Menge zu tun, nicht wahr? Aber Penelope und ich, wir haben einiges herausgefunden.« Er stockte. »Es war doch in Ordnung, dass ich sie einbezogen habe?«

»Ja, natürlich. Was habt ihr herausgefunden?«

»Charakterlich am auffälligsten ist der Juror der Sendung,

dieser Georges Leveque. Ein vielbeschäftigter Mann, der eine Menge Interviews gegeben hat, in denen er von seinem Aufstieg in die Top-Liga der Fernsehköche erzählt. Der Mann kann ganz schön austeilen, sag ich dir. Vor allem gegen seine Gegner, die ihm vorwerfen, letztlich nur ein Showkoch zu sein, kein richtiger Gastronom. Das bekannteste seiner drei Restaurants liegt in Paris, in Saint-Germain-des-Prés. Es läuft gut, aber man erzählt sich, das liege an seinem Personal, er selbst habe kaum noch Zeit, sich darum zu kümmern.«

»Luc …«

Pierre war inzwischen vor der Fenstertür angekommen. Im Inneren wurden gerade weitere Platten verteilt, auf denen *tartines*, Oliven und daumendicke Scheiben *pâté en croûte* lagen. Dazu große Schüsseln mit Salat.

»Chef?«

»Ich muss auflegen«, sagte Pierre. »Das Abendessen beginnt. Macht Feierabend, wir reden morgen weiter.«

»Wo bist du denn?«

»Ich stehe vor dem Hotelrestaurant. Die Köche der Sendung wollten die Lebensmittel verarbeiten, die die Produktion für die Aufzeichnung gekauft hat. Gerade bringen sie ein Tablett herein, auf dem etwas liegt, das«, er presste das Gesicht an das Glas, »nach einer salzigen Tarte mit Schalotten, *saucisson* und Salbei aussieht.«

»Na, wenn die mal nicht vergiftet ist«, unkte Luc. »Kleiner Scherz. Lass mich rasch zu Ende erzählen, es dauert auch nicht lange.«

»Na gut. Wo waren wir stehen geblieben?«

»Bei Georges Leveque. Auf seinem Instagram-Account postet er regelmäßig Bilder aus seinen Restaurants und von seiner Teilnahme bei verschiedenen Fernsehsendungen. Er hatte in den vergangenen Jahren diverse Gastauftritte bei Kochshows und einige kleinere Interviewformate. Nichts wirklich Großes. Daher berichtet er nun umso intensiver über den Start der neuen Kochsendung mit ihm als Juror. *Le chef, c'est moi!*, ist sein erklärter Schlachtruf. Seitdem folgt ihm eine immer größer werdende Schar weiblicher Groupies. Sie nehmen es ihm offenbar übel, dass er mit einer wesentlich jüngeren Schauspielerin liiert ist, die sich gerne dabei ablichten lässt, wie sie sich auf dem Bett rekelt. Bei jedem Bild, das die beiden gemeinsam zeigt, reagieren die Fans eifersüchtig und werden ausfallend.« Luc holte kurz Luft, um sofort weiterzureden. »Auch die Kameraleute und die Regisseurin sind in den sozialen Netzwerken aktiv. Dort kann man übrigens sehen, dass die gesamte Crew am vergangenen Sonntag, als Christophe Roumejon tödlich verunglückte, in der Normandie war. Sie haben ein großes Abschlussfoto der dortigen Folge gepostet. Das Bild wurde um vier online gestellt, das wäre wohl zu knapp, um rechtzeitig nach Châteauneuf-du-Pape zu kommen. Aber vielleicht war der Drehschluss ja früher?«

Pierre, der gerade die Hand auf die Türklinke legen wollte, ließ sie wieder sinken. Das war ein interessanter Aspekt. Vielleicht war es voreilig gewesen, die Leute von der Produktion auszuschließen.

»Das könnte ich herausfinden, Georges Leveque ist noch hier.«

»Na, ob du von dem eine ehrliche Antwort bekommst …«

»Was meinst du damit?«

»Diesen Leveque halte ich für einen ganz schrägen Vogel, aber dazu später mehr. Kommen wir zu den Hotelangestellten. Zu denen gibt es kaum Informationen, weder in den sozialen Netzwerken noch in irgendwelchen Artikeln. Ian Fitzgerald ist dabei die schillerndste Person, aber die meisten Informationen stammen aus der Zeit, als die Serie über die Renovierung seines Schlosshotels lief. Auf Instagram gibt es etliche Bilder davon, danach werden die Einträge weniger. Seit dem Tod von Christophe Roumejon hat er gar nichts mehr gepostet, obwohl die Aufzeichnung der Kochsendung ja reichlich Anlass geboten hätte.« Luc schnaufte kurz durch. »Von der Rezeptionistin ist zu lesen, dass sie vor drei Jahren zum Hotelteam gestoßen ist, aber das war nur eine kleine Randnotiz in einem Wochenblatt. Das war's zu diesem Teil der Liste, mehr haben wir nicht gefunden.«

»Das ist eine ganze Menge, gut gemacht!«

Jetzt legte Pierre die Hand auf die Türklinke, den Blick auf den üppig gedeckten Tisch gerichtet, der schier überquoll von all den Köstlichkeiten. Alle Teilnehmer hatten sich inzwischen einen Platz gesucht: Ian Fitzgerald, Georges Leveque, der ehemalige Aufnahmeleiter Adnan Zouari, Charlottes Vater und Alain, der auf einem Stuhl am anderen Ende des Tisches Platz genommen hatte. Selbst die beiden Köche Alexandre Pithois und Dominique Reille waren aus der Küche gekommen, und sie alle stürzten sich auf das Essen, als gäbe es kein Morgen.

»Dann wünsche ich euch beiden noch einen schönen Abend«, beeilte sich Pierre zu sagen und wollte gerade auflegen, als Luc ihn mit lautem Rufen davon abhielt.

»Warte, der Knaller kommt erst noch.«

»Okay, beeil dich.«

»Diese Sache mit der *Échansonnerie*. Eine Person von der ersten Liste gehört zu den Inthronisierten.«

Luc hatte einen Unterton in der Stimme, als zaubere er gleich ein ganz besonders großes Kaninchen aus dem Hut. Pierre verdrehte die Augen.

»Redest du wieder von dieser Weinbruderschaft?«

»Ja, ich …«

»War es nicht so, dass die Bruderschaft regelmäßig Personen inthronisiert, die sich als Botschafter um den hiesigen Wein verdient gemacht hat?«

»Genau. Sogar Fürst Albert von Monaco wurde inthronisiert. Außerdem unser ehemaliger Innenminister Castaner oder TV-Gesichter wie die bekannte Fernsehmoderatorin Nathalie Simon.«

Die erste Platte mit *tartines* war leer, aber auf dem Brett lagen noch einige wenige Stücke von der salzigen Tarte. Pierre lief das Wasser im Mund zusammen. »Vergiss es. Versuch bei den Untersuchungen Prioritäten zu setzen, ansonsten verzetteln wir uns.«

Er drückte die Klinke hinunter und öffnete die Tür. Ein betörender Duft nach Knoblauch und Rosmarin, durchzog den Raum, und er musste heftig schlucken.

»Auch wenn der Inthronisierte, von dem ich die ganze Zeit erzählen will, Georges Leveque heißt?«

»Wie bitte? Warum sagst du das denn nicht gleich?« Pierre trat zurück auf die Terrasse.

»Tu ich doch gerade. Leveque wurde im vergangenen Jahr in Châteauneuf-du-Pape für seine Verdienste um den Wein und die Kulinarik geehrt. Und rate mal, wer zu der Feier geladen war?«

»Keine Ahnung.«

»Caterine Ouziel. Es gab einen Presseartikel über den feierlichen Akt mit Bildern von der Überreichung des Schlüssels und vom anschließenden Diner. An einem der Tische saß auch Madame Ouziel. Was allein noch nicht besonders aussagekräftig wäre. Aber seither folgen die beiden sich auf Instagram und liken gegenseitig ihre Bilder. Na, ist das was?«

»Und ob. Das war gute Arbeit.« Warum, dachte Pierre, hatten die beiden bei Caterine Ouziels Ankunft so getan, als wären sie sich noch nie begegnet? »Kannst du mir den Artikel zuschicken?«

»Na klar, Chef. Kommt sofort. Kann ich sonst noch was für dich tun?«

Weitere Platten wurden hinausgetragen, ebenso das inzwischen leere Brett. Nur noch eine Schüssel Salat war übrig. Pierre seufzte. Ihm fiel das Gespräch ein, das er vor wenigen Minuten mit Madame Gazet geführt hatte.

»Ja, da wäre tatsächlich noch etwas. Vor vielen Jahren, irgendwann Ende der Siebziger, hat es hier in Châteauneuf-du-Pape einen Unfall gegeben. Ein junger Mann ist gestorben, Michel Roumejon. Versuch herauszufinden, was da passiert ist.«

»Ist das Christophe Roumejons Bruder?«

»Genau. Suche nach alten Artikeln. Ich will wissen, wer damals alles dabei war. Und ob der Name Daniel Avonde irgendwo auftaucht.«

»Pierre, in den siebziger Jahren hat man Zeitungsartikel noch nicht digitalisiert.«

»Aber archiviert. Die größte regionale Zeitung war damals die *Le Provençal*. Sie fusionierte Ende der Neunziger mit einer anderen Zeitung zur *La Provence*. Möglicherweise haben sie die alten Ausgaben archiviert.«

»Die Zentrale der *La Provence* liegt in Marseille.«

»Dann fährst du eben dorthin.«

»Wie soll das gehen? Morgen ist Sonntag. Da hat kein Archiv der Welt geöffnet.«

»Du schaffst das schon, denk dir was aus. Euch noch einen schönen Abend.«

»Schönen Dank auch.« Aus dem Hintergrund war Penelopes Stimme zu hören. »Ach, warte. Penelope fragt, ob es Charlotte gut geht.«

»Es geht ihr schon besser.«

»Liegt sie noch im Krankenhaus?«

»Ja, im *Centre Hospitalier* von Orange. Sie wird voraussichtlich am Montag entlassen.«

»Richte ihr bitte von uns beiden gute Besserung aus.«

»Das mach ich.«

Damit legte Pierre auf und öffnete die Tür zum Gastraum. Er wollte nur rasch den Link anklicken, den Luc ihm zugeschickt hatte. Und sich dann auf alles Essbare stürzen, das ihm zwischen die Finger kam.

22

Luc richtete sich im Schreibtischstuhl auf und streckte die Arme aus. »Feierabend«, sagte er mit einem Gähnen.

Er war stolz auf sich und seine Arbeit, am Ende hatte er selbst Pierre von dem Ergebnis überzeugen können. Dumm nur, dass dieser ihm bereits einen neuen Auftrag gegeben hatte. Erst war er sauer gewesen, dass nun auch noch der Sonntag draufgehen sollte. Jetzt aber stachelte es seinen Ehrgeiz an. Er würde Pierre beweisen, dass mehr in ihm steckte, als man ihm zutraute.

Penelope gähnte nun ebenfalls und begann, ihren Schreibtisch aufzuräumen, auf dem mehrere Ausdrucke lagen. Sie hatte eine Leine quer durch den Raum gezogen, an der sie die Fotos derjenigen aufhängte, über die sie etwas in Erfahrung gebracht hatten. Anfangs hatte Luc darüber gelächelt. Doch dann hatte sie die Personen immer wieder neu geordnet und auch einige abgehängt, bis am Ende nur noch zwei Personen übrig waren: der Showkoch und Juror Georges Leveque sowie Caterine Ouziel.

Penelope war schlau, dachte Luc, aber nicht so schlau wie er selbst. Er hätte das sicher auch ohne Leine herausgefunden.

»Ich frage mich, ob du Pierre nicht doch von unserem neuen Mitbürger hättest erzählen sollten«, sagte Penelope in diesem Moment.

»Dafür hätte er gar keine Zeit gehabt. Er war hungrig. Wenn du verstehst, was ich meine.«

Sie lachte. »Apropos … wollen wir was essen gehen?«

»Wir beide?« Luc sah Penelope überrascht an. Vorhin war sie

einmal unmittelbar vor ihm vorbeigehuscht, sodass ihr Haar ihn für einen kurzen Moment an der Nase gekitzelt hatte. Dabei war ihm ihr Duft aufgefallen. Er war frisch, wie der eines guten Weichspülers. Ob das wohl Absicht gewesen war?

Luc dachte nach. Er würde gerne mit ihr den Abend bei einem Glas *bière pression* beschließen. Penelope war unkompliziert. Sie war die einzige Frau, die er kannte, die sich in der *Bar du Sud* einfügen konnte, ohne unter den ganzen Männern als Fremdkörper zu wirken. Aber Florence würde ihm die Hölle heißmachen. Dreimal hatte sie schon angerufen und sich vertrösten lassen. Wenn er jetzt einem netten Abend mit Penelope und den anderen Dorfbewohnern den Vorzug gab, dann konnte er die Sache vergessen.

»Ja, wir beide«, wiederholte Penelope und grinste. »Kein Date. Nur was essen.«

»Ach so.« Er verspürte einen kleinen Stich der Enttäuschung, der Duft ihres Haares ging ihm nicht aus dem Kopf. »Ein anderes Mal gerne. Aber ich bin verabredet.«

Sie nickte. »Grüß Florence von mir.« Sie stand vom Schreibtisch auf und zog ihre Jacke über.

Florence … Am liebsten würde er ihr absagen. Es hatte nichts mit Penelope zu tun, nein. Auch so begann sein Magen bei der Aussicht auf einen weiteren Abend mit seiner Freundin heftig zu kneifen.

»Sag mal, hast du einen Freund?«

Penelope sah ihn überrascht an. »Nein, warum?«

»Weil … Ach, schon gut.« Mit einem Seufzen schob er die Seiten zusammen, auf denen er sich Notizen gemacht hatte, und erhob sich von seinem Stuhl.

»Ist etwas mit dir?« Penelope wirkte besorgt. »Du siehst müde aus.«

»Nein, ich hab nichts. Das heißt … doch.« Luc zögerte. Nun

wusste er, warum ihr Geruch ihn so berührte. Er erinnerte ihn an seine Kindheit, er war vertraut und warm. Luc konnte nicht mehr, er musste mit jemandem reden. Jemandem wie Penelope, die zwar einige Jahre jünger war als er, aber eben auch eine Frau. Und als solche konnte sie ihm gewiss einen Einblick in die weiblichen Gefühlswelten geben. »Du darfst aber nicht lachen, okay?«

»Versprochen.« Sie hob zwei Finger zum Schwur.

»Also ... du hattest doch sicher schon mal einen Freund, nicht wahr?«

»Ja, sogar mehrere.« Sie lachte, als Luc die Stirn krauszog. »Hintereinander natürlich, mit einigem Abstand.«

»Waren das lange Beziehungen?«

»Die letzte dauerte zwei Jahre.«

»Hm.« Er nickte.

»Und? Mensch, Luc, komm zur Sache.«

»Ist da irgendwann ... ich meine, obwohl eure Beziehung noch funktioniert hat ... Ist die Lust mit der Zeit weniger ...?«

»Natürlich. Ist doch normal. Am Anfang spielen die Hormone verrückt, und wenn man sich dann besser kennt, flacht das Begehren ein wenig ab.«

»Hm«, sagte er wieder.

»Will Florence nicht mehr so?«

»Ganz im Gegenteil.« Er seufzte. Es war ein lauter Stoßseufzer gewesen, und Luc erschrak über die Heftigkeit. Penelope musste ja denken, er sei ein Spießer. »Vergiss, was ich gerade gesagt habe. Ist alles toll. War nur eine Frage.« Damit drehte er das Licht der Schreibtischlampe aus und strebte dem Ausgang zu. »Na los, wir sind fertig für heute.«

Ihr irritierter Blick entging ihm nicht. Aber Penelope war glücklicherweise klug genug, nicht weiterzubohren.

Luc verabschiedete sich hastig und schlenderte dann

gemächlich durch die abendlichen Gassen zu dem Haus, in dem Florence eine winzig kleine Dachwohnung hatte. Sie bestand nur aus einem Wohnzimmer mit integrierter Küchenzeile und einer Schlafkammer, die das Bett fast vollständig ausfüllte. Das Schönste jedoch war die Terrasse, auf der er oft saß, nachdem Florence, erschöpft von ihren leidenschaftlichen Aktivitäten, eingeschlafen war.

Je näher er dem Haus kam, desto langsamer wurden seine Schritte. Vor der Tür blieb Luc stehen. Er atmete tief durch, bevor er den Finger auf den Klingelknopf legte. Dann ließ er ihn sinken.

»Sei ein Mann«, ermahnte er sich selbst. »Ein ganzer Kerl.« Doch der Finger wollte sich nicht wieder heben.

Eine ganze Weile stand er so da, dann hörte er, dass sein Telefon klingelte. Als er sah, dass es Florence war, die anrief, drehte er sich um und eilte, erst gehend, dann im Laufschritt, zurück zum Dorfkern und über die *Place du Village* bis zur *Bar du Sud*.

Sein Herz hüpfte, als er das Lokal betrat und den schweren Vorhang beiseiteschob, der den Vorraum in der kalten Jahreszeit vom Gastraum trennte. Wie sehr er das alles hier liebte! Den ausgetretenen Steinboden, den Geruch nach verschüttetem Bier und Männerschweiß. Der Tisch zur Linken, den ein Schild für Stammgäste reservierte, war noch leer. Bald aber würden sich die anderen zu ihm gesellen, um ihm zuzuprosten und ihm den neuesten Dorftratsch zu erzählen oder gemeinsam über Politik zu debattieren. Nicht lange, und der Raum würde sich füllen mit dem Stimmengewirr der anderen Gäste, und seine Stimme würde dieses Mal Teil davon sein.

»Luc, schön, dich zu sehen.« Hinter dem Tresen stand Philippe, der Besitzer der Bar, und winkte ihm zu. »Ich dachte schon, du seist verschollen.«

»Ich komm jetzt wieder öfter«, antwortete Luc und bestellte

sich einen Pastis, eine Schale Oliven und ein saftiges *fougasse*. Dann setzte er sich an den Stammtisch und freute sich auf die Gesichter der anderen.

Es dauerte nicht lange, und Didier Carbonne betrat den Raum, im Schlepptau den Leiter der Poststelle, Roland Germain.

»Oh, là, là, wen haben wir denn hier?«, fragte der mit theatralisch gerunzelten Brauen. »Ich dachte schon, Florence hätte dich zum Hausmann umgepolt.«

»Hat sie nicht, sonst wäre ich ja nicht hier.«

Wenig später saßen sie alle wieder beisammen, die ganze Truppe. Stéphane Poncet hatte so getan, als sei er nie fort gewesen ebenso der Krämer Serge Oudard, der nun einen Satz Karten auf den Tisch legte und damit begann, sie zu verteilen. Nur Farid, der ein kleines Maklerbüro in der *Rue du Portail* besaß, hatte ihn mit nach Kräuterzigaretten riechenden Wangenküssen überzogen, als sei dies die Wiederkehr eines verlorenen Sohnes.

Luc hob ein Bierglas vom Tablett, das Philippe soeben auf den Tisch gestellt hatte, und trank einen ordentlichen Schluck, als er am Tresen einen Mann entdeckte, der ihm den Kamm schwellen ließ.

Er stieß Carbonne an und flüsterte ihm zu: »Hast du gesehen, wer da ist?«

»Kenne ich nicht«, sagte der alte Uhrmacher und wischte sich mit dem Handrücken ein paar Schaumtröpfchen vom Bart.

»Solltest du aber. Das ist dieser Kerl, den Marechal im Sommer als Pierres Nachfolger einsetzen wollte. Seit heute ist er Neubürger von Sainte-Valérie.«

»Und was will der hier?«

»Keine Ahnung«, sagte Luc und stellte sein Glas mit einem Knall auf dem Tisch ab. »Aber das werde ich herausfinden.«

23

Bevor Pierre den Gastraum des Hotelrestaurants betrat, öffnete er den Link zu dem Presseartikel, den Luc ihm geschickt hatte.

Er enthielt Bilder von der Zeremonie zur Inthronisation der Ehrenmitglieder der *Échansonnerie des Papes*. Sie zeigten den Einzug der Würdenträger, die eine violett-goldene Fahne mit zwei gekreuzten Schlüsseln hinter einer päpstlichen Krone trugen. Männer und Frauen in purpurnen Gewändern mit weißem Überwurf und rotem Samtband, an dem ein goldener Schlüssel hing. Georges Leveque in schwarzem Anzug mit demselben Schlüssel um den Hals. Er lächelte in die Kamera, während er sich in ein Buch eintrug. Auf einer anderen Aufnahme war er mit seiner aufgedonnerten Freundin zu sehen, die seltsam fehl am Platz wirkte. Er hielt eine tönerne Amphore in der Hand, während sie ihm sichtlich stolz mit einem Glas Rotwein zuprostete.

Ein weiteres Foto zeigte den Saal, in dem das Diner stattfand. Ein langgestreckter Raum mit steinernen Wänden. Hohe Decken mit Rundbögen. Drei lange Reihen runder Tische, die mit Blumen geschmückt waren. Hinter den Gedecken standen großformatige Tischkarten, darauf ein ovales Symbol, das wie ein Medaillon aussah. Grün, mit goldenem Strahlenkranz. In der rot gehaltenen Mitte ein auf dem Kopf stehender Schlüssel.

Es war eine schöne Atmosphäre, fand Pierre. Würdevoll und auch ein bisschen mystisch.

Die Würdenträger hatten ihre Roben inzwischen abgelegt. Alle waren festlich gekleidet. Im Mittelpunkt des Fotos waren Georges Leveque und seine Freundin. Am Nebentisch – tatsächlich – saß Caterine Ouziel. Sie sah umwerfend aus in ihrem goldenen Seidenkleid und mit hochgestecktem Haar. Sie hatte sich ihrem Begleiter zugewandt, doch die Person war verdeckt. Pierre hätte gerne gewusst, mit wem sie sich so angeregt unterhielt.

Er würde sich den Artikel später noch einmal genauer ansehen. Es könnte wichtig sein.

Als Pierre endlich das Restaurant betrat, waren die beiden Köche schon wieder in ihrem Reich verschwunden, um den Hauptgang zuzubereiten. Er zog seine Jacke aus und setzte sich auf den einzig freien Platz gegenüber von Richard, der ihn mit einem Stirnrunzeln begrüßte.

»Was sind das nur für Sitten hier«, sagte er. Es sollte wohl scherzhaft klingen, was jedoch misslang. »Jeder erscheint, wann er will. Halb acht, hat es geheißen. Und wissen Sie, wann die Ersten gekommen sind?«

»Um acht?«

»Um halb neun. Hätte ich das gewusst, dann hätte ich vorher die Kekse gegessen, die mir meine Frau für die Fahrt eingepackt hat. Zum Glück habe ich meinen Reiseführer dabei.« Er hob das Buch und schlug es auf einer mit rotem Bändchen markierten Seite auf. »Es ist äußerst interessant, was hier über die Weinanbaugebiete …«

»Lassen Sie Ihren Reiseführer«, sagte Pierre mit aller Höflichkeit, die er aufbringen konnte, »und nehmen Sie endlich am Leben teil.«

»Wie bitte?«

Pierre merkte, dass er aufpassen musste, wenn er nicht wie sein eigener Vater klingen wollte. Hatte er am Nachmittag noch Mitleid mit Richard gehabt, so ging ihm dessen korrekte Art zunehmend auf den Geist. Er versuchte ein Lächeln und deutete mit einem Nicken nach rechts.

»Wollen Sie denn nicht wissen, was die anderen am Tisch zu erzählen haben?«

Charlottes Vater wandte den Kopf, ohne den Körper zu bewegen, und betrachtete die muntere Gesellschaft, wie man interessante Kunstwerke beäugt oder seltene Tiere im Zoo.

Ian bemerkte ihren Blicke, und auf seinem Gesicht erschien ein Strahlen. »Ah, Pierre! Ich habe dich gar nicht kommen sehen. Hast du Hunger?«

»Hunger ist gar kein Ausdruck.«

»Prima, ich habe dir etwas von der Vorspeise beiseitegelegt.«

Der Ire erhob sich und kam mit einem Teller zurück, auf dem zwei *tartines* und eine Scheibe *pâté en croûte* lagen, garniert mit einigen Blättern Feldsalat. Dazu ein Stück der salzigen Tarte mit Schalotten, *saucisson* und Salbei – und ein Weckglas mit in cremig-weißer Soße badenden Blumenkohlröschen, bedeckt von knusprigem Speck und frischer Petersilie. Letzteres hatte Pierre von seinem Platz vor dem Fenster gar nicht gesehen.

»Du bist großartig«, sagte Pierre, überrascht und gerührt zugleich.

»Gerne doch. Möchtest du auch einen Wein? Wir trinken gerade einen *Château des Vignes* von 2018, ein Cuvée aus *Mouvèdre*, *Grenache* und *Syrah*.«

Pierre hielt sein Glas hoch und wartete, bis Ian ihm eingeschenkt hatte. Trank einen Schluck und genoss das fruchtig-beerige Aroma mit den seidigen Tanninen. Dann nahm er eines der getoasteten Weißbrote und betrachtete es. Auf einer Scheibe Blauschimmelkäse lag eine Schicht klein gewürfelter Stücke, deren Zusammensetzung er nicht identifizieren konnte. »Was ist auf dem Roquefort alles drauf?«, fragte er.

»In Honig karamellisierte Walnüsse und Maronen, vermischt mit Trauben«, erklärte Zouari, der rechts neben ihm saß.

Pierre biss hinein. Es war eine der cremigen, leicht zerlaufenden Roquefort-Sorten und dennoch von unnachahmlicher Würze. Das crunchige Gefühl im Mund, das von den Walnüssen stammte, rundete die saftige Süße der Weintraube bestens ab.

»*Mon Dieu*«, sagte er, »ist das lecker.«

Er teilte ein Stück *pâte en croute,* und die erste Gabel verschwand in seinem Mund. Noch während er kaute, war das zweite Stück bereits aufgespießt.

Der Blätterteigmantel war mit Schweinefleisch und kleinen Cornichons gefüllt, die noch knackig waren. Er dachte, dass dies sicher eine Kreation des *pâtissiers* war, zu dessen besonderen Fertigkeiten wohl auch die Herstellung von Blätter- oder Pastetenteig gehörte.

Pierre aß mit Appetit und versuchte den Gedanken zu verdrängen, dass Charlotte diese besondere Wonne, jenes Glücksgefühl, das ein harmonisches Zusammenspiel von Aromen auszulösen vermochte, womöglich nie wieder vergönnt sein würde. Dabei bemerkte er, dass Richard ihn beobachtete, und er legte die Gabel ab.

»Ist alles in Ordnung?«, fragte Pierre.

»Glauben Sie«, begann Richard zögernd, »dass Charlotte den richtigen Beruf gewählt hat?« Er sah Pierre ernst an. »Ich habe mich heute gefragt, ob ich sie hätte unterstützen sollen, als sie sich gegen meinen ausdrücklichen Wunsch dafür entschied, Köchin zu werden. Sie hat heute Morgen so glücklich ausgesehen, als sie die Speisen zubereitete. Ganz erfüllt …«

»Das ist Ihnen erst jetzt aufgefallen?« Es hatte pampig geklungen, und tatsächlich hätte Pierre Richard am liebsten geschüttelt. »Charlotte liebt ihren Beruf über alles. Er ist ihre Leidenschaft, die *Épicerie* ist die Erfüllung eines langgehegten Traumes, der Erfolg harter Arbeit.« Er atmete tief ein, bevor er fortfuhr: »Es hat sie sehr gekränkt, dass Sie damals nicht zur Eröffnung gekommen sind. Sie hat es zwar nicht direkt gesagt, aber es war ihr anzumerken.«

»Es …« Richard stockte, er wirkte überrascht über diesen Vorwurf. »Wir hatten damals noch unser Schreibwarengeschäft, wir konnten es doch nicht beide alleine lassen.«

»Sie hatten Angestellte. Es war ein wichtiger Moment für Ihre Tochter.«

»Nun … Das können Sie nicht nachvollziehen, Sie kennen nicht die gesamte Geschichte.«

»Dann erzählen Sie sie mir.«

Richard nickte. »Ich bin in einer Zeit groß geworden, in der man froh war, einem Beruf nachgehen zu dürfen, mit dem man seine Familie ernähren konnte. Das war damals keine Frage von Leidenschaft, sondern eine der Vernunft. Von den zweiundsiebzig Jahren meines Lebens habe ich fünfundfünfzig gerne und hart gearbeitet, um meiner Familie ein anständiges Leben zu ermöglichen. Ich habe mich von ganz unten hochgekämpft, und ich weiß, was es heißt, nichts zu essen zu haben.« Er wandte den Blick ab und sah aus dem Fenster. »Immer nur arbeiten, an manchen Tagen mehr als zwölf Stunden. Urlaub war bei uns eine Seltenheit, und an den Wochenenden erledigten wir die Büroarbeit, zu der wir während der Geschäftsöffnungszeiten nicht kamen. Sich selbstständig zu machen ist heutzutage ein Risiko, kaum jemand weiß das Engagement zu schätzen, das all die Mittelständler aufbringen, um zur tragenden Säule der Gesellschaft zu werden. Sie sind das Fundament eines Sozialstaates, der sie selbst in einer Notlage nicht auffängt.«

»Ich kann Sie gut verstehen, aber was hat das mit Charlotte zu tun?«

Richard sah ihn lange an, bevor er antwortete. »Charlotte war schon immer ein kluges Kind. Ich habe gehofft, sie würde es einmal besser haben als wir. Mit einem wachen Verstand kann man heutzutage mehr Geld verdienen als mit der Hände Arbeit. Ohne sich derart zu verausgaben, wie wir es zeitlebens getan haben. Sie sollte ein Leben haben, in dem es Urlaub und Freizeit gibt. Stattdessen …« Er griff nach seinem Wasserglas und trank einen Schluck. »Als sie uns dann erzählte, sie wolle fortgehen und eine Ausbildung zur Köchin machen, da habe ich sofort protestiert. Das Gastgewerbe ist hart, es ist ein Knochenjob, noch dazu ein schlecht bezahlter. Dass meine kluge Tochter sich dem aussetzen wollte, ging mir nicht in den Kopf. Ja, vielleicht war ich ungerecht. Aber können Sie nicht verstehen, dass ich sie vor einer falschen Entscheidung bewahren wollte?«

»Und als Sie dann merkten, dass es für Charlotte eine Bereicherung war, da hielten Sie es nicht für nötig, Ihre Meinung zu revidieren?« Pierre wartete, und als Richard nichts erwiderte, fuhr er fort: »Das erklärt zumindest einiges. Zum Beispiel, warum Charlotte offenbar glaubt, nie zu genügen. Warum sie tausend Dinge gleichzeitig macht, in größtmöglicher Perfektion, und dabei wenig Rücksicht auf ihre Gesundheit nimmt. Der einzige Grund, warum sie sich derart verausgabt, ist nicht, weil das Gastgewerbe so hart ist. Sondern weil sie will, dass Sie stolz auf sie sind.«

»Ich bin stolz auf meine Tochter, sehr sogar.«

»Haben Sie ihr das schon einmal gesagt?«

Richard schüttelte langsam den Kopf. »Ich glaube nicht.«

»Um auf Ihre Ausgangsfrage zurückzukommen: Ja, Sie hätten Charlotte dabei unterstützen sollen. Aber vielleicht ist es dafür ja bereits zu spät.«

»Wie meinen Sie das?«

»Möglicherweise kann sie ihre Kochleidenschaft nur noch eingeschränkt ausüben.«

Mit wenigen Worten erzählte er, was er im Krankenhaus erfahren hatte, und während er sprach, weiteten sich Richards Augen in sichtlichem Entsetzen, dann sank er in den Stuhl zurück.

Neben ihnen brandete lautes Lachen auf, und Pierre wandte den Kopf.

»Ihr glaubt gar nicht«, sagte Ian in diesem Augenblick, »wie oft ich die Tapeten selbst anbringen musste, bis die Filmleute die Szene endlich im Kasten hatten. Kaum war die Kamera aus, übernahmen die Maler. Die Stellen, die ich geklebt habe, sieht man noch heute!«

Alain beugte sich interessiert vor. »Also ist in Wahrheit alles, was in den Reality-Shows präsentiert wird, nur Fake?«

»Nicht alles. Die Verzweiflung über die maroden Wasserleitungen war echt.«

»Was glaubt ihr«, sagte Adnan Zouari, dessen Gesicht bereits ein wenig glühte, »was im Hintergrund getan wird, um das Publikum zu unterhalten. Da wird viel gescripted.«

»Erzählen Sie«, sagte Alain. »Welches emotionale Ereignis war laut Script für die provenzalische Folge von *Le chef, c'est moi!* vorgesehen?«

»Das erzähle ich lieber nicht. Sonst serviert man mir am Ende noch vergiftetes Essen.«

Das Lachen ging in Brüllen über. Ian wischte sich die Tränen aus den Augenwinkeln.

»Dann waren wohl auch die elektrischen Leitungen Teil des Spiels?«, mutmaßte Alain keckernd. »Damit wäre der Fall wohl endgültig gelöst. Täter ist irgendein Scriptautor, der es spannend fand, eine Leiche einzubauen.«

»Zum Glück ist er gescheitert«, entgegnete Pierre trocken und warf seinem Vater einen vorwurfsvollen Blick zu. War er schon immer so ein empathieloses Monster?

Als er sich wieder seinem Essen zuwandte, bemerkte er, dass Richard inzwischen aufgestanden und in die Küche gegangen war. Wenig später kam er mit einigen Frischhaltedosen in der Hand wieder.

»Was ist das?«, fragte Pierre belustigt, weil er an den Witwer Didier Carbonne denken musste, der mit Vorliebe Essensreste in Tupperdosen mit nach Hause nahm.

Richard schmunzelte. »Ich habe mal gelesen, dass einer der Gründer der amerikanischen Eisfirma Ben & Jerry's ebenfalls unter Geschmacksverlust leidet. Und dass das Kreieren von Eissorten, die aus unterschiedlichen Texturen und Konsistenzen bestehen, seine Leidenschaft war, weil sie ihm trotz der Einschränkungen einen Genuss verschafften.«

»Sie meinen ... das ist für Charlotte?«

Ihr Vater nickte und klopfte auf die kleinere Dose. »Alexandre Pithois hat mir noch eine Roquefort-*tartine* gemacht, mit extra crunchigem Belag. Und in der anderen Dose ist eine Vanillecreme mit Baiser und karamellisierten Pistazien, die es gleich zum Nachtisch gibt.«

Pierre sah ihn mit offenem Mund an.

Tage später würde er sich daran erinnern, dass es dieser Moment war, an dem sich sein Verhältnis zu Charlottes Vater entscheidend veränderte.

24

Das Menü erfuhr seinen Höhepunkt mit einer mit Estragon und Fenchelsamen gewürzten Poularde auf Ofengemüse. Dazu stellte ihnen die Kellnerin mit tatkräftiger Unterstützung von Alexandre Pithois und Dominique Reille auch eine Seelachs-Bourride mit gedünsteten Knoblauchzehen auf den Tisch, außerdem Kalbsleber mit gebackenem Kürbis und einem süßen Chutney aus gedünsteten Pflaumen und Zwiebeln, die mit Balsamico und Lebkuchengewürz abgeschmeckt waren.

Als zum Nachtisch Dessertvariationen sowie eine Käseplatte mit Weintrauben, Walnüssen und kleinen Schalen Honig und Konfitüre serviert wurden, tauschte Pierre, der sich inzwischen nach einem *digestif* sehnte, den Platz mit Alain und setzte sich neben Georges Leveque. Während er noch darüber nachsann, wie er das Gespräch am besten beginnen sollte, holte der Juror eine schwarz umrandete Brille hervor, um die verschiedenen Käsesorten genauer zu inspizieren.

»Eine herrliche Auswahl«, sagte Leveque. »*Banon*, *brousse du rove* … Sogar ein Töpfchen *confit d'époisses* ist dabei.«

»Dazu trinken wir einen ganz besonderen Tropfen.« Ian stellte eine Flasche mit schwarzem Etikett auf den Tisch, daneben eine mit Rotwein gefüllte Glaskaraffe. »Das hier ist einer meiner besten Jahrgänge, ein Cuvée von 2015. Siebenundneunzig von hundert Parker-Punkten. Ich habe ihn vor zwei Stunden dekantiert. Der geht aufs Haus.«

Pierre beschloss, sich erst einmal dem Wein zu widmen,

vielleicht ergab sich darüber ein guter Gesprächsbeginn. Er wollte nichts falsch machen. Leveque war ein Mensch, der sich rasch versperrte, wenn ihm etwas nicht passte. Er hatte also nur eine einzige Chance.

Und so richtete Pierre seine volle Konzentration auf sein Glas. Der Wein war beinahe schwarz. Er senkte die Nase und nahm das Bouquet auf. Es war fruchtig und würzig. Ein Hauch von Kräutern, die beim ersten Schluck auf der Zunge dominierten. Er war intensiv, fast ein bisschen zu stark.

Er schnitt ein Stück von einem der Käse ab, der ein kräftiges Aroma verströmte, und steckte ihn sich in den Mund. Trank erneut. Noch immer dominierte der Wein.

Nun begriff er, was der Verwalter des Weinguts gemeint hatte, als er von der Schwere zu alkoholhaltiger Grenache-Trauben sprach. Zu Wild, an einem verschneiten Winterabend, ja, da mochte dieser Wein schmecken. Aber selbst mit Käse war es eine ordentliche Ansage.

Sein Blick fiel auf Georges Leveque, der sein Glas gegen eine weiße Serviette hielt, um die Sättigung und den Farbton zu kontrollieren. Dann schwenkte er das Glas mit einer kräftigen Bewegung und hielt die Nase tief hinein. Einmal, dann noch einmal, dieses Mal etwas länger, bis er endlich einen winzigen Schluck nahm, schlürfte, kaute. Den Wein mit lautstark durch die Lippen gezogener Luft vermengte. Gerade als Pierre befürchtete, Georges Leveque würde diesen kostbaren Tropfen in eine der leeren Schüsseln spucken, lehnte er sich zurück und schluckte.

»Und?«, fragte Leveque, als er seinen Blick bemerkte. »Wie finden Sie ihn?«

»Er ist sehr wuchtig«, sagte Pierre ausweichend. »Opulent.«

»Das ist der Einfluss der *garrigue*«, erklärte Ian, »der Wildkräuter, die in dieser Lage wachsen. Wenn man die Augen schließt, ahnt man die Würzigkeit von Thymian, Rosmarin, Salbei und Lavendel.«

Leveque verzog den Mund zu einem abfälligen Grinsen. »Er ist ihm zu intensiv, Ian, das ist eben nur was für Kenner.«

Pierre hielt eine scharfe Antwort zurück, er würde sich von derartigen Bemerkungen nicht aus dem Konzept bringen lassen.

»Hier«, sagte Alexandre Pithois und schob Pierre mit aufmunterndem Lächeln eine Schale mit Pralinen herüber. »Nehmen Sie eine mit Nougatfüllung, dann erfahren Sie die ganze Bandbreite des Genusses. Sie müssen die Praline mit der Zunge zerdrücken und im Mund behalten. Und sie dann mit dem Wein anreichern, bevor Sie beides herunterschlucken.«

Pierre beugte sich zu der Schale und schob sich eine Praline in den Mund. Und noch während er den bittersüßen Schmelz der Schokolade auf der Zunge und am Gaumen schmeckte, trank er etwas Rotwein und behielt ihn ein paar Sekunden im Mund, bevor er schluckte.

»Grandios«, sagte er.

So hatte er noch nie einen Wein getrunken, und es beschämte ihn ein wenig. Georges Leveque hatte ja recht mit seiner Spitze. Er war immer schon ein Genießer gewesen, ja, aber nun merkte er, dass er noch weit davon entfernt war, ein Kenner zu sein. Er war der geborene Konsument, der sich von den Köstlichkeiten des Lebens berieseln ließ, ohne sich mit den Hintergründen auseinanderzusetzen. Aber das würde er Leveque gegenüber nicht zugeben. Es war vielmehr an der Zeit, die Geselligkeit hinter sich zu lassen und zum eigentlichen Grund seines Platztausches zu kommen: eine Befragung, die er behutsam einleiten musste, um bei dem Juror kein Misstrauen zu erwecken.

Aus dem Augenwinkel betrachtete er seinen Tischnachbarn. Verfolgte die selbstgefälligen Gesten, mit denen Leveque sich über das dünne, etwas zu dunkel gefärbte Haar strich. Wie er das Glas zwischen den Fingern drehte, sodass der teuer wirkende Siegelring mit der Abbildung einer bourbonischen Lilie im Kerzenlicht funkelte.

Dann wusste er, wie er am besten vorgehen sollte. Die Aufmerksamkeit von narzisstischen Menschen gewann man, wenn man ihnen schmeichelte. Nicht zu auffällig oder unterwürfig. Sondern ebenbürtig, um bei einem gezielten Widerspruch in ihnen das Bedürfnis zu wecken aufzutrumpfen. Es bedeutete einen längeren Umweg, bis er zum Punkt kam, aber es erschien ihm am aussichtsreichsten.

»Sie kennen sich gut aus mit den Weinen aus Châteauneuf-du-Pape«, sagte Pierre. »Sind Sie öfter hier vor Ort?«

»Mindestens einmal im Jahr. Ich wähle die Weine für meine Restaurants stets persönlich aus.«

»Sie machen das selbst? Meine Hochachtung. Die meisten Restaurants schicken ihre Sommeliers oder bestellen die Weine auf Messen.«

»Ich bin da anders. Ich liebe es, die Winzer und ihre Konzepte vor Ort kennenzulernen. Erst wenn man die Geschichte und die Atmosphäre des jeweiligen Weinguts begreift, kann man auch die Seele der Weine verstehen.«

»Dann sind Sie ja ein echter Botschafter der Weine dieser Gegend.« Pierre machte eine kleine Pause. Jetzt, so spürte er, wäre ein guter Moment für einen gezielten Stich, und er hoffte, dass es nicht zu offensichtlich war. »Aber für eine Ehrenmitgliedschaft in der *Échansonnerie des Papes* müssten Sie wohl noch eine Schippe drauflegen.«

»Sie irren sich«, rief Leveque so laut, dass die anderen Gespräche am Tisch verstummten. »Meine Inthronisation war im vergangenen Dezember. Ich bin ein Eingeweihter und im Besitz des Schlüssels zum Keller der Päpste.«

»Gratuliere!« Pierre wandte sich ihm in gespieltem Interesse ganz zu. »Ist das wirklich eine so große Zeremonie, wie man es sich vorstellt? Oder nur simples Verkleidungstheater?«

»Es ist kein Theater.« Der Juror trank einen Schluck Wein und prüfte dabei, ob er sich der Aufmerksamkeit aller Anwesenden sicher war, bevor er in einem Ton fortfuhr, der klang, als belehre er einen Dummkopf: »Das, was Sie Verkleidung nennen, Monsieur Durand, ist die Originaltracht der *échansons*. Jener Mundschenke, die in der päpstlichen Sommerresidenz für die Versorgung mit Getränken zuständig waren, ebenso für die Verwaltung der Weingärten. Sie haben den Grundstein gelegt für die Tradition des Weinanbaus dieser Region.«

Pierre nickte beeindruckt. Georges Leveque hatte sich aus der Reserve locken lassen, aber noch war er nicht da, wo er ihn haben wollte.

»Die Weinbruderschaft«, kam es nun von Charlottes Vater, der das Stichwort nutzte, um aus seinem Reiseführer zu zitieren, »wurde im Jahr 1967 von Doktor Philippe Dufays initiiert. Es ist eine ehrwürdige Gemeinschaft, die es sich zum Ziel gemacht hat, die Erinnerung an die große Vergangenheit des Ortes zu bewahren und das Wissen um die Originalität und Qualität der hiesigen Weine zu verbreiten. Die Zeremonie findet zwei Mal jährlich im restaurierten Keller unterhalb der Ruine des päpstlichen Sommerschlosses statt. Die Mitglieder präsentieren sich dabei in vollem Ornat.«

Richards Französisch klang ein wenig schwungvoller als sonst. Jetzt sah Pierre, dass auch er einen Wein vor sich stehen hatte.

»Die Zeremonie ist unglaublich atmosphärisch«, sagte Ian nickend. »Die Steinmauern des Kellergewölbes strahlen im Licht tausender Kerzen. Man wird Zeuge eines richtigen mittelalterlichen Spektakels. Mit Flötenspielern, Dudelsäcken und launigen Reden, die nicht nur den Wein der Region preisen, sondern auch dazu auffordern, fröhlich zu sein und zur Musik zu tanzen.«

»Sie gehören auch zu den Inthronisierten?«, fragte Leveque in einem Tonfall, als sei Ian in seinen Augen nicht dazu qualifiziert. »Diese Ehre erhalten eigentlich nur herausragende Persönlichkeiten.«

»Ich war vor drei Jahren dran.« Ians Gesicht nahm die Farbe seines Haarschopfes an, aber er überging Leveques Seitenhieb mit vornehmer Gelassenheit und wandte sich stattdessen Pierre zu. »Am beeindruckendsten fand ich den Moment, wenn sich die Würdenträger, Gründungsmitglieder und Förderer zusammen mit den neuen Ehrenmitgliedern erheben und die provenzalische Hymne *La Coupo Santo* singen. Wenn ich daran denke, wie die Stimmen die ehrwürdigen Gewölbe zum Klingen gebracht haben, bekomme ich noch heute Gänsehaut. Ich bin ja nur ein sogenannter Zugereister, aber ich habe mich sofort als wichtiger Teil dieser besonderen Gemeinschaft gefühlt.«

Spontan erhob er sich und legte eine Hand an die Brust, begann dann in vollem Bariton zu singen:

Prouvençau, veici la Coupo
Que nous vèn di Catalan
A-de-rèng beguen en troupo
Lou vin pur de noste plan

Coupo Santo
E versanto
Vuejo à plen bord,
Vuejo abord

Lis estrambord
E l'enavans di fort!

Beim zweiten Teil hatten auch die Kellnerin, die sich die ganze Zeit im Hintergrund gehalten hatte, sowie Alexandre Pithois und Dominique Reille ihre Stimmen zum Refrain erhoben, und als Richard am Ende begeistert klatschte, erhaschte Pierre einen Blick von Alain, der die Augen rollte und tiefer in seinen Stuhl sank.

Luc, dachte Pierre, hätte hier seinen Spaß.

Nachdem sich die allgemeine Heiterkeit gelegt hatte und alle die Gespräche wieder aufnahmen, zwinkerte Pierre dem Juror zu.

»Das klingt nach einem erhebenden Moment. Haben Sie auch Bilder davon?«

»Natürlich. Ich habe … Moment …« Georges Leveque nahm sein Mobiltelefon und scrollte durch die Fotos. Dann hob er eine Braue und ließ das Telefon wieder sinken.

»Worauf wollen Sie hinaus?«, fragte er misstrauisch.

Pierre musste aufpassen. Noch wusste Leveque nicht, dass er ein Beamter der *police municipale* war. Und das war ein Vorteil, den er nicht voreilig verspielen wollte.

»Das will ich Ihnen gerne sagen«, antwortete er. »Sie kennen Caterine Ouziel näher, als allgemein bekannt ist. Und in dieser Sendung gibt es nur einen einzigen Juror …«

»Hören Sie auf, sich etwas zusammenzuspinnen. Wir waren zufällig Gast bei derselben Zeremonie.«

»Sie führen einen regen Austausch auf Instagram.«

»Woher …?« Leveque hob in übertriebener Dramatik die Hände. »Sie sind jetzt aber keiner von diesen Fans, die mir nachstellen, oder?«

»Ich bin nur neugierig geworden. Die ganze Zeit haben

Sie so getan, als sei Caterine Ouziel eine Fremde. ›Madame Ouziel, ich bin hocherfreut‹, haben Sie gesagt. Zufällig habe ich mitbekommen, wie Sie ihr hinterhergerufen haben, als sie das Hotel verließ, und dabei nur ihren Vornamen nannten. Da habe ich mich gefragt, wie das zusammenpasst.« Pierre musterte Leveque. Er spürte, dass sich etwas in dem Juror regte, und beschloss, einen weiteren Angriff zu starten, in der Hoffnung auf eine Reaktion. »Ich hatte den Eindruck, es sei etwas zwischen Ihnen vorgefallen. Und dachte, dass es *Lieutenant* Bompard sicher brennend interessieren dürfte. Am Ende stecken Sie noch hinter diesem Stromunfall.«

»Wie kommen Sie dazu …?«, zischte der Juror. Dann nickte er Pierre zu. »Lassen Sie uns rausgehen. Hier drinnen ist es so stickig.«

Georges Leveque ging voran auf die Terrasse. Pierre folgte ihm.

Die Luft enthielt den erdigen Duft von Herbst und modrigem Laub. Sie war stark abgekühlt, und Pierre wünschte sich, er hätte seine Jacke mitgenommen.

Der Juror setzte sich an einen Tisch und fingerte eine in Zellophan gewickelte Zigarre, eine Packung langer Streichhölzer und einen Cutter aus seiner Hemdtasche.

»Und?«, fragte Pierre, der sich ihm gegenübersetzte. »Was läuft da zwischen Ihnen und Madame Ouziel?«

Leveque ließ sich mit der Antwort Zeit. Er nahm die Zigarre aus dem Zellophan und rollte sie zwischen den Fingern. Dann hielt er sie unter die Nase, sog den Duft ein. Mit zustimmendem Nicken nahm er den Cutter und schnitt das Zigarrenende ab.

»Wir haben vereinbart«, begann er, während er ein Streichholz entzündete, »uns als Fremde zu begegnen, weil es sonst so aussehen könne, als sei ich in meinem Juryurteil voreingenommen.«

»Es sieht tatsächlich so aus, als sei dieser Eindruck richtig. Immerhin gibt es nur einen einzigen Juror, und es geht um eine Menge Geld. Der Gewinner bekommt die Chance auf ein lukratives Angebot der Investoren.« Pierre merkte, wie er langsam ungeduldig wurde. Er startete einen weiteren Versuch, trieb es auf die Spitze. »Man könnte glatt meinen, Madame Ouziel und Sie hätten sich zusammengetan, um sich den Gewinn zu teilen.«

Es war ein Stochern im Nebel. Dass die beiden sich gut kannten, geschäftlich – vielleicht sogar auch privat – eng miteinander zu tun hatten, schien ihm bedeutsam. Aber noch konnte er nicht erkennen, welchen Zusammenhang es zu den Taten gab.

Leveque schwieg. Bedächtig kokelte er das glatte Ende an, drehte es in der Flamme. Schließlich steckte er die Zigarre in den Mund und paffte, während er das Streichholz weiter davorhielt. Die Luft war augenblicklich erfüllt von dem holzigen Rauch.

»Das könnte man meinen«, sagte der Juror betont gelassen und blies in die Glut, bevor er das Streichholz auf den Boden warf. »Aber ganz so einfach ist es nicht. Sie vergessen, dass in der Endrunde dreizehn Regionalsieger aufeinandertreffen und nicht ich über den Sieger entscheide, sondern die Investoren. Ja, ich habe mich dafür eingesetzt, dass die Aufzeichnung der provenzalischen Ausgabe hier in Châteauneuf-du-Pape stattfindet. Aber das war nicht allzu schwer, schließlich bietet die Haute-Provence zu dieser Jahreszeit ohne die Lavendelfelder nur halb so schöne Aufnahmen. Außerdem war Ian Fitzgerald den Produzenten ein Begriff. Sie hofften, mit den Fans seines Renovierungsformates zusätzliche Zuschauer zu gewinnen.« Leveque zog an der Zigarre und ließ den Rauch durch die Lippen fließen. »Damit es kein Gerede gibt, habe ich beschlossen, wen anders gewinnen zu lassen. Das war für mich eine Form von Gerechtigkeit, mit der ich mich auf den Deal einlassen konnte.«

»Haben Sie deshalb gestritten?«

»Nein. Es war Caterine sogar recht. Ihr Ziel war damit ja bereits erreicht. Die Sendung würde den Aspekt der Kulinarik in der Weinregion verstärken und gleichzeitig ihre Weinbar bekannter machen.«

»Und wie wollten Sie sichergehen, dass Sie ihre Gerichte erkennen?«

»Sie hatte mir eine Auswahl von ungewöhnlichen Bestandteilen genannt, die sie je nach Aufgabenstellung dekorativ einsetzen wollte. Haselnuss-Cremolata, Apfelsenf, Quittenvinaigrette, so was in der Art. Wir haben das genau besprochen.«

Pierre bemerkte ein feines Schmunzeln auf seinen Lippen, das etwas Genießerisches hatte. Und das lag offensichtlich nicht an der Zigarre.

»Sie haben eine Affäre«, entfuhr es ihm.

Es war wieder ein Schuss ins Blaue. Und obwohl Leveque an der Zigarre zog und den Rauch genüsslich in seinem Mund bewegte, bevor er ihn wieder ausblies, war ihm anzumerken, dass ihn die Bemerkung nicht kaltließ.

»Wie kommen Sie darauf?«

»Ich frage mich, warum Sie hiergeblieben sind, während alle anderen Produktionsteilnehmer aus Paris abreisten.«

Georges Leveques Schmunzeln wurde breiter. »Caterine ist eine attraktive Frau. Sie ist trotz ihres Alters heiß und sehr kokett. Warum sollte ich da Nein sagen?« Der Juror strich sich über das Haar. Dann hob er mahnend den Finger. »Aber diese Information ist nicht für die Öffentlichkeit bestimmt. Meine

Freundin ist äußerst eifersüchtig, und ich habe keine Lust, sie zu verlieren.«

Pierre konnte nicht glauben, was er da gerade gehört hatte. Caterine Ouziel, diese elegante und energische Frau, hatte sich diesem Widerling hingegeben, um ihr Ziel zu erreichen? Einem Menschen, der sich erdreistete, sie *trotz* ihres Alters attraktiv zu finden, obwohl er locker zehn Jahre älter war. Das hatte sie doch gar nicht nötig. Entweder Leveque hatte das Blaue vom Himmel gelogen, oder Caterine Ouziel war abgebrühter, als er dachte.

»Haben Sie seit dem Stromunfall mit ihr gesprochen?«

»Ich hatte noch keine Gelegenheit dazu. Es ist ja alles drunter und drüber gegangen. Und dann ist sie plötzlich abgereist. Die ganze Sache hat Caterine stark mitgenommen.«

Pierre nickte. Trotzdem musste es noch eine andere Erklärung geben. Als Leveque ihren Namen gerufen hatte, war Caterine weiter in Richtung Parkplatz gelaufen. Sie schien nicht das geringste Interesse zu haben, mit ihm zu reden. War diese angebliche Affäre mehr Wunsch als Realität? Oder hatten die beiden sich gestritten?

»Warum haben Sie Caterine nicht zu Hause besucht?«

»Ich ... Ich weiß gar nicht, wo sie wohnt. Wenn wir uns ... getroffen haben, dann in meinem Hotelzimmer.« Er schüttelte den Kopf, wirkte gekränkt.

Pierre sah ihn an. Dies war der richtige Moment, die Frage nach dem Alibi zu stellen. »Wo waren Sie gestern Abend zwischen Mitternacht und sieben Uhr morgens?«

Der Juror sah ihn misstrauisch an. »Sind Sie von der Polizei, oder was?« Als Pierre nicht antwortete, schüttelte er den Kopf. »Haben Sie schon einmal darüber nachgedacht, dass jemand anderes hätte verunglücken können?«

»Wer? Sie etwa?«

»Ja. Es ist eine alte Gewohnheit von mir, frühmorgens ein Porridge mit warmer Milch zu essen, weil es meinem mit den Jahren empfindlich gewordenen Magen guttut. Ich hatte es auch heute vor. Es ist mein Glück, dass ich den Wecker nicht gehört habe.«

Pierre glaubte ihm kein Wort. »Und warum haben Sie das nicht früher erzählt?«

»Ich habe es nicht für wichtig gehalten.«

»Wer wusste davon?«

»Die ganze Welt. Ich dachte, Sie hätten sich meinen Instagram-Account angesehen.« Leveque streifte die Asche am Rand des Tisches ab und steckte die erloschene Zigarre mit dem Ende nach oben zurück in seine Hemdtasche. »Ich denke, es ist Zeit, schlafen zu gehen. Es war ein anstrengender Tag. *Bonne nuit*, Monsieur Durand.«

Mit großen Schritten eilte er am Restaurant vorbei und über den Vorplatz auf den vorderen Hoteleingang zu, ohne sich von den anderen zu verabschieden.

»*Merde!*« Jetzt war er doch zu ungeduldig gewesen, sein Befragungsstil hatte ihn verraten. Er hatte nichts weiter in Erfahrung bringen können als die Information, dass es eine geschäftliche Vereinbarung zwischen Caterine Ouziel und Georges Leveque gab. Vielleicht auch eine Affäre, die von ihr beendet wurde. Er hatte keine Ahnung, wie das ins Gesamtbild passte. Eines war ihm jedoch klar geworden: Georges Leveque gehörte auf die Liste der Verdächtigen.

Pierre erhob sich und ging zurück zum Restaurant.

»Nanu, was hat den denn gebissen?«, fragte Alain, als er den Raum wieder betrat.

»Ich glaube, er war nur müde, und das bin ich auch.« Pierre warf einen Blick auf seine Armbanduhr. Es war fast eins. Er bedankte sich überschwänglich bei den beiden Köchen für das sensationelle Essen und legte einen großen Schein in den vorbereiteten Hut. Dann wandte er sich an Richard. »Ich möchte morgen früh aufstehen und Charlotte besuchen. Kommen Sie mit? Wir treffen uns um acht beim Frühstück.«

Charlottes Vater nickte und hob eine Jutetasche an, in der sich inzwischen weitere Frischhaltedosen befanden. »Ich bin dabei.«

25

Als Pierre vor dem Zimmer stand und den Schlüssel hervorholte, hielt er inne. Ein Gedanke durchzuckte ihn, und er ärgerte sich, dass er nicht schon früher darauf gekommen war.

Caterine Ouziel hatte das Hotel gestern gegen halb drei verlassen. Mit etwas Glück hatte noch keine Endreinigung stattgefunden, und alles war so, wie sie es zurückgelassen hatte.

Er ging über den Flur zurück bis zu dem Zimmer der Önologin und drückte die Klinke herunter. Die Tür war verschlossen. Rasch lief er die Treppe hinab ins Foyer und lauschte den Stimmen, die aus dem Restaurant herüberdrangen. Pierre vergewisserte sich, dass er unbeobachtet war. Dann stellte er sich hinter den Rezeptionstresen und zog an der Schublade, in der Ian die Schlüssel aufbewahrte. Sie war abgeschlossen.

Sollte er den Iren bitten, ihm den Schlüssel zu Caterine Ouziels Zimmer zu geben? Er entschied sich dagegen, es würde zu viel Aufsehen erregen.

In einer Schale lagen einige Büroklammern. Pierre entnahm ihr zwei, bog sie noch auf dem Rückweg in den ersten Stock zurecht. Dann ging er vor der Zimmertür in die Hocke und schob im schummerigen Licht der Flurbeleuchtung die Klammern in den Zylinder.

Dreißig Sekunden später stieß Pierre die Tür auf und zog sie hinter sich wieder ins Schloss.

Das sanfte Licht der Außenbeleuchtung erhellte den Raum. Er war ganz in Creme und Altrosa gehalten. Vorhänge und

Betthaupt waren mit figuralen und floralen Darstellungen im Stil historischer Stoffe bedruckt. An den Wänden hingen bunte Blumenbilder, die einen hübschen Kontrast dazu bildeten.

Es roch nach Putzmitteln und gewachstem Holz. Vermischt mit einer intensiven Note nach getrocknetem Lavendel, der in einer Schale auf der Kommode lag und offenbar mit aromatisiertem Öl aufgefrischt wurde.

Pierre sah sich um.

Das Bett war glattgezogen, die Überdecke lag ordentlich zusammengefaltet auf einem Sessel. Auf der Kommode neben der Lavendelschale entdeckte er einen Notizblock und einen Kugelschreiber mit dem Namen des Schlosshotels. Pierre entfernte das obere Blatt, schaltete die Taschenlampenfunktion seines Handys ein und betrachtete es im Licht. Der Block war offenbar unbenutzt, es war kein Abdruck zu sehen. Keine Spur eines Schreibgerätes.

Pierre schaltete das Licht wieder aus, wanderte unschlüssig durch den Raum. Er wusste nicht, wonach er eigentlich suchte. Eine vergessene Notiz, einen Hinweis auf eine andere Person, vielleicht sogar auf Georges Leveque?

Vorsichtig hob Pierre die Bettdecke an und suchte mit eingeschalteter Taschenlampe nach Spuren. Ging, als er nichts finden konnte, ins Bad. Auf dem Boden vor dem Waschbecken lagen lange hellbraune Haare. Keine dunkelbraunen. Er seufzte und suchte weiter auf dem Fußboden vor dem Bett. Doch auch dort lag nur ein einzelnes langes Haar.

Hätten Caterine Ouziel und Georges Leveque wirklich eine Affäre, dann hätten sie sich sicher nachts getroffen. Aber vielleicht hatten sie intimen Kontakt vermieden, um kein Risiko einzugehen. Oder sie ist bei ihm auf dem Zimmer gewesen.

Pierres Blick fiel auf das Telefon. Es war ein schlichtes Gerät ohne Display, nur mit Nummerntasten. Sein Herz setzte einen Schlag aus. Niemand, den er kannte, benutzte während eines Hotelaufenthaltes noch einen solchen Apparat. Es war ein Relikt aus alter Zeit, mehr Dekoration denn Nutzgegenstand. Aber es würde erklären, warum sich in der fraglichen Zeit auf der Verbindungsliste von Caterine Ouziels Mobiltelefon kein Anruf befand.

Pierre nahm den Hörer ab und drückte die Wahlwiederholungstaste.

»Dies ist der Anrufbeantworter von Edmont Pauly. Bitte hinterlassen Sie Ihre Nachricht nach dem Piepton.«

Er legte auf. Den Namen hatte er irgendwo schon einmal gehört oder gelesen. Dann wusste er es und schmunzelte, weil sein Gedächtnis ihn dieses Mal nicht im Stich gelassen hatte. Es war beim Frühstück gewesen, als Ian von dem tödlichen Autounfall erzählte. Edmont Pauly war Daniel Avondes Kompagnon.

Wie passte das zusammen? War Pauly in irgendeiner Weise in das Ganze verstrickt?

Ein Geräusch ließ Pierre zusammenfahren. Es klang wie eine zufallende Tür. Auf dem Gang waren Schritte zu hören, die näher kamen und abrupt innehielten.

Pierre schaltete die Taschenlampe aus und drängte sich in eine Ecke seitlich des Kleiderschranks.

Ein Schlüssel drehte sich im Schloss. Die Tür öffnete sich, und ein Lichtstreifen fiel ins Zimmer. Dann schob sich ein Schatten davor. Der Eindringling bewegte sich rasch durch den Raum, ging zielstrebig auf das Bettende zu. Pierre neigte sich vorsichtig nach vorne, um zu sehen, um wen es sich handelte. Doch alles, was er erkennen konnte, war eine dunkle Silhouette, die bereits zurück auf den Flur trat und die Tür hinter sich schloss.

Merde, das ging viel zu schnell! Pierre verließ sein Versteck und öffnete die Tür. Niemand zu sehen. Er rannte den Gang entlang, dann die Treppe hinunter ins Restaurant.

Am Tisch saßen nur noch Alain und Richard. Sie beugten sich zu Ian, der ihnen mit großer Geste von seiner Zeit im Fernsehen erzählte.

»Und dann wollten sie, dass ich mit einer Perücke auf dem Tisch tanze. Wissen Sie, was? Ich habe es getan. Das Bild geistert noch heute durchs Netz, und ich kann Ihnen gar nicht sagen, wie peinlich mir das ist.«

Wie aufs Stichwort rissen die beiden Väter prustend die Köpfe hoch und klopften sich vor Lachen auf die Schenkel.

»Das kann ich mir lebhaft vorstellen«, sagte Richard und tupfte sich mit der Serviette eine Lachträne ab. »Ich wäre im Boden versunken.«

»Sie wären nie in eine solche Situation geraten«, entgegnete Alain, und es klang nicht unfreundlich. »Sie hätten die Perücke längst mit spitzen Fingern entsorgt.«

»Davon können Sie ausgehen.«

Richard und Alain hatten sich offenbar zusammengerauft. Zwischen den beiden herrschte eine ungewohnte Harmonie. Wüsste er es nicht besser, würde er annehmen, sie seien alte Freunde.

»Ihr seid nur noch zu dritt?«, fragte Pierre, und alle Gesichter wandten sich ihm zu.

»Ja«, sagte Alain, »das siehst du doch.«

»Wie lange sind die anderen schon fort?«

»Vielleicht seit fünf oder zehn Minuten.«

»Sind alle gleichzeitig gegangen?«

»Ja.«

»Verdammt!« Damit konnte nun jeder in Caterines Zimmer gewesen sein, der sich nicht mehr am Tisch befand.

Ian sah ihn besorgt an. »Ist dir nicht gut?«

»Doch, alles in Ordnung. Es ist nur …«

Pierre nickte ihnen zu und lief zurück ins Foyer. Dort holte er sein Smartphone hervor und suchte nach der Gästeliste, die er abfotografiert hatte.

Bevor die Schritte im Flur zu hören gewesen waren, hatte jemand eine Tür zugeschlagen. Die Person, die den Raum betreten hatte, bewohnte demnach ein Zimmer im ersten Stock.

Er ging die Liste durch.

Der ehemalige Aufnahmeleiter Adnan Zouari wohnte im zweiten Stock. Ebenfalls *pâtissier* Dominique Reille. Auf demselben Flur, auf dem auch das Zimmer von Caterine Ouziel lag, wohnten nur noch Georges Leveque und der Szenekoch Alexandre Pithois.

Einer der beiden hatte vorhin etwas entwendet. Nur was? Der Mann war zielstrebig gewesen. Hatte sich nur wenige Sekunden in dem Raum aufgehalten. Das Objekt seines Interesses hatte sich auf der Wandseite gegenüber des Bettes befunden, wo die Kommode stand und der Fernseher.

Er hatte keine Schublade aufgezogen, und es war auch sonst kein Geräusch zu hören gewesen.

Pierre atmete tief ein und stieß die Luft wieder aus.

Alexandre Pithois oder Georges Leveque …

Es war der Juror gewesen, dessen war er sich sicher. Aber er konnte es nicht beweisen. Noch weniger brachte es, an Leveques Zimmertür zu klopfen und ihn zu konfrontieren. Er würde es abstreiten, und damit war nichts gewonnen. Ganz im Gegenteil.

Der Mann hatte einen eigenen Schlüssel gehabt. Entweder hatte er Spuren einer Liebesnacht entfernen wollen oder Beweise, die ihn als Täter überführen würden.

Nur warum? Was wäre sein Motiv für die Tat?

Pierre rieb sich die Stirn. Er war Caterine Ouziels Schlussfolgerung blind gefolgt, aber vielleicht hatte sie sich ja geirrt. Was, wenn nur einer der beiden tödlichen Unfälle ein Mord gewesen war?

Auch wenn es verrückt klang, er musste diesen Gedanken zu Ende führen. Es war einer dieser Fälle, in dem noch zu viel im Dunkeln lag. Er musste die Dinge von allen Seiten betrachten, unmöglich Scheinendes beleuchten. Es gab nichts, das er von vornherein ausschließen sollte.

Angenommen, es gab nur einen Mord, den an Daniel Avonde, und den Anschlag in der Küche des Hotels. Caterine Ouziels Begleiter auf dem Foto bei dem Diner der *Échansonnerie des Papes* könnte Daniel Avonde gewesen sein. Weiter angenommen, die Önologin hätte Georges Leveque scharf gemacht, weil sie sich davon erhoffte, es in die Sendung zu schaffen, und ihn dann wie eine heiße Kartoffel fallen lassen. Es wäre nicht das erste Mal, dass sich ein Narziss aus Kränkung für die erlittene Schmach rächte.

Es würde passen. Sehr gut sogar.

Warum Caterine Ouziel hartnäckig zu den Zusammenhängen schwieg, erschloss sich dadurch nicht, aber Daniel Avondes Kompagnon Edmont Pauly, dem sie am Telefon von ihrer Angst erzählt hatte, wusste sicher mehr darüber. Blieb die Frage, warum sie für den Anruf den Hotelapparat verwendet hatte und nicht ihr Mobiltelefon. Wollte sie damit Spuren verwischen? Nur welche?

Langsam stieg Pierre wieder die Treppe empor und schlich den Gang entlang zu seinem und Charlottes Zimmer. Er würde morgen an dieser Stelle weitermachen und gleich als Erstes Edmont Pauly anrufen. Jetzt konnte er ohnehin nichts mehr ausrichten. Er war müde. Unendlich müde.

Während er sich im Bad die Zähne putzte, dachte er an Charlotte. Am liebsten hätte er sie angerufen. Gefragt, wie es ihr ging. Aber es war bereits halb zwei.

Als er unter die Bettdecke schlüpfte, legte er das Mobiltelefon auf den Nachttisch, drückte das Gesicht in ihr Kissen und atmete ihren Duft ein.

Wenn Charlotte Sehnsucht nach ihm hatte, dann konnte sie ihn zumindest jederzeit erreichen. Und das war ein tröstlicher Gedanke.

26

Während Pierre mit dem Duft von Charlotte in der Nase einschlief, lag Luc in seinem Bett und wälzte sich umher. Seine Gedanken waren bei dem Gespräch, das er am Abend in der *Bar du Sud* geführt hatte.

Er hatte, als er Marechals Duzfreund am Tresen entdeckte, sein Bierglas gegriffen und die Bar durchschritten, um direkt neben ihm Platz zu nehmen.

»Sie habe ich hier ja noch nie gesehen«, begann er eine Unterhaltung, von der er hoffte, dass sie seine schlimmsten Befürchtungen nicht bestätigte.

»Das liegt daran, dass ich neu im Dorf bin.« Die Stimme des Mannes war tief. Er streckte Luc die Hand hin. »Mein Name ist Gilbert Langlois.«

Gilbert Langlois? Der Kerl mit der Statur eines Napoleons trug einen Namen, der einem Schlagerfuzzi alle Ehre gemacht hätte. Und er roch auch noch so, dachte Luc. Sein Gegenüber gehörte zu der Sorte Männer, die ihr Rasierwasser als raumgreifendes Element benutzten.

Langlois, wiederholte er im Geiste. Ein echter Zungenbrecher.

»Ich bin Luc«, sagte er, ohne die Hand zu ergreifen. Offenbar wusste der Mann nicht, wer er war. »Was machen Sie hier in Sainte-Valérie?«

»Ich bin auf Jobsuche.« Langlois zog die Hand zurück.

»Und was für einen Job suchen Sie?«

»Den des *Chefs de police municipale*«, brummte Langlois und trank einen Schluck von seinem Bier.

»Es gibt hier bereits einen *Chef de police municipale*«, entgegnete Luc mit erhobenen Brauen. Der Kerl hatte offenbar nicht die geringste Scheu, mit offenen Karten zu spielen.

»Ich weiß. Aber der Posten steht mir zu, und ich bin bereit, ihn mir zurückzuholen.«

»Wie bitte?«

»Ich sage es, wie es ist, Luc Chevalier, ewiger Assistent. Pierre Durand war suspendiert, weshalb man mir seinen Posten zugesprochen hat.«

Luc stutzte. Der Mann kannte seinen Namen. Und er wusste offenbar genau, was er wollte.

»Das wurde ja zum Glück richtiggestellt«, entgegnete er mit gespielter Gelassenheit. »Da kommen Sie leider um ein paar Monate zu spät.«

»So einfach ist es nicht. Ich hatte eine gute Position bei der *police municipale* in Mazan, aber ich habe gekündigt, weil *Monsieur le maire* Marechal mir persönlich seine Zusicherung gab.«

»Tja, das nennt man wohl Pech«, sagte Luc und grinste, obwohl ihm unbehaglich zumute war.

»Nein, Versagen. Pierre Durand wäre längst weg vom Fenster, wenn sich der Präfekt nicht eingemischt hätte. Der Kerl hatte die Rückendeckung von einem dieser hohen Herren, der denkt, er könne sich in lokale Angelegenheiten mischen. Wir alle wissen, dass es nicht zu den Aufgaben eines Präfekten gehört, einem Bürgermeister bei Personalentscheidungen zu soufflieren. Aber Marechal ist eingeknickt. Mir wäre das nicht passiert. Und ich lasse mich nicht so einfach abwimmeln. Wenn ich mir etwas in den Kopf gesetzt habe, dann erreiche ich das auch.«

Überrascht lachte Luc auf. »Sie sind sauer auf Marechal?«

»Natürlich bin ich wütend auf ihn, das ist doch wohl verständlich. Ebenso auf diesen Durand. Man hat mir meinen Posten gestohlen.«

»Niemand hat Ihnen etwas gestohlen«, echauffierte sich Luc. »Der Bürgermeister hat Pierre aus fadenscheinigen Gründen suspendiert. Es war nur gerecht, dass das korrigiert wurde.«

Langlois trank sein Glas leer und bedeutete Philippe mit einer Handbewegung, dass er ein neues Bier wolle. »Mag sein, aber dafür kann ich nichts, oder? Man hat mich gerufen, und ich bin gekommen. Und dann, ohne Vorwarnung …« Er machte eine Bewegung, als würde er von einer Faust zu Boden gestreckt. »Bäm! Maurice Marechal ist ein Arschloch. Er hat mir zugesichert, alles dafür zu tun, um mir den Posten frei zu räumen, und ich habe ihm vertraut. Er hat gesagt, ich solle mir keine Sorgen machen, er bekäme das schon wieder hin. Und nun behauptet er, ihm seien die Hände gebunden. Aber das akzeptiere ich nicht.«

Dass der Bürgermeister sich nicht traute, seine Intrigen weiterzuspinnen, war ein Erfolg, für den sich Luc insgeheim auf die Schulter klopfte. Dank seines unermüdlichen Einsatzes für die Gerechtigkeit und seiner klugen Taktik hatten sie Marechal im Juli belauscht, als er Pierre drohte, ihn bei nächster Gelegenheit auszubooten. Obendrein gab er zu, den ehemaligen Bürgermeister Arnaud Rozier mit einer fingierten Strafanzeige aus dem Amt gedrängt zu haben. Seitdem hatte er die Gemeinderatsmitglieder im Nacken, die jeden seiner Schritte misstrauisch beäugten. Dennoch: Dass sich sein Duzfreund darum nicht weiter scherte und nun offenbar auf eigene Faust versuchte, seinen Willen durchzusetzen, war eine unschöne Sache, und das konnte er so nicht im Raum stehen lassen.

»Das Geld für den Umzug hätten Sie sich sparen können. Pierre sitzt fest im Sattel. Da gibt es nichts zu rütteln.«

»Warten wir es ab. Irgendwann wird meine Zeit kommen.«

In diesem Moment stellte Philippe das Bier auf den Tresen, und Langlois ergriff das Glas, um Luc mit breitem Grinsen zuzuprosten.

Luc nickte und rutschte vom Stuhl, wobei er so tat, als habe er etwas auf dem Boden entdeckt. Als sich Langlois vorbeugte, um nachzusehen, was den jungen Mann derart vereinnahmte, richtete sich Luc wieder auf und stieß dabei mit der Schulter gegen das bis an den Rand gefüllte Glas. Ein Schwall Bier ergoss sich über das Gesicht und die Kleidung des verhinderten Napoleons.

»Tut mir wirklich leid«, hatte Luc gesagt, »war keine Absicht.« Damit hatte er sich umgedreht und die Bar mit einem kurzen Gruß in Richtung seiner Freunde verlassen, die das Ganze mit Lachen und lautem Klopfen auf die Tischplatte kommentierten.

Er hatte noch am selben Abend Gisèle angerufen und sie dabei aus dem Bett geklingelt, was ihm höchst unangenehm war. Aber nachdem er ihr von seiner Begegnung erzählt hatte, bedankte sich die Empfangsdame der *mairie*, die damals entscheidend zur Enttarnung von Marechals Duzfreund beigetragen hatte, sogar bei ihm dafür, dass er sie unverzüglich informierte. Sie versicherte ihm, achtsam zu bleiben, mit den Gemeinderatsmitgliedern zu sprechen und sich für sämtliche Gemeinderatssitzungen als Protokollantin zu empfehlen, um den Bürgermeister im Auge zu behalten.

»Weiß Monsieur Durand schon davon?«, fragte sie.

»Nein. Ich erzähle es ihm, wenn er zurück ist. Er ist gerade ein wenig … nun, Ihnen kann ich es ja sagen … anstrengend.«

Mit wenigen Worten umriss er die Lage, und dieses Mal vergaß er nicht, Charlottes Unfall zu erwähnen, woraufhin Gisèle erschüttert fragte, ob sie mithelfen könne, den Täter zu finden. Und als sie dann erwähnte, dass die Archivarin der *La Provence* eine alte Bekannte von ihr sei, schien es ihm, als stünden sämtliche Schicksalsgötter an seiner Seite.

Angesichts dieser beruhigenden Erkenntnis glitt Luc langsam in den Schlaf über, als ihn ein Gedanke wieder emporfahren ließ. Gilbert Langlois hatte gelogen, als er behauptete, sich gegen Marechal gewandt zu haben. Es war ganz sicher nur ein Trick, um den Bürgermeister zu rehabilitieren. Aber er, Luc Chevalier, würde nicht darauf reinfallen.

27

Pierre hatte den Wecker auf Viertel nach sieben gestellt und dann weiter im Fünfminutentakt. Er brauchte vier Anläufe, um endlich wach zu werden.

Um zwanzig vor acht setzte er sich im Bett auf und wählte Charlottes Nummer. Nach dem fünften Klingeln sprang die Mobilbox an, und Pierre sprach darauf, dass Richard und er sie gegen neun besuchen kämen und er sich sehr darauf freue, sie wiederzusehen. Dann gab er sich einen Ruck und stand auf, um ins Bad zu gehen.

Als Pierre eine Viertelstunde später die Vorhänge zurückzog, blickte er in dunstiges Dämmerlicht. Er öffnete die Balkontür und trat hinaus. Die Luft war diesig und frisch. Über den Weinfeldern lag eine herrliche Stille. Nur unterbrochen vom Rauschen der Blätter.

Pierre atmete die windige Morgenluft ein und spürte, wie er allmählich an Energie gewann, als die Stille plötzlich von Motorenlärm zerrissen wurde. Pierre beugte sich vor, konnte die Zufahrtsstraße aber nicht einsehen. Schließlich tauchte eine Gruppe Menschen auf – ältere wie junge –, die über den Weg unterhalb des Parks in Richtung der Weinfelder ging. Sie trugen Körbe auf dem Rücken, einer zog einen Bollerwagen, in dem ein Korb mit Obst, Croissants und Baguettes lag, und einige Flaschen Wein. Es waren die Erntehelfer, die sich auf den Weg zur letzten Lese machten.

Er sollte ebenfalls etwas frühstücken, bevor er Edmont

Pauly anrief, dachte Pierre, ansonsten bekäme er nicht einen vernünftigen Satz zustande.

Als er die Balkontür verriegelte, fiel sein Blick auf den Notizblock, der samt eines gespitzten Bleistifts beim Fernseher lag und den Namen des Hotels trug, und er steckte beides ein. Wenn er die Zeit dafür fand, würde er noch einmal seine Aufzeichnungen durchsehen und sich neue Notizen machen, die den aktuellen Stand der Ermittlungen wiedergaben.

Um Punkt acht verließ er das Zimmer. Er nahm an, dass Charlottes Vater sicher schon an einem der Tische saß und wartete, doch der Frühstücksraum war leer. Obwohl ein Großteil der Gäste das Hotel bereits gestern verlassen hatte, war die Auswahl an Wurst, Käse, Eierspeisen und Gebäck fast so üppig wie am Vortag. Pierre nahm sich einen Kaffee und ein Croissant, dazu Butter und Aprikosenmarmelade und trat ins Freie. Doch weil der Wind zu viel kalte Luft mit sich brachte, setzte er sich im Inneren an einen Fensterplatz. Das spätsommerliche Wetter schien endgültig vorbei, der Herbst hatte Einzug gehalten.

Pierre verrührte einen Löffel Zucker in seinem Kaffee und trank einen Schluck und gleich darauf einen weiteren. Dann tunkte er das gebutterte und mit Marmelade bestrichene Croissant hinein und biss ab.

Mit jedem Bissen spürte er, wie er seine Kräfte zurückgewann. Er holte sich einen weiteren Kaffee und übertrug die Notizen aus seinem Smartphone auf den Notizblock des Hotels, als ein leises »Pling« den Eingang einer Nachricht ankündigte.

Ich freue mich auf Dich, mon policier.
Bisou
Charlotte

Eine Weile arbeitete Pierre konzentriert, bis er schließlich alle relevanten Notizen auf den Block übertragen hatte. Er hatte manches ausgestrichen und Neues hinzugefügt.

Mit der Geschichte von Agnès Roumejons Trennung von ihrem Mann, die die Frau des Verwalters ihm erzählt hatte, hatte er eine Extraseite gefüllt. Er fragte sich, welche Rolle Caterine Ouziel darin wohl spielte. Aber er wusste nicht, wie er es einordnen sollte, und sortierte das Blatt ganz nach hinten.

Eine weitere Extraseite erhielt Madame Gazets Erzählung von Christoph Roumejons Bruder Michel, der ihrer Aussage nach Ende der siebziger Jahre in den Tod gestürzt war. Angeblich war Caterine Ouziel damals dabei gewesen, aber Daniel Avonde nicht. Hier musste er nähere Informationen abwarten und hoffte, Luc konnte bald etwas dazu beisteuern.

Bei den Motiven war nur eines der bereits notierten übriggeblieben. Pierre hatte den Punkt übertragen, dass jemand den Verkauf des Weinguts aus Habgier verhindern wollte, um selbst zum Zuge zu kommen, obwohl die Winzer allesamt über Alibis verfügten. Aber seine Erfahrung sagte ihm, dass es besser war, keinen Aspekt zu früh aus den Augen zu verlieren.

Neu hinzugekommen war eine mögliche Rache des narzisstisch gekränkten Jurors Georges Leveque. Es setzte voraus, dass der Tod von Christophe Roumejon durch herabgefallene Dachziegel tatsächlich ein Unfall gewesen war.

Wichtiger Zeuge wäre in diesem Fall Daniel Avondes Kompagnon Edmont Pauly, mit dem Catherine Ouziel in höchster Panik telefoniert hatte. Ihn würde er kontaktieren, sobald er hiermit fertig war.

Pierre schlug den Notizblock zu und sah auf die Uhr. Es war bereits acht Uhr siebenundzwanzig, und Richard war noch immer nicht da. Das war ungewöhnlich für Charlottes Vater, und Pierre fiel auf, dass er seine Telefonnummer nicht hatte.

Gerade als er beschloss, an seine Zimmertür zu klopfen, um ihn zu wecken, kam er ins Frühstückszimmer. Er trug einen pastellgrünen Pullover mit Karomuster und wirkte unausgeschlafen, trotz des sorgfältig gekämmten Haars.

»Entschuldigen Sie bitte, so etwas ist mir noch nie passiert, aber ich habe verschlafen.«

»Das ist doch wunderbar«, sagte Pierre und lachte. »Dann war es sicher ein schöner Abend.«

»Ja, das war es. Wie viel Zeit bleibt mir denn, bevor wir losfahren?«

»Reichen Ihnen zehn Minuten? Ich muss noch rasch telefonieren.«

Pierre hatte seine Jacke angezogen und sich ins Freie gestellt. Nun suchte er im Browser seines Smartphones nach dem Namen und fand die Seite der *Immobilier Terre & Maison.* Er stellte fest, dass es das blumengeschmückte Haus war, das er gestern im Ort gesehen hatte, und wählte die angezeigte Nummer.

»Edmont Pauly am Apparat.« Die Stimme des Maklers klang abgehackt. Im Hintergrund rauschte es. Offenbar saß er gerade im Auto.

»Monsieur Pauly, gut, dass ich Sie erreiche. Mein Name ist Pierre Durand. Ich bin Gast im *Château des Vignes.*«

Er hielt inne, da er nicht wusste, was er als Nächstes sagen sollte. Er war ja kein Ermittler, daher konnte er auch nicht wie einer auftreten und selbstbewusste Fragen stellen. Warum sollte der Kompagnon eines gerade erst verunglückten Mannes ihm, einem Wildfremden, irgendwelche Auskünfte geben? *Entschuldigen Sie, könnten Sie mir bitte sagen, ob Daniel Avonde und Caterine Ouziel ein Paar waren und warum sie um ihr Leben fürchtet? Etwas, das sie vor anderen verleugnet. Ach, und da wir gerade dabei sind: Was hat sie Ihnen denn am Telefon so alles erzählt?* Nein, das war absurd. Er hätte sich besser auf das Telefonat vorbereiten sollen.

»Hallo? Sind Sie noch dran?«

»Ja. Ich …« Pierre hatte eine Idee. Er würde gleich zwei Fliegen mit einer Klappe schlagen. »Ist es richtig, dass das Weingut von Christophe Roumejon wieder auf dem Markt ist?«

Ein Knirschen war zu hören, dann wurde der Motor abgestellt. »Ich weiß nicht, von wem Sie das haben. Aber es stimmt. Warum fragen Sie?«

»Weil ich gerne einen Besichtigungstermin vereinbaren möchte.«

»Das ist momentan nicht möglich. Wie Sie vielleicht wissen, ist der Besitzer erst vor Kurzem verstorben, und ich kann seine Witwe nicht darum bitten. Sie verstehen sicher, was ich meine.«

»Selbstverständlich.« Pierre sah durch das Fenster in den Frühstücksraum. Richard saß kerzengerade und tupfte sich mit einer Serviette den Mund ab. »Allerdings kommt der Herr, für den ich den Termin ausmachen soll, aus Deutschland. Und er wird heute Abend abreisen.«

Wieder ein Zögern. »Normalerweise arbeiten wir mit einem Team von Finanz- und Weinexperten zusammen, die die Bedürfnisse der Interessenten vorab ausloten«, sagte Pauly endlich. »Immerhin handelt es sich hier um einen renommierten Familienbetrieb, und es kommen gewaltige Investitionen auf den Käufer zu. So etwas sollte man nicht übers Knie brechen.«

Der Mann war hartnäckig. Pierre beschloss, seiner Stimme mehr Autorität zu verleihen. »Es ist ein kleiner, ausbaufähiger Familienbetrieb, und mein Klient möchte vorab sichergehen, dass sich die Investition lohnt. Wenn es für ihn in Frage kommt, können Sie immer noch Ihr Expertenteam aktivieren.«

»Verstehe. Wie ernst ist es Ihrem Klienten damit? Ich würde ungern einen Besichtigungstermin mit jemandem arrangieren, der nicht eine gewisse Seriosität mitbringt.«

Pierre rollte die Augen. Er musste noch eine Schippe drauflegen. Aber um den Täter ausfindig zu machen, war ihm inzwischen jedes Mittel recht. »Seien Sie versichert: *Baron* von Berg ist die Seriosität in Person.«

»Gut. Passt es Ihnen um zehn Uhr?«

Dieses Mal war die Antwort schnell gekommen, nun war es Pierre, der zögerte. Die Fahrtzeit zum Krankenhaus betrug etwa zwanzig Minuten und wieder zurück. Charlottes Vater müsste sich vorher noch einmal umziehen, am besten einen Anzug, sofern er einen dabeihatte, um einen respektablen Baron abzugeben. Kleider machten bekanntlich Leute.

»Ich fürchte, Baron von Berg ist so früh noch nicht disponibel. Ginge auch um elf?«

»Na gut«, willigte Pauly ein. »Ich werde es arrangieren. Wir treffen uns vor Ort, beim *Château Roumejon*.«

Zufrieden legte Pierre auf. Dann wählte er die Nummer seines Vaters. Je mehr Personen dabei waren, desto besser. Alain hatte die Gabe, auf andere achtunggebietend zu wirken, und das konnte in diesem Fall von Nutzen sein.

»Bist du verrückt?«, bellte Alain ins Telefon, als er beim zweiten Versuch endlich abnahm. »Es ist fast noch Nacht.«

»Es ist halb neun. Ich möchte, dass du um halb elf abfahrtbereit bist. Und zwar in deiner besten Kleidung. Wir haben einen Besichtigungstermin.«

28

Um zehn nach neun erreichten sie das *Centre Hospitalier* von Orange. Pierre hatte Charlottes Vater noch beim Frühstück von seiner Rolle als Baron erzählt, der ihm seine Hilfe zugesichert und sich gleich umgezogen hatte, um später keine Zeit zu verlieren. Und so kam es, dass Richard Pierre in weißem Hemd und einem schicken dunkelblauen Anzug zum Krankenzimmer in der Kardiologie begleitete.

Charlotte saß aufrecht im Bett. Ausgeruht und mit rosigen Wangen.

Auf dem Beistelltisch stand ein ausladender Blumenstrauß aus weißen Nelken, Rosen und beerenfarbenen Hortensien.

»Von wem ist der denn?«, fragte Pierre, nachdem er sie mit einem innigen Kuss begrüßt hatte.

»Caterine Ouziel hat den Strauß unten am Empfang abgegeben.« Charlotte zeigte auf eine Grußkarte. »Sie wünscht mir gute Besserung. Das ist wirklich nett, ich habe mich sehr darüber gefreut.«

Das war wirklich sehr freundlich, dachte Pierre, das hätte er von der Önologin nicht erwartet. »Hat die Ärztin gesagt, wann du entlassen wirst?«

»Morgen Vormittag. Unter der Voraussetzung, dass ich mir eine Woche freinehme und mich zu Hause ausruhe.«

Morgen war Montag. Er würde Ian bitten, ihnen das Zimmer einen Tag länger zu überlassen. Und er musste den Bürgermeister anrufen, um den Tag freizubekommen. Er hasste es schon jetzt. Aber Charlottes Gesundheit ging vor.

Sie plauderten noch ein wenig über ihre Mutter, mit der sie am Morgen lange telefoniert hatte. Dann überreichte Richard ihr die mitgebrachten Köstlichkeiten, von denen er hoffte, dass deren interessante Konsistenz ihren erlahmten Geschmackssinn erfreute. Charlotte liefen Tränen der Rührung über die Wangen, und Pierre ließ die beiden alleine, damit sie sich ungestört unterhalten konnten.

Als Pierre und Richard wieder ins Auto stiegen, war es acht Minuten vor zehn. Zum Hotel brauchten sie etwa zwanzig Minuten. Genügend Zeit, um noch einen Abstecher zu machen.

Während Pierre auf dem Krankenflur gewartet hatte, hatte er die Adresse von Caterine Ouziel bei einem Online-Kartendienst eingegeben und gesehen, dass ihr Zuhause auf dem Weg lag. Er wollte sie zu gerne mit seinen Erkenntnissen konfrontieren, die er während des nächtlichen Gespräches mit dem Juror gewonnen hatte. Und ihr erzählen, dass der geheimnisvolle Gesprächspartner vom Vormittag enttarnt war.

»Ich möchte noch kurz bei der Önologin vorbeisehen«, sagte Pierre, als der Wagen vom Gelände rollte. »Sie wohnt in einem Viertel nahe der Altstadt.«

Richard nickte und holte seinen Reiseführer hervor. »Nur zu. Heute haben Sie das Kommando.« Er sah ihn mit einem Lächeln an. »Sie haben meiner Tochter einen Heiratsantrag gemacht, ich habe sie selten so glücklich gesehen. Ich muss sagen, ich freue mich, einen so netten Schwiegersohn zu bekommen.«

Es klang ein wenig hölzern und zugleich herzlich. Pierre reichte ihm in einer unsicheren Geste die Hand und klopfte ihm mit der anderen auf die Schulter, was trotz des geräumigen Wagens nicht so einfach war. »Und ich freue mich, mit Ihnen einen so netten Schwiegervater zu bekommen.«

Sie lösten sich voneinander, und Pierre startete den Motor. Er hatte es ernst gemeint. Irgendwas hatte sich nach ihrem gestrigen Gespräch verschoben. Er hatte an Charlottes Vater eine neue Seite entdeckt, die ihm gefiel.

»Nun, da wir quasi eine Familie sind«, sagte Richard, ohne seinen Blick von der Straße zu nehmen, »biete ich Ihnen das Du an.«

»Danke, Richard, das nehme ich gerne an. Darauf müssen wir nachher noch anstoßen.«

»Abgemacht, Pierre.«

Wenige Minuten später erreichten sie das Zentrum von Orange.

Pierre fuhr durch enge Straßen, gesäumt von Häusern mit bunt getünchten Fassaden. Die Stadt sah aus wie viele andere provenzalische Kleinstädte auch. Historisch anmutende Straßenlaternen mit üppig bepflanzten Blumenampeln, aus gepflasterten Wegen ragende Platanen, Geschäfte mit farbig abgesetzten Fronten und Balkone, auf denen Wäscheleinen mit Hosen und Hemden, ja, selbst mit Unterwäsche gespannt waren.

Als der Wagen in die *Rue Pourtoules* bog, eröffnete sich ihnen – ganz plötzlich – eine andere Welt. Linker Hand erhob sich die Fassade des *Théâtre Antique d'Orange* und Pierre sah, wie Charlottes Vater sich im Beifahrersitz neben ihm interessiert aufrichtete.

»Das Theater stammt noch aus der Zeit von Kaiser Augustus«, erklärte Richard und schlug den Reiseführer wieder zu. »Es steht ebenso auf der Liste des UNESCO-Weltkulturerbes wie der antike Triumphbogen ein paar Straßen weiter nördlich. Seine siebenunddreißig Meter hohe Bühnenwand ist vollständig erhalten und gehört zu den imponierendsten Bauwerken Frankreichs.«

»Das kann ich nur unterstreichen«, sagte Pierre lächelnd. »Ich war vor einigen Jahren mit meiner damaligen Freundin hier, zum Opernfestival *Chorégies d'Orange*.«

Celestine hatte Karten für die Verdi-Oper *Rigoletto* ergattert, und er hatte sie begleiten müssen, obwohl er kein Freund davon war, stundenlang komplizierten Partituren zu lauschen. Es war ein unerwartet beeindruckendes Erlebnis gewesen, auf den Stufen der halbrunden Tribüne zu sitzen, über den Orchestergraben hinweg bis zur illuminierten Bühne zu sehen und den Darbietungen der Künstler zu lauschen. Über ihnen der funkelnde Sternenhimmel, der den Gesang und die Bühnenshow auf dramatische Weise untermalte. Am Ende war er froh gewesen, dass er mitgefahren war.

»Beeindruckend«, entfuhr es Richard, und er ließ das Fenster herunter, um mit seinem altertümlichen Smartphone Fotos zu machen.

Sie umfuhren das Amphitheater, rechts lag nun die Altstadt, an deren Eingang sich eine Brasserie, ein *Salon de Thé*, eine Weinbar und mehrere Restaurants reihten. Folgte man der Gasse ins Stadtzentrum, entdeckte man hübsche Geschäfte, die zum Bummeln einluden. Pierre erinnerte sich daran, dass Celestine sich nicht hatte sattsehen können an den Boutiquen und Dessousläden. Irgendwann hatte er sich erschöpft mit einer Handvoll Einkaufstüten in ein Café an der *Place Georges Clemenceau* mit Blick auf die *Cathédrale Notre-Dame-de-Nazareth* gesetzt und bei mehreren Tassen *café noir* und einer himmlischen Biskuittorte mit Pfirsich und Sahnecreme das Ende des Kaufrausches abgewartet.

Pierre nahm sich vor, auch mit Charlotte herzukommen, wenn das Ganze vorbei war, als er merkte, dass er die schmale

Gasse übersehen hatte, die linker Hand den Hügel empor und zu Caterine Ouziels Adresse führte.

Über den Kreisverkehr fuhr er noch einmal zurück und den Hügel hinauf, der sich im Rücken des Amphitheaters erhob.

Obwohl dieser mitten in der Stadt zu liegen schien, fanden sie sich bald in ländlicher Atmosphäre wieder. Rustikale Bruchsteinmauern, die dicht bewachsene Gärten von der Straße trennten, begrenzten den Weg. Nur unterbrochen von Toren, die zu den Grundstücken führten. Immer höher schlängelte sich die Straße, gab unvermittelt einen grandiosen Blick über die Stadt und das Rhônetal frei.

»Können wir kurz anhalten?«, bat Richard.

Pierre verlangsamte das Tempo und stoppte den Wagen. Sie stiegen aus und sahen über spielzeuggroße Häuser und Wälder, ließen in ungewohnter Einträchtigkeit die Weite auf sich wirken, bevor sie die Fahrt fortsetzten.

Caterine Ouziel wohnte im *Chemin des Cigales*. Einem schmalen Weg, der an schwer einsehbaren Anwesen vorbeiführte. Pierre parkte den Wagen vor einem schwarzen Eisentor, bat Richard, auf ihn zu warten, und stieg aus.

Der erste Blick über die Mauer zeigte ein einstöckiges Steinhaus mit großzügiger Grundfläche inmitten eines gepflegten Gartens. Weiter hinten befand sich ein Pool, der mit einer Plane abgedeckt war.

Pierre drückte auf die Klingel seitlich des Personenzuganges und sah mit freundlichem Lächeln in die Kamera. Nach einer Weile hörte er ein Knacken in der Gegensprechanlage.

»Was wollen Sie denn hier?« Es war Caterine Ouziels Stimme.

»Ich möchte mich für den Blumenstrauß bedanken. Charlotte hat sich sehr darüber gefreut.«

»Und deshalb sind Sie extra hergefahren?«

»Ja. Das heißt … Ich muss mit Ihnen reden.«

»Worüber?«

»Es geht noch einmal um den Stromschlag.«

Sie stöhnte auf. »Ich dachte, das sei längst abgehakt.«

Ein alter Renault schob sich den Berg hinauf. Die Fenster waren weit heruntergelassen. Am Steuer saß ein grauhaariger Mann, der ihm brummend zunickte. Pierre grüßte zurück und wartete, bis der Wagen vorübergerollt war.

»Na schön«, sagte Pierre. »Dann erzähle ich Ihnen eben über die Sprechanlage, welche Gedanken ich mir gemacht habe. Ich habe mit Georges Leveque gesprochen. Er behauptet doch tatsächlich …« Er hielt inne und sah in Richtung der menschenleeren Straße. »Oh, da kommen ja schon wieder Nachbarn vorbei. Ich hoffe, sie sind nicht allzu neugierig.«

»Kommen Sie rein.«

Es hatte genervt geklungen, und einen Augenblick später öffnete sich die Tür mit einem Summen. Pierre betrat das Grundstück. Überrascht, dass dieser simple Trick so gut funktioniert hatte.

Caterine Ouziel stand in der Eingangstür ihres Hauses. Sie trug einen weißen Kaschmirpullover und eine dunkelblaue Hose mit breiten Aufschlägen zu legeren Slippern. Pierre fiel erneut auf, dass sie eine sehr attraktive Frau war. Das Haus und das Grundstück bildeten in diesem Moment den perfekten Rahmen zu ihrem Äußeren.

»Schön haben Sie es«, begann Pierre, während er nach einem passenden Einstieg suchte. »Wie lange wohnen Sie schon hier?«

Madame Ouziel ging nicht darauf ein. Ihre dunklen Augen funkelten wütend. »Was hat Leveque behauptet?«

Pierre zögerte. Ihrer Reaktion war heftig. Es wäre klug, ihr die Antwort zu überlassen. Vielleicht fand sich darin ein neuer Aspekt, den Leveque gar nicht erwähnt hatte

»Es sieht ganz danach auch, als wüssten Sie längst, was er offenbart hat«, sagte er ruhig. »Erzählen Sie es mir.«

Madame Ouziel schnalzte verärgert mit der Zunge. »Lassen Sie diese Spielchen. Warum sind Sie hier?«

»Spielchen …« Pierre rang sich ein Lächeln ab. »Das ist genau das Stichwort. Warum haben Georges Leveque und Sie am Freitag so getan, als hätten Sie sich zum ersten Mal getroffen?«

»Weil wir uns persönlich noch nie begegnet sind.«

»Stimmt nicht. Es gibt sogar Fotos davon. Sie saßen beim Diner, das im Anschluss der Feierlichkeiten zur Inthronisation stattfand, am Nachbartisch.«

»Ist das ein Verbrechen? Ja, wir waren auf derselben Veranstaltung. Was heißt das schon?« Sie verschränkte die Arme. »Ich habe ihn am Freitag das erste Mal bewusst wahrgenommen.«

»Er behauptet etwas anderes.«

»Wirklich? Was auch immer er sagt, es ist gelogen.«

»Auch dass Sie beide eine Affäre haben?«

»Das hat er gesagt?« Sie sah mit einem Mal sehr müde aus.

»Es wäre besser, wenn Sie endlich die Wahrheit sagen. Meine Geduld ist langsam am Ende, und ich weiß nicht, ob die Beamten von der Gendarmerie ebenso nachsichtig sind wie ich.«

»Ja, wir haben uns auf der Veranstaltung unterhalten«, gab sie nach einer Weile zu. »Er hat mir von seiner Arbeit als Juror erzählt, und dabei ist mir die Idee gekommen, mich dafür einzusetzen, dass die Weinregion Austragungsort der provenzalischen Folge wird. Ich habe im ersten Moment überhaupt nicht daran gedacht, selbst als Kandidatin aufzutreten, aber irgendwann kam eine Einladung zu Probeaufnahmen. Das hat mir geschmeichelt. Ich dachte, es würde der Region guttun und meiner kulinarischen Weinbar auch. Also bin ich nach Paris gefahren.«

»Haben Sie sich dort wiedergetroffen?«

»Wir sind essen gegangen.« Sie seufzte. »Es war seine Idee, mich in die Show zu nehmen. Und als er mich bat, unsere Bekanntschaft geheim zu halten, habe ich mitgespielt. Ich wollte nicht, dass es aussah, als gäbe es Absprachen bei der Show. Aber wir haben keine Affäre, das müssen Sie mir glauben.«

Man sah ihr an, wie sehr die Sache sie mitnahm. Sie kaute auf der Unterlippe und sah zu Boden. »Er verfolgt mich. Die ganze Zeit schon. Er kann einfach nicht begreifen, dass ich nichts von ihm will, ganz im Gegenteil. Seine Anwesenheit ist mir unangenehm.«

Ihre Stimmung war spürbar umgeschlagen. Auf einmal stand nicht mehr die selbstsichere Unternehmerin vor ihm, sondern eine verletzliche Frau, in deren Gesicht sich Hilflosigkeit spiegelte, vielleicht sogar Angst.

»Womit verfolgt er Sie, Madame Ouziel? Bitte sagen Sie es mir, vielleicht kann ich Ihnen helfen.«

»Sie?« Die Önologin sah auf, lächelte scheu. Dann straffte sie die Schultern. »Sie sind ein guter Mensch, Pierre, und ich weiß Ihr Angebot sehr zu schätzen. Aber ich brauche keine Hilfe. Ich … ich komme alleine klar.«

Pierre versuchte, sich seine Irritation darüber, dass sie ihn so persönlich angesprochen hatte, nicht anmerken zu lassen. »Georges Leveque hat dafür gesorgt, dass Sie an der Show teilnehmen. Offenbar hat er eine Gegenleistung erwartet, die Sie ihm verweigern. Und dann kam es, noch bevor die Aufzeichnung beginnen konnte, zu diesem fürchterlichen Zwischenfall.«

»Sie denken, dass er hinter dem Stromunfall steckt?« Caterine Ouziel sah ihn mit offenem Mund an, als komme ihr der Gedanke zum ersten Mal. »Das glaube ich nicht. Er ist ein schrecklicher Mensch. Eitel und arrogant. Und er meint, er sei das Beste, was einer Frau passieren könne. Aber …«

»Vielleicht war er gekränkt«, sagte Pierre. »Es würde zumindest diesen Teil erklären. Allerdings nicht, warum Sie einen Zusammenhang zwischen dem Unfalltod von Christophe Roumejon und Daniel Avonde gesehen haben.«

Sie zog die Stirn kraus. »Das waren keine Morde, Monsieur Durand. Ich habe mit *Lieutenant* Bompard gesprochen. Er sieht es ähnlich, es gibt keinen Beweis.«

Sie hatte versucht, fest zu klingen, aber er spürte, dass sie nicht die Wahrheit sagte. Ihre Mimik war angespannt, die Augen waren wachsam.

Pierre schüttelte unwillig den Kopf. »Ich habe gehört, was Sie ins Telefon gerufen haben. Und nein, ich habe es mir nicht eingebildet. Warum leugnen Sie es? Wovor haben Sie Angst?«

»Ich habe mit niemandem telefoniert, das habe ich Ihnen doch bereits erzählt.« Sie hatte sich wieder verschlossen, das Verletzliche war fort. »Die Polizei hat nach Ihrer Aussage eine Liste aller Anrufe angefordert. Aber sie haben nichts gefunden. Fragen Sie die Beamten, sie werden es Ihnen bestätigen.«

»Die Beamten haben die Verbindungsdaten Ihres Mobiltelefons überprüft«, entgegnete Pierre und machte eine kurze Pause, bevor er seinen wichtigsten Trumpf ausspielte. »Sie konnten jedoch keinen Anruf für die fragliche Uhrzeit finden, weil Sie vom Telefon auf dem Nachttisch aus telefoniert haben.«

»Sie haben das Zimmertelefon …?« Ihre Stirn glättete sich. Nun lachte sie. Laut und befreit. »Ich habe mit Edmont Pauly gesprochen. Das ist Daniel Avondes Kompagnon. Der Akku meines Handys war leer, und ich hatte das Ladekabel im Auto vergessen, also habe ich es vom Festnetz aus probiert. Aber das war viel später. Ich habe ihn erst gegen zwei Uhr angerufen, kurz bevor ich das Hotel verließ. Sie können das gerne überprüfen lassen.«

»Und was wollten Sie von ihm?«, fragte Pierre und schluckte die Enttäuschung über diese neue Information herunter. Der Beweis, dass das von ihm belauschte Telefonat vor dem Stromschlag tatsächlich stattgefunden hatte, fiel wie ein Kartenhaus in sich zusammen.

»Ich habe ihn gefragt, ob wir uns in meiner kulinarischen Weinbar treffen können.«

»Worüber haben Sie dort gesprochen?«

»Das geht Sie eigentlich nichts an. Aber ich sage es Ihnen trotzdem. Über Daniels Tod. Es war für uns beide ein großer Schock, dass er so früh gehen musste. Wir haben gemeinsam getrauert.« Sie nahm die Arme herunter. »Das ist alles, was ich Ihnen dazu sagen kann.«

»Eine Frage noch: Wer war an jenem Abend, als Sie Georges Leveque kennenlernten, Ihr Begleiter beim Diner?«

Ihre Miene entspannte sich weiter, offenbar befand sie sich auf sicherem Terrain. »Ach, das war jemand von der Touristeninformation. Ist das wichtig?«

»Nein.« Wieder ein Konstrukt, das in sich zusammenfiel.

Caterine Ouziel machte eine Geste in Richtung des Tores. »Dann bitte ich Sie nun zu gehen. Ich bin müde, es ist eine anstrengende Zeit.«

»Natürlich«, sagte Pierre widerstrebend. Er suchte in seinen Jackentaschen nach einem Stück Papier und fand einen alten Tankbeleg, auf den er seine Mobilnummer schrieb. »*Au revoir*, Madame Ouziel. Und sollte Ihnen noch irgendetwas dazu einfallen, rufen Sie mich bitte an.«

Sie nickte wortlos und hielt den Zettel wie ein schmutziges

Taschentuch zwischen Daumen und Zeigefinger, als warte sie nur darauf, ihn wegzuwerfen, sobald sich das Tor hinter ihm geschlossen hatte.

Es war zum Verrücktwerden, dachte er, während er zum Auto ging. Er glaubte ihr, dass sie das Telefonat mit Edmont Pauly erst am frühen Nachmittag geführt hatte, das wäre auch leicht über den Router des Hotels nachzuprüfen. Ebenso, ob es davor weitere Telefonate gegeben hatte. Das war sicher auch Caterine Ouziel klar, und dennoch behauptete sie nach wie vor, sie habe das Gespräch kurz vor dem Stromunfall nicht geführt. Was machte es denn unmöglich, ihr das nachzuweisen? Besaß die Önologin etwa ein weiteres Mobiltelefon, das auf einen anderen Namen zugelassen war? Was, wenn sie gar nicht das Opfer war, das sie vorgab zu sein?

Entschlossen holte Pierre sein Handy hervor und wählte Lucs Nummer.

Das Kreischen von Möwen war zu hören, als sich sein Assistent meldete. »Ja, was gibt's?«

»Ich habe einen Auftrag für dich.«

»Noch einen? Ich bin gerade in Marseille angekommen. Unsere liebe Gisèle kennt die Archivarin der Zeitung, ihr ist es zu verdanken, dass ich mich heute dort umsehen kann, an einem Sonntag.« Das letzte Wort betonte er besonders.

Pierre überging den Hinweis. »Ich brauche sämtliche Verkehrsdaten der Handys, die sich am Samstag in der Zeit zwischen zehn vor und zehn nach elf in die Mobilfunkzelle von Châteauneuf-du-Pape eingewählt haben«, sagte Pierre ungerührt. »Ich will wissen, wer innerhalb dieser Zeitspanne mit wem telefoniert hat.«

»Du brauchst eine Funkzellenabfrage? Wie soll ich das ohne richterliche Genehmigung … Ich meine, selbst wenn. Wir sind bloß die Dorfpolizei, schon vergessen?«

»Es soll ja auch nicht offiziell ablaufen. Kennst du nicht jemanden bei der zuständigen Stelle?«

Luc schluckte hörbar. »Du weißt, dass du damit wieder mal deinen Job riskierst. Und ich meinen dazu.«

»Das nehme ich auf meine Kappe«, entgegnete Pierre bestimmt. »Dir wird nichts geschehen, nur weil du meine Anweisungen ausführst. Und außerdem: Wer sollte schon davon erfahren?«

Luc seufzte. »Na schön, je früher du es weißt, desto besser: Marechal ist gerade dabei, seine Agenten zu installieren.«

»Was meinst du damit?«

»Dieser Kerl, den er nach deiner Suspendierung für den Posten des *Chefs de police municipale* vorgesehen hatte, ist seit diesem Wochenende Einwohner von Sainte-Valérie. Sein Name ist Gilbert Langlois, und er sagt, er wolle sich nun holen, was ihm zustehe. Es war ihm vollkommen egal, dass du wieder im Dienst bist. Er behauptete sogar, er sei sauer auf den Bürgermeister, der schuld sei, dass er seinen Posten gekündigt hat, aber das nehme ich ihm nicht ab. Es klingt wie eine Taktik, eine neue Intrige. Die zwei stecken unter einer Decke, dafür lege ich meine Hand ins Feuer!«

Pierre fuhr sich über das Haar. »Woher weißt du das?«

»Wir haben den Umzugswagen gesehen, Penelope und ich. Und ich habe ihn gestern Abend in der Bar angesprochen. Er macht keinen Hehl aus seiner Absicht, dich irgendwann einmal zu beerben.«

»Soll er nur.« Pierre blies die Backen auf. »Egal, du tust, was ich sage. Es geht um mehr als nur einen Fall. Ich will denjenigen, der Charlotte das angetan hat, in die Augen blicken.«

»Du bist befangen.«

»Ich will ein Verbrechen aufklären, bevor es ein weiteres Opfer gibt! Ich habe gerade mit Caterine Ouziel gesprochen, und mich beschleicht das dumpfe Gefühl, dass da irgendetwas nicht stimmt. Was, wenn ein neuer Mord geschieht, und wir sind schuld daran, nur weil wir uns brav an die Regeln halten? Also: Hilfst du mir nun oder nicht?«

»Na schön. Aber ich kann nichts versprechen.«

Als er auflegte, sah er, dass Charlottes Vater ausgestiegen war und ihm mit gerunzelter Stirn entgegensah.

»Es ist schon zehn Uhr vierundzwanzig. Um halb elf sind wir mit deinem Vater auf dem Hotelparkplatz verabredet. Wir kommen noch zu spät, sicher wartet er schon auf uns.«

Pierre lächelte. So entspannt Richard sich heute gezeigt hatte, er konnte nicht aus seiner Haut. »Alain? Vergiss es. Vor elf erscheint der nicht auf dem Parkplatz.«

Als Pierre den Motor startete, fiel ihm auf, dass bei dem Gespräch mit Caterine Ouziel ein wichtiges Thema nicht zur Sprache gekommen war: der Tod von Christophe Roumejons Bruder Michel. Pierre gab Gas, woraufhin der Wagen auf dem sandigen Asphalt ins Rutschen kam, und folgte dem Verlauf der Straße bis zur D68, die nach Châteauneuf-du-Pape führte.

Er würde sie später noch einmal dazu anrufen.

29

Als Pierre um zwölf Minuten vor elf auf den Parkplatz des *Château des Vignes* fuhr, kam ihm Alain schon entgegengelaufen. Er trug einen legeren braunen Anzug. Sein halblanges Haar hatte er mit Gel zurückgestrichen, was ihn eher wie den Anwalt eines Mafiosos wirken ließ als den eines angeblichen Adeligen.

»Wo bleibt ihr nur?«, rief er, als Pierre den Wagen zum Stehen brachte.

Irritiert sah er seinen Vater an. »Seit wann bist du pünktlich?«

»Was soll das heißen? Worum geht es überhaupt? Von was für einer Besichtigung ist hier eigentlich die Rede?«

»Das erzähle ich dir gleich. Nur so viel: Mit deiner Anwesenheit hilfst du mir bei meinen Ermittlungen. Und das wolltest du doch, oder?«

Murrend ließ Alain sich im Fond des Wagens nieder, weil Richard bereits den Beifahrersitz besetzt hatte.

Auf der Fahrt zum *Château Roumejon* erklärte Pierre ihm noch einmal, was er vorhatte.

»Der Makler muss den Eindruck haben, dass wir das Weingut wirklich kaufen wollen, damit er meine Fragen unvoreingenommen beantwortet«, schloss er.

»Dann hätten wir uns einen Wagen leihen müssen«, unkte Alain. »Wenn wir mit dem Lieferwagen der *L'Épicerie Provençale* vorfahren, nimmt er uns das Ganze nicht ab.«

»Das kommt ganz auf unser Auftreten an. Wir müssen ihn überzeugen.«

»Gut«, sagte Richard, der die ganze Zeit geschwiegen hatte. »Nur damit ich es auch richtig verstanden habe: Wir besichtigen das Weingut und das Château von Christophe Roumejon. Also des Mannes, der beim Sturm am Sonntag vor einer Woche von Dachziegeln erschlagen wurde.«

»Richtig.«

»Du möchtest aber nicht nur den Tatort in Augenschein nehmen, sondern auch herausfinden, was Edmont Pauly, der Kompagnon des tödlich verunglückten Maklers Daniel Avonde, mit der Önologin Caterine Ouziel in ihrer Weinwirtschaft besprochen hat und was er über die ganze Sache weiß. Und weil Mireille Gazet, die Frau von Ians Verwalter, dir etwas von einer Ehekrise erzählt hat, willst du nun wissen, welche Rolle Roumejons Witwe Agnès dabei einnimmt.«

»Alle Achtung«, sagte Pierre und nickte anerkennend. »Du hast dir die vielen Namen aber gut gemerkt.«

»Ich habe mal für die deutschen Gedächtnismeisterschaften trainiert.«

Es hatte sehr stolz geklungen. Pierre warf ihm einen kurzen Seitenblick zu. Richard saß kerzengerade da, aber seine Augen funkelten. Plötzlich begriff er, warum Richard sich die ganzen Details so gut merken konnte, die er zuvor im Reiseführer las. Er war quasi dank seiner Merkfähigkeit zu einem wandelnden Lexikon geworden.

»Charlotte hat es nie erwähnt.«

»Es ist auch schon ein paar Jahre her.«

»Was genau macht man auf einer solchen Meisterschaft?«

»Man merkt sich Zahlenreihen, fiktive historische Daten und Ereignisse, außerdem Begriffe, Bilder oder Spielkarten, um sie schließlich korrekt wiederzugeben. In einer dieser Disziplinen bekommt man hundertfünfundzwanzig Porträtfotos von unterschiedlichen Personen und muss sich innerhalb von fünfzehn Minuten deren Namen merken.«

»Das könnte ich nicht«, lachte Pierre. »Ich habe schon Probleme damit, mir die Namen der Menschen zu merken, die mir auf einer Feier oder Fortbildung vorgestellt werden.«

»Das kann man lernen. Der Trick dabei ist, die Namen mit Bildern und Geschichten zu verknüpfen.«

»So ein Aufheben«, murrte Alain auf dem Rücksitz, »nur weil er sich ein paar Namen gemerkt hat.« Er beugte sich vor. »Und? Sind Sie denn wenigstens aufs Treppchen gekommen?«

Charlottes Vater sank in sich zusammen. »Nein. Wir hatten einen Krankheitsfall bei den Angestellten, und ich konnte unseren Laden leider nicht alleine lassen.«

Das ganze Leben nur für das Geschäft, dachte Pierre und merkte, dass er aufpassen musste, dass Charlotte es ihrem Vater nicht gleichtat. Dass sie die Balance zwischen der Arbeit und der Freizeit hielt, damit der Beruf nicht irgendwann zur Last wurde und ihr die Freude an anderen Dingen nahm.

In diesem Moment tauchte das Hinweisschild zum *Château Roumejon* am Straßenrand auf. Pierre bog ab und lenkte den Wagen durch das weit geöffnete Eisentor. Rollte auf einen Parkplatz zu, auf dem ein eleganter dunkelgrauer Peugeot 3008 mit der Aufschrift *Terre & Maison* stand. Neben dem Wagen des Immobilienmaklers parkten der gelbe Aston Martin Vantage des verunglückten Winzers und ein hellblauer Renault Twingo III. Das Versöhnungsgeschenk, von dem Madame Gazet erzählt hatte. Offenbar war Agnès Roumejon zu Hause.

»Du kannst mir gleich helfen«, sagte er an Richard gewandt, »und dir alle Details merken, die dir auffallen. Es könnte wichtig sein.«

»Wir brauchen aber keinen Gedankenakrobaten, sondern

einen Schauspieler«, kam es vom Rücksitz. »Und das, mein lieber Pierre, kann Richard nicht. Der ist einfach zu hölzern.«

»Alain, es reicht!«, entfuhr es Pierre, der nicht verstand, was sein Vater auf einmal gegen Richard hatte. Mit seiner Bemerkung war er zu weit gegangen, wieder einmal.

»Er hat recht«, sagte Richard. »Ich bin kein guter Schauspieler.«

Pierre nickte ihm aufmunternd zu. »Du musst nichts spielen, verehrter ›Baron von Berg‹. Sei einfach du selbst.«

Richard lächelte dankbar. Und als Pierre den Wagen neben einem schlanken Mann in Anzughose, hellgrauem Pullover und dunkler Daunenweste anhielt, entstieg dem Lieferwagen mit dem Aufdruck von Charlottes *Épicerie* ein vornehmer deutscher Baron. Er gab eine so formvollendete Begrüßung von sich, dass die anfängliche Irritation über das nicht standesgemäße Gefährt in den Hintergrund trat. Und als Edmont Pauly merkte, dass der deutsche Gast sogar fließend Französisch sprach, war er in seiner Begeisterung über den neuen Kaufinteressenten kaum noch zu bremsen.

»Mit wem habe ich noch mal die Ehre?«, fragte Pauly und gab Alain die Hand.

»Das ist mein Anwalt«, antwortete Richard, noch bevor Alain ein Wort herausbekommen hatte. Dabei lächelte er huldvoll, und es sah ganz so aus, als beginne er, an dem Schauspiel Spaß zu haben.

Das Château der Roumejons lag am Ende einer gepflegten Zuwegung. Ein verwinkeltes dreistöckiges Gebäude mit weißen Sprossenfenstern und zwei unterschiedlichen Türmen, von denen der auf der linken Seite eine Spitze besaß, der andere hingegen Zinnen. Sowohl die Turmspitze als auch das obere Geschoss waren mit schwarzen Schindeln gedeckt, die von kleinen, runden Fenstern unterbrochen waren, während der dem Himmel zugewandte Teil des Daches rotbraune Ziegel besaß. Farblich passend zum ersten Geschoss, das aus rotem Backstein bestand, der von hellen Bossenecken abgesetzt wurde.

Eine eigenwillige Kombination, wie Pierre fand. Malerisch, charmant und zugleich sehr herrschaftlich.

»Wann ist das Gebäude entstanden?«, fragte er, als sie über die breite Zufahrt auf das Château zuschritten. Rechts des Weges lagen die Weinfelder mit den abgeernteten Reben, deren Laub sich bereits herbstlich verfärbt hatte. Der Wind war stärker geworden, rüttelte an den Ästen, entriss ihnen Blätter, die er in einem böigen Wirbel durch die Luft trieb.

»Im Jahr 1882. Es wurde im Stil von Louis Treize erbaut. Die damalige Architektur war stark von der italienischen Renaissance beeinflusst, deren Markenzeichen die Dreifarbigkeit aus Sand, Rot und Schwarz war.«

»Es erinnert mich«, sagte Alain staunend, »an die Häuser an der *Place des Vosges* in Paris. Das hätte ich hier gar nicht erwartet.«

»Was haben Sie denn erwartet?« Der Makler lachte. »Die Châteaus dieser Gegend wurden zu verschiedenen Zeiten erbaut. Sie finden hier Gebäude aller Stilrichtungen, und nicht immer entstammen sie der vorgeblichen Epoche. Denken Sie nur an das *Château des Fines Roches*, das ein Pariser Weinhändler Ende des neunzehnten Jahrhunderts im Stil einer mittelalterlichen Burg erbaut hat. Es ist eines der meistfotografierten Schlösser dieser Gegend, und ich will nicht wissen, wie viele glauben, sie hätten ein Motiv aus dem Mittelalter vor der Linse.«

»Und das *Château des Vignes* von Ian Fitzgerald«, fragte Pierre mit gespieltem Interesse, »aus welcher Zeit stammt das?«

»Es wurde im frühen siebzehnten Jahrhundert erbaut. Ich weiß das, weil wir es damals an Monsieur Fitzgerald vermittelt hatten.«

»Wir, das sind Sie und Ihr Kompagnon Daniel Avonde.« Pierre warf ihm einen Seitenblick zu. »Ich habe von dem Unfall gehört. Es tut mir sehr leid.«

»Danke. Ja, eine furchtbare Geschichte«, sagte er. »Es hat alles zerstört. Aber mir bleibt keine Zeit, mich der Trauer hinzugeben. Ich bin fest entschlossen, seine Arbeit fortzuführen. So, wie er es getan hätte.«

»Es heißt, die chinesische Holding habe ihr Angebot zurückgezogen. Die Verhandlungen standen kurz vor dem Abschluss ...« Pierre dachte an die wenigen Motive, die auf seiner Liste standen, und beschloss, zunächst das erste anzusprechen. »Sicher gibt es einige Leute, die das freut.«

»Ja, das können sie hier gut. Schreien und fluchen, wenn ihnen etwas nicht passt. Sie wollen keine Versicherungskonzerne als Investoren, keine Russen und erst recht keine Asiaten.« Pauly hob die Schultern. »Was wäre die Alternative? Die Wirtschaftskrise 2008 hat auch bei den Weindynastien Spuren hinterlassen. Ihnen fehlen die Mittel, um die Gemäuer und Areale in Schuss zu halten. Manche dieser Häuser stehen schon seit Jahren leer, sie verrotten, und die Felder verkommen zum Dschungel. Denjenigen, die sich nun gegen ausländische Investoren auflehnen, sind die Preise zu hoch, und den vermögenden Käufern sind die Objekte nicht attraktiv genug. Ihnen fehlt das Luxuriöse, der Nimbus eines Schlosses. Man müsste die Gemäuer zuerst aufwendig renovieren und einen Homestager engagieren, aber das Risiko ist zu groß.«

»Einen Home...?« Pierre hatte diesen Begriff noch nie gehört.

»Homestager sind Inneneinrichter, die die Atmosphäre

eines Hauses auf Hochglanz polieren und es komplett ausstatten. Hübsche Möbel, elegante Gardinen, das komplette Ambiente. Das zieht vermögende Investoren an und steigert den Verkaufswert. Letztlich funktioniert das vielleicht in Paris oder Marseille, wo für exklusive Apartments astronomische Summen erzielt werden, aber nicht hier. Das Risiko, auf den Kosten für die Ausstattung sitzen zu bleiben, ist gigantisch.«

Pierre nickte. Davon hatte er tatsächlich vor Kurzem gelesen. In Marseille waren im Zuge dieses Trends sogar mafiöse Strukturen entstanden. Von dem Drogengeld wurden ganze Straßenzüge gekauft, alles vermoderte Häuser, meist nur oberflächlich saniert. Die neuen Besitzer glaubten, in ein vermeintlich hochwertiges Apartment einzuziehen, und erlebten spätestens beim nächsten Umbau eine böse Überraschung, wenn hinter vorgeschraubten Paneelen verschimmelte Wände zum Vorschein kamen.

»Das *Château Roumejon* hingegen«, fuhr Pauly fort, »ist eine Perle unter den zum Verkauf stehenden Weingütern. Ich will ehrlich zu Ihnen sein: Es ist höchst ärgerlich, dass uns der asiatische Interessent abgesprungen ist. Er war der Einzige, der das große Zukunftspotenzial erkannt hat und bereit war, in die Modernisierung zu investieren.«

Und der, dachte Pierre, eine höhere Provision zu zahlen bereit war. »Vielleicht können Sie den Investor ja noch umstimmen.«

Pauly seufzte. »Es war nicht die chinesische Holding, die das Angebot zurückgezogen hat. Roumejons Witwe hat den Verhandlungsprozess gestoppt.«

»Die Witwe?«, fragte Pierre überrascht. »Ich dachte, die Chinesen hätte die Leiche vor dem Haus abgeschreckt, es bringe Unglück.«

»Ja, so haben sie es öffentlich dargestellt, um ihr Gesicht zu wahren. In Wahrheit hat Agnès Roumejon einen Rückzieher gemacht. Sie hat es Daniel gesagt, als er am Freitag bei ihr war.«

»Sie meinen, das Gespräch hat an dem Freitag stattgefunden, an dem er verunglückt ist?«

Der Makler nickte.

Pierre versuchte, sich seine Erregung nicht anmerken zu lassen. Offenbar hatte die Witwe gedacht, die drei Winzer steckten hinter dem Mord an ihrem Mann, und entsprechend reagiert. »Glauben Sie, Madame Roumejon hat die Verhandlungen freiwillig abgebrochen?«

Edmont Pauly sah ihn irritiert an. »Sie denken, jemand hat sie unter Druck gesetzt?«

Pierre nickte. Er war nun hochkonzentriert. »Wer hat eigentlich den Deal mit den chinesischen Investoren eingefädelt?«

»Das war eine Önologin, mit der wir zusammenarbeiten.«

»Caterine Ouziel?«

»Sie kennen die Dame?«

Edmont Pauly wurde langsam misstrauisch, Pierre musste achtgeben, dass seine Fragen keinen Verdacht weckten.

»Ich habe sie kürzlich im *Château des Vignes* kennengelernt. Durch sie sind wir überhaupt erst auf dieses Weingut aufmerksam geworden.«

Der Makler nickte, offenbar zufrieden mit dieser Antwort. »Madame Ouziel verfügt über gute Kontakte nach Asien. Sie war einige Male auf der *Vinexpo* in Hongkong und auf der *TopWine* in Peking. Sie hat uns den Käufer vermittelt.«

Pierre spähte an Pauly vorbei zu dem Château. Alles sah danach aus, als habe jemand den Verkauf an die chinesische Holding verhindern wollen. Agnès Roumejon hatte das Geschäft abgesagt. Aber das hatte weder Daniel Avonde geschützt noch den Anschlag auf Caterine Ouziel verhindert. Irgendetwas stimmte nicht an der Geschichte, doch er konnte noch nicht sagen, was.

Er blickte den Makler direkt an. »Seit wann weiß die Winzergemeinschaft, dass sich die Holding aus dem Geschäft zurückziehen wird?«

»Daniel hat sie informiert, unmittelbar nachdem er es von der Witwe erfahren hatte.«

Das schloss die Winzer eigentlich als Mörder aus. Für sie gab es keinen Grund mehr, auch den Makler und die vermittelnde Önologin zu beseitigen. Sie wären auch ohne die Taten ans Ziel gekommen.

»Das *Château Roumejon*«, fasste Pierre zusammen, »geht jetzt also aller Wahrscheinlichkeit nach an die Winzergemeinschaft.«

»Das kann ich zu diesem Zeitpunkt nicht bestätigen.« Pauly zögerte, seufzte erneut. »Ich sage es nur ungern, aber Sie werden es ohnehin erfahren, denn es steht morgen in der Presse. Die Winzer haben ihr Gebot erneuert, und es liegt nun sogar unter dem ursprünglichen Preis. Darum biete ich das Château wieder an.«

Die Winzer wollten sich an der Witwe rächen, weil deren Mann ihr Angebot übergangen hatte, dachte Pierre beschämt und fragte sich, ob das etwa gerecht sei.

»Und es gibt keine weiteren Interessenten?«

»Sie meinen, außer Ihnen?« Der Makler blickte ihn mit gerunzelter Stirn an. »Haben Sie oder dieser«, er nickte in Richtung der beiden Väter, »Baron überhaupt Erfahrung im Weinbau?«

Edmont Pauly wirkte in höchstem Maße skeptisch.

»Nein …« Pierre setzte einen möglichst selbstbewussten Blick auf. »Aber es gibt ja sicher ein bestehendes Team.«

»Natürlich, allerdings keinen leitenden Weinbautechniker. Das Weingut verfügt über zwei Mitarbeiter sowie vier Saisonkräfte. Die Arbeitskraft der Roumejons ist nur schwer zu ersetzen. Man braucht gute Leute, die ihr Handwerk verstehen, und die wollen bezahlt werden.«

»Und die Chinesen hätten da wen gehabt?«

»Ja. Für hochqualifizierte Winzer ist es äußerst attraktiv, unter chinesischen Inhabern zu agieren. Sie können frei schalten und walten, weil die Investoren oft nur wenige Male im Jahr vorbeikommen, um sich einen Eindruck zu verschaffen, oder eigene Leute installieren, deren Augenmerk vor allem auf den Zahlen liegt. Zudem sorgen sie in der Regel dafür, dass die Betriebe modernisiert werden, was die Arbeit ungemein erleichtert.«

Pauly warf einen Blick zu den beiden Vätern, die bereits vor dem Gebäude angekommen waren, und schritt voran, als wolle er weitere Nachfragen abschütteln.

Pierre blies die Backen auf und stieß die Luft mit einem Stöhnen wieder aus. Immer gab es einen Haken, egal, wie man es drehte und wendete. In seinem Kopf herrschte ein einziges Chaos. Er fragte sich, ob das vom Täter gewollt war, aber das war ihm zu simpel. Das zu glauben hieße ja, er würde vor seiner Unfähigkeit kapitulieren, die Spuren richtig zu lesen. Er musste dranbleiben. Weitermachen. So lange, bis sich das Dickicht lichtete.

Rasch schloss er zu den anderen auf, die auf dem Vorplatz stehen geblieben waren.

»Neun Millionen Euro?«, rief Richard in diesem Moment aus, und es fiel ihm sichtlich schwer, die Contenance zu wahren.

Edmont Pauly hob die Schultern. »Wenn Sie weniger ausgeben wollen, dann zeige ich Ihnen gerne andere Objekte.

Frankreich ist ein Land voller Sommerresidenzen, Jagdschlösser und Geschenke an Zweit- und Drittfrauen. Die adeligen Herrschaften, Bischöfe und Abteien haben sich da nicht lumpen lassen. Da wäre beispielsweise ein herrliches Weingut nördlich von Carpentras mit Blick auf den Mont Ventoux. Eine elegante Bastide mit dreihundertsiebzig Quadratmetern auf einem neuneinhalb Hektar großen Grundstück. Davon acht Hektar Rebfläche der Appellation Ventoux. Das Ganze zu einem spektakulären Preis von zwei Millionen und dreihunderttausend Euro.«

»Nein, ist schon gut«, wehrte Richard, der die Fassung rasch wiedergefunden hatte, energisch ab. »Das *Château Roumejon* ist den Preis sicher wert.«

Der Makler nickte. »In der Tat. Das Familienunternehmen ist zwar nur von mittlerer Größe, hat aber dank des besonderen Terrains Potenzial zu immensem Wachstum. Das Weingut verfügt über vierzehn Hektar alter Rebfläche mit roten und weißen Sorten sowie weitere fünf mit Marselan. Das Areal besteht aus Kiesterrassen und Böden mit Sedimentgestein.« Geschäftsmäßig spulte er die Daten herunter, und Pierre schaltete innerlich ab, richtete seine Aufmerksamkeit auf das Gebäude. Die Außenmauer zeigte deutliche Alterserscheinungen, der Stein war rissig, die Fensterläden waren morsch. Offenbar hatten die Einnahmen der Roumejons nicht gereicht, um notwendige Reparaturen vorzunehmen.

»Man müsste einiges investieren«, sagte er laut.

Edmont Pauly schnalzte mit der Zunge. »Wenn Sie ein perfekt ausgestattetes Weingut wollen, müssen Sie schon tiefer in die Tasche greifen. Die *Domaine de Nalys* ist kürzlich für fünfzig Millionen Euro über den Tisch gegangen.«

»Dafür gab es aber auch gut fünfzig Hektar Land und einen alten Weinbestand von beträchtlichem Wert«, entgegnete

Richard, der sich sichtlich freute, dass er sein angelesenes Wissen anwenden konnte. »Und eine erfolgreiche Kooperation mit vierzig Winzern, die sich alle unter dem Label zusammengeschlossen haben und rund dreihunderttausend Flaschen im Jahr verkaufen.«

»Alten Weinbestand gibt es hier auch. Wenn Sie wollen, zeige ich Ihnen im Anschluss die Kellerei.«

Pierre ging an den diskutierenden Männern vorbei, näher an das Gebäude heran. Wenige Meter vom Eingangsportal entfernt blieb er stehen. Hier irgendwo musste die Stelle sein, an der Christophe Roumejon von den Dachziegeln erschlagen worden war.

Er blickte nach oben. Die schwarzen Schindeln, von denen sich die Dachfenster hell abhoben, waren intakt. Darüber, auf dem sich zuspitzenden Teil des Daches, war eine Plane zu sehen, die die Lücke notdürftig bedeckte. Christophe Roumejon war also offenbar von den schwereren rostbraunen Ziegeln aus dem oberen Bereich getroffen worden. Pierre fragte sich, wie es möglich war, sie vom Dachboden aus gezielt in Bewegung zu setzen, damit sie just in dem Moment unten ankamen, an dem Roumejon vor der Tür stand. Noch dazu dermaßen geräuschlos, dass keine Zeit war, um beiseitezuspringen.

Wieder ein Haken. Wieder etwas, das nicht passte.

Es sei denn, der Täter oder die Täterin hätte Christophe Roumejon erschlagen, anschließend in der Dachkammer die Ziegel aus ihrer Fassung entfernt und einen nach dem anderen herabfallen lassen, um die Tat zu verschleiern. Möglicherweise reichte es sogar, wenige Ziegel zu lösen, um eine Sogwirkung durch den Sturm zu erreichen und eine Kettenreaktion in Gang zu setzen. Es wäre schwer zu kalkulieren, dass sie genau dort herunterkamen, wo der Tote lag, aber nicht unmöglich.

In dem Fall hätten Spuren an Roumejons Kopf einen Hinweis geben können, ein Eintrittswinkel hätte sich von den anderen unterschieden. Einem Rechtsmediziner wäre das bei der Überprüfung der Wunde sicher aufgefallen, aber es hatte niemand eine Untersuchung angeordnet. Der Einzige, der dies tun könnte, war *Lieutenant* Bompard.

»Ein Sturmschaden«, sagte der Makler, der seinen Blick bemerkt hatte. »Das Dach ist über weite Teile weggerissen worden.«

Pierre bemühte sich, wieder in die Rolle des Kaufinteressenten zu schlüpfen. »Wie hoch schätzen Sie die Reparaturkosten ein?«

»Das ist ein Versicherungsfall, es wird wiederhergerichtet, bevor das Château an den neuen Besitzer übergeht. Die Versicherung hat bereits einen Gutachter hergeschickt, und der hat das Ganze freigegeben.«

»Es heißt, Monsieur Roumejon sei von den Dachziegeln erschlagen worden.«

»Eine tragische Geschichte.«

Pierre stellte sich vor die Eingangstür, direkt unterhalb des abgedeckten Bereiches. Der Boden war gepflastert, die Zwischenräume waren mit Sand gefüllt. Er ging in die Hocke und fuhr mit der Hand über die Pflastersteine. Der Sand an seinen Fingern enthielt rostbraune Partikel. Er erhob sich und wischte die Hände an einem Taschentuch ab.

»Hat Madame Roumejon mitbekommen, wie es passiert ist?«, fragte er und gesellte sich wieder zu der Gruppe.

Edmont Pauly schüttelte den Kopf. »Nein. Sie sagte, ihr Mann habe sich aus Versehen ausgesperrt. Das Türschloss besitzt einen kleinen Verschlussriegel, der aktiviert war, als die Tür zufiel. Sie hat wohl gehört, wie er ihren Namen rief. Aber als sie aus dem Fenster sah, war es bereits zu spät.«

»Wie hat sie es aufgenommen?«

»Sie war geschockt. Sie gibt sich dafür die Schuld. Hätte sie schneller reagiert und ihm die Tür geöffnet, dann wäre das alles nicht passiert.«

»War sie denn alleine im Haus?«

»Ja.«

»Und es war auch keiner der Mitarbeiter anwesend?«

»Nein. Die Weinernte ist an jenem Tag wegen des heftigen Sturms abgebrochen worden.«

Dann hat sie auch kein Alibi, dachte Pierre.

»Aber sie hat währenddessen mit meinem … ehemaligen Kompagnon telefoniert«, sagte Pauly, als könne er Gedanken lesen. »Daniel hat den Unfall mitbekommen.«

Merde! Pierre strich Agnès wieder von der Liste der möglichen Täter und sah hinauf zum Dach. Der Wind zerrte an der Plane, entlockte ihr ein Stöhnen. Trotzdem war die Witwe eine zentrale Person, um die sich nun alles zu drehen schien. »Ist Madame Roumejon da?«, fragte er. »Ich würde gerne mit ihr sprechen.«

»Warum?« Der Makler, der den Schlüssel soeben ins Schloss stecken wollte, hielt in der Bewegung inne. Sein Blick glitt von einem zum anderen. »Sie interessieren sich gar nicht für das Château, nicht wahr?«, sagte er endlich. »Sie stellen seltsame Fragen. Sind Sie Reporter?«

Pierre seufzte. Es war an der Zeit, das Theater zu beenden.

»Um ehrlich zu sein … Es geht um diese Unfallserie. Meine Freundin wäre beinahe Opfer eines dritten Zwischenfalls geworden, und ich will, dass der oder die Täter gefasst werden.«

»Warum sagen Sie das denn nicht gleich? Stattdessen spielen Sie mir diese Komödie vor und stehlen mir meine Zeit. Das ist doch lächerlich!«

»Ich hatte befürchtet, Sie würden meine Fragen nicht ohne Weiteres beantworten.«

»Da haben Sie recht. Es ist schlimm genug, dass ich meinen Kompagnon verloren habe und mit Christophe nicht nur einen Klienten, sondern auch einen Freund.« Seine Stimme war laut geworden. »Ich möchte, dass Sie auf der Stelle dieses Grundstück verlassen, sonst rufe ich die Polizei.«

»Ich bin selbst Polizist«, sagte Pierre, »nur momentan nicht im Dienst. Ich kann Ihre Reaktion verstehen. Aber wenn Ihnen daran gelegen ist, dass der Mord an Ihrem Kompagnon aufgeklärt wird, dann …«

»Es war kein Mord.« Er wirkte irritiert, seine Wut war plötzlich verraucht.

»Doch«, widersprach Pierre sanft, »es war einer. Und Sie dürften ein ebenso großes Interesse an der Aufklärung des Falls haben wie ich.« Dieses Mal suchte er in seiner Tasche nicht nach einem Tankzettel oder einen alten Bewirtungsbeleg, auf den er seine Telefonnummer kritzeln konnte. Edmont Pauly sollte verinnerlichen, dass er ein Polizist war. Er fand eine seiner Karten, sie war leicht verknittert, und er strich sie glatt. »Rufen Sie mich an, wenn Ihnen noch etwas einfällt. Oder meinetwegen *Lieutenant* Bompard von der Gendarmerie Châteauneuf-du-Pape. Aber lassen Sie es nicht zu, dass der Täter davonkommt. Oder dass es ein weiteres Opfer gibt. Sie haben mit Caterine Ouziel gesprochen, nicht wahr? Hat sie Ihnen erzählt, dass sie an dem Herd hätte stehen sollen, der mit zweihundertdreißig Volt unter Spannung stand?«

»Verschwinden Sie!« Er hatte es leise gesagt, mühsam gefasst.

Alain zog Pierre am Arm, und sie strebten alle drei der Auffahrt zu, ohne sich noch einmal umzudrehen.

Noch auf dem Weg zum Auto rief Pierre in der Gendarmerie an und verlangte nach *Lieutenante* Bompard.

»Der hat heute frei.«

»Dann geben Sie mir bitte seine Privatnummer. Es ist wichtig.«

»Worum geht es denn?«

»Um Beweise, die gesichert werden müssen, bevor sie vernichtet werden. Die Leiche von Christophe Roumejon muss dringend rechtsmedizinisch untersucht werden.«

»Das dürfte schwer sein. Monsieur Roumejon wurde am vergangenen Donnerstag eingeäschert.«

»So ein Mist.« Pierre ließ den Hörer sinken. Es fühlte sich an, als falle sein mühsam aufgebautes Kartenhaus erneut in sich zusammen. Entweder jemand verwendet große Mühe darauf, alles zu vertuschen, dachte er, oder ich verschwende meine Zeit mit der Verfolgung einer Illusion.

»Was ist denn los?«, fragte Alain.

»Es sind womöglich die letzten Beweise eines Verbrechens vernichtet worden. Wenn es überhaupt ein Verbrechen gegeben hat.«

»Dann können wir jetzt also endlich nach Châteauneuf-du-Pape fahren«, sagte Richard und lächelte. »Ich will mir den Ort ansehen. Und die …«

»Schlossruine«, ergänzten Pierre und Alain im Chor.

30

Sie hatten das Auto gerade erreicht, als Pierres Mobiltelefon klingelte.

»Das ist mein Assistent Luc«, sagte Pierre mit Blick auf das Display. Er bat seinen Vater, das Steuer zu übernehmen, und schwang sich auf den Beifahrersitz, ehe er den Anruf entgegennahm. »Was gibt's?«, fragte er ohne Einleitung.

»Ich habe tatsächlich etwas gefunden.«

»Gefunden?« Pierre wusste nicht, wovon er sprach. »Worüber?«

»Über den Unfall, bei dem Roumejons Bruder Michel starb«, erklärte Luc. »Du hast mich doch gebeten …«

»Schon gut«, unterbrach ihn Pierre. »Ich war gerade nicht bei der Sache. Erzähl.«

»Es hat ein bisschen gedauert. Die alten Bestände sind nämlich noch nicht digitalisiert, und das Unglück ereignete sich nicht Ende der Siebziger, sondern im Jahr 1983. Es sind zwei Artikel dazu erschienen. Ich lese dir einen davon schnell vor. Die Schlagzeile lautet: Neunzehnjähriger stürzt in den Tod.« Luc räusperte sich. »Am Abend des zwanzigsten Augusts verunglückte Michel, ältester Sohn der Winzerfamilie Roumejon, tödlich. Zeugenaussagen zufolge feierte Michel mit einigen Freunden an der Burgruine. Der Junge fiel aus über fünfzehn Metern Höhe und brach sich beim Aufschlag das Genick. Wie es zu dem Sturz kommen konnte, ist noch nicht abschließend geklärt.

Laut Polizei gibt es keine Hinweise auf ein Fremdverschulden.«

»Mit einigen Freunden … Stehen da keine Namen?«

In diesem Moment startete Alain den Wagen und wendete ihn so schwungvoll, dass Pierre sich mit einer Hand am Fahrersitz abstützen musste, um nicht gegen seinen Vater zu prallen.

»Nein. Aber unter dem zweiten Artikel ist ein Foto. Dem Begleittext nach werden sie da gerade zum Tathergang befragt.«

»Mit welchem Ergebnis?«

»Der Junge hatte wohl zu viel getrunken und das Gleichgewicht verloren. Mehr steht da nicht.«

»Kannst du mir das mal zuschicken?«

»Natürlich. Kommt gleich per Kurznachricht. Übrigens …« Luc hielt inne, und ein »Pling« verkündete den Eingang der Nachricht. »Ich habe versucht, an die Daten der Funkzelle heranzukommen, und eine Abfuhr erhalten. Ich habe mein Bestes gegeben, Ehrenwort. Aber die haben sich nicht so einfach bequatschen lassen und einen richterlichen Beschluss verlangt. Du musst wohl oder übel den leitenden Ermittler bitten, es zu tun.«

»Leitender Ermittler!«, spie Pierre verärgert aus. »Es gibt überhaupt keinen Ermittler. Zumindest niemanden, der den Namen verdient. Hier wird einfach alles ungeklärt zu den Akten gelegt.«

Luc seufzte. »Und wenn du dich geirrt hast? Was, wenn es wirklich ein Unfall war?«

»Fang du nicht auch noch damit an.«

»Ich meine ja nur. Bislang hast du nichts in der Hand. Nur ein belauschtes Gespräch, das auf keiner Liste verzeichnet ist. Hast du schon mal darüber nachgedacht, dass es gar kein Telefonat war?«

»Wie meinst du das?«

»Vielleicht hat sie mit jemandem im Zimmer gesprochen, den du nur nicht hören konntest, weil die Person an der Tür stand und – im Gegensatz zu Caterine Ouziel – sehr leise geredet hat.«

Pierre öffnete überrascht den Mund, wütend, dass er nicht selbst darauf gekommen war. Nur, wer konnte es gewesen sein? Jemand aus der Crew? Nein, dann hätte Caterine nicht davon gesprochen, dass sie eine Migräne vorgetäuscht hatte.

In diesem Moment passierte der Wagen das Tor. Jetzt gab Alain richtig Gas. Der Citroën Berlingo schlingerte auf dem sandigen Weg. Richard beugte sich vor und klopfte ihm energisch auf die Schulter.

»Wir sind hier nicht in Paris, okay?«

Alain grinste. »Schnallen Sie sich doch an, wenn Sie Angst haben.« Er ließ den Motor aufheulen und setzte, ohne den Fuß vom Gaspedal zu nehmen, in elegantem Bogen auf die Landstraße, sodass Richard entsetzt aufschrie.

»Was ist denn bei dir los?«, fragte Luc.

»Ach, nichts. Ich melde mich bei dir.« Pierre legte auf und öffnete die eingegangene Nachricht. Betrachtete das Bild. Gab dann einen Suchbegriff im Browser ein und erstarrte. Das durfte doch nicht wahr sein! »Stopp!«, rief er. »Sofort anhalten!«

»Was? Warum? Ist dir schlecht?« Alain verlangsamte das Tempo und setzte den Blinker.

»Ich muss noch einmal zurück zum Château.« Pierre entriegelte die Beifahrertür. Der Wind zerrte daran und entriss sie seiner Hand. »Fahr den Wagen in den Feldweg dort«, sagte er zu Alain, während er ausstieg.

»Moment noch«, meldete sich Richard und beugte sich vor. »Du hattest mich gebeten, dir zu sagen, wenn mir etwas auffällt.«

»Und?«

»Es gibt noch eine zweite Stelle, an der Dachziegel fehlen. Sie ist kleiner und nur von einem bestimmten Winkel aus zu sehen. Der Sturm hat offenbar weitere Schäden hinterlassen. Oder sie sind neu hinzugekommen.«

Pierre nickte, obwohl er nicht wusste, was er mit der Information anfangen sollte. Seine Gedanken waren bei dem alten Foto. »Ich bin gleich wieder da«, sagte er. Dann warf er die Tür mit Kraft hinter sich zu.

»Die Schlossruine ist längst zu Staub zerfallen, bis wir im Ort ankommen«, seufzte Richard leise, doch da hatte sich Pierre längst in Bewegung gesetzt.

Er lief die Straße zurück und stand wenig später vor dem schweren Eisentor, dessen Flügel noch immer weit geöffnet waren. Gerade fuhr Edmont Pauly sein Auto aus der Parkbucht, und Pierre verbarg sich hinter einem dicken Baumstamm. Verharrte dort, während der Makler an ihm vorbeifuhr und kurz anhielt, um den Schließmechanismus auszulösen.

Langsam schwangen die Flügel zu.

Pierre wartete, bis der Wagen hinter einer Kurve verschwunden war. Dann sprintete er los. Er erreichte das Tor und drängte sich hindurch, bevor es hinter ihm zufiel.

Mit klopfendem Herzen blieb er stehen und atmete tief ein. Wieder fiel ihm die Ruhe auf. Es war dieselbe Ruhe, die er auch am Morgen wahrgenommen hatte. Keine Abwesenheit von Geräuschen, sondern so, als würde die Welt für einen Augenblick innehalten. Eine Stille, die nicht zu greifen war, begleitet vom Stürmen des Windes, der durch die Bäume trieb. Und der sich ihm jetzt, da er auf das Anwesen zuging, entgegenstemmte.

Irgendetwas war hier vorgefallen, das abseits der offiziellen Erzählungen lag. Es war nicht zu sehen, doch er hatte es schon vorhin deutlich gespürt. Nun aber hatte er etwas in der Hand, das nicht in das vorgegebene Bild passte. Wie sich das Ganze auflöste, das wusste er noch nicht. Doch er war fest entschlossen, es herauszufinden.

Je näher Pierre dem Château kam, desto düsterer erschien es ihm. Die Fenster blickten ihm leer, beinahe seelenlos entgegen. Wie tot, dachte er. Plötzlich glaubte er, hinter einem der Fenster im ersten Stock eine Bewegung wahrzunehmen, ein Vorhang, der schwang, doch als er seine Aufmerksamkeit darauf richtete, war der Eindruck wieder verschwunden.

Pierre betätigte den Türklopfer, und als sich nichts rührte, tat er es ein weiteres Mal, jetzt energisch. Schließlich trat er einen Schritt zurück und blickte hinauf zu den Fenstern.

»Madame Roumejon?« Nichts. Er rief lauter, stellte sich seitwärts, damit der Wind seine Worte nicht fortriss. »Madame, ich muss mit Ihnen sprechen. Es geht um Michel, den älteren Bruder Ihres verstorbenen Mannes.«

Hinter einem der Fenster erschien ein blasses Gesicht. Es verschwand wieder. Wenig später öffnete sich die Tür einen Spalt breit.

»Sie wünschen?«

»Madame Roumejon?«

Der Spalt wurde größer. Eine Frau trat vor, sie war schmal, fast durchscheinend. Agnès Roumejon trug eine schwarze Jeans und eine Wolljacke mit Ärmeln, die bis über die Handwurzeln reichten. Ihr Gesicht war fein gezeichnet und mit hohen Wangenknochen. Das dunkelbraune, lange Haar fiel ihr offen über die Schulter.

Pierre starrte sie neugierig an. Ehe er vorhin im Wagen ihren Namen gegoogelt hatte, war er davon ausgegangen, dass die Winzerin eine kräftige Frau sei, die es gewohnt war zuzupacken. Stattdessen stand nun eine elfengleiche Person vor ihm, die trotz Fältchen beinahe alterslos wirkte und der man das Leid der letzten Tage deutlich ansah.

»Ich … Entschuldigen Sie bitte die Störung. Ich muss dringend mit Ihnen sprechen.«

»Wer sind Sie?«

Agnès Roumejon umfasste mit der linken Hand noch immer die Klinke, während sie die rechte an den Rahmen stützte. Bereit, die Tür jederzeit wieder zuzuschlagen.

»Mein Name ist Pierre Durand«, beeilte er sich zu sagen. »Meine Freundin Charlotte sollte anstelle von …«

»Ah, Sie sind der Freund der jungen Dame, die von dem Stromschlag getroffen wurde?«

»Es hat sich also schon rumgesprochen?«

»Caterine hat mir davon erzählt. Und was wollen Sie nun von mir?«

Pierre bemerkte, wie die Fingerknöchel der Hand am Türrahmen weiß wurden. Und er machte sich bereit, einen Fuß in die Tür zu stemmen, bevor sie zuschlug. Es war nur eine einzige Antwort, die er haben wollte: Warum Caterine, warum Charlotte?

In seinem Kopf begann es zu schwirren. All die Informationen, die er in den vergangenen Tagen erhalten hatte, wirbelten durcheinander und schienen ihn zu verhöhnen. Zu den Motiven, die er notiert hatte, kam ein weiteres, das ihm auf einmal wichtiger schien als alle anderen: Rache.

»Ich will ehrlich zu Ihnen sein«, sagte er. »Ich glaube nicht an die Theorie eines Unfalls. Weder bei Ihrem Mann noch bei Daniel Avonde oder bei dem versuchten Anschlag auf Caterine Ouziel. Aber bei Ihrem Mann fing alles an.« Er zog sein Handy aus der Jackentasche und streckte ihr das Foto entgegen, das Luc ihm zugeschickt hatte. Es war vor einem Gebäude aufgenommen, das neben dem *hôtel de ville* lag. Der Reporter hatte den Moment eingefangen, als vier junge Leute durch die Tür traten. In sich gekehrt, jeder für sich. Keiner von ihnen suchte den Kontakt zum anderen. Christophe Roumejon und Caterine Ouziel hatte Pierre sofort erkannt. Die zweite junge Frau war – es gab keinen Zweifel – Agnès!

Aus dem Gesicht der Witwe entwich jede Farbe. »Wo haben Sie das her?«

»Aus einem Archiv. Können wir darüber reden?«

Sie nickte und öffnete die Tür. Ging wortlos über einen dunkel gefliesten, mit Kartons vollgestellten Flur in einen Salon mit zwei gegenüberliegenden Sofas vor deckenhohen Bücherregalen. Auf einer Kommode standen gerahmte Fotos, eines davon zeigte die Witwe mit einem kräftig gebauten Mann, der sie um zwei Köpfe überragte, Christophe Roumejon.

Agnès Roumejon setzte sich auf die Kante eines Sofas und deutete auf das andere.

»Bitte nehmen Sie Platz.«

Pierre ließ sich auf den weichen Polstern nieder, den Blick auf die vielen Bücher gerichtet. Er fragte sich, ob diese nur der Dekoration dienten oder auch in Gebrauch waren. Einige davon waren den ledergebundenen Rücken zufolge schon seit Generationen im Besitz der Familie, aber es gab auch neuere Bände, und als er versuchte, die Titel zu erkennen, sah er, dass darunter Frauenromane waren.

»Meine Schwiegermutter hat darauf bestanden, dass ich lesen lerne«, sagte Agnès Roumejon, als sie seinen Blick bemerkte. »Ich hatte leider nicht das Glück einer umfassenden Schulbildung, aber sie ließ nicht locker.«

Pierre nickte, dann kam er wieder auf das Foto aus dem Archiv zu sprechen. »Was ist damals passiert?«

»Ich verstehe nicht, was das mit dem Tod meines Mannes zu tun hat.«

»Das möchte ich gerne herausfinden. Auf diesem Foto hier sind vier junge Menschen zu sehen, denen der Schock ins Gesicht geschrieben steht. Drei davon sind mir bekannt: Michels jüngerer Bruder Christophe, Sie und Caterine. Wer ist der vierte?«

»Das ist …«, sagte sie, ohne den Blick zu heben. »Ich habe seinen Namen vergessen.«

»Ich bitte Sie, Madame Roumejon.«

»Er ist in dasselbe *collège* gegangen wie die anderen. Danach haben wir uns aus den Augen verloren.«

»Der Unfall war ein einschneidendes Ereignis. Für jeden von Ihnen. Und niemand will etwas mitbekommen haben. Sie haben gesehen, was geschehen ist, nicht wahr? Sie kennen die Wahrheit.«

Er wartete auf eine Antwort, aber Agnès schüttelte nur stumm den Kopf. Er spürte, dass er etwas berührt hatte. Er konnte die Angst, die sich in ihr ausbreitete, geradezu greifen. Irgendetwas war vorgefallen, er wusste nur noch nicht, was. Aber er musste weiter im Dunkeln stochern, in der Hoffnung, dass er etwas in Bewegung setzte.

»Vielleicht hat es ja einen Streit zwischen den beiden Brüdern gegeben. Sie haben gesehen, wie Christophe seinen Bruder gestoßen hat, woraufhin er über die Brüstung stürzte. Vielleicht war es nicht einmal Absicht. Christophe ließ Sie schwören, nichts davon zu erzählen, und so ist die Geschichte von dem betrunkenen jungen Mann entstanden, der im Überschwang die Balance verlor. Und als Dank hat er Sie dann geheiratet.«

Für einen Moment überzog ein Anflug von Bitterkeit ihr Gesicht, dann lächelte sie höflich. »Das ist nicht wahr.«

»Wie war es dann?« Er beobachtete ihre Reaktion, und als sie sich sichtlich verschloss, fuhr er fort: »Auch Caterine

Ouziel hat etwas gesehen, aber sie hat es verdrängt, bis es sie innerlich schier zerriss. Sie begibt sich in psychologische Behandlung und durchlebt die Situation während der Therapie erneut. Dabei erkennt sie, dass sie sich nur von dem Trauma befreien kann, wenn sie mit einer unmittelbar Beteiligten darüber spricht. Sie nimmt Kontakt zu Ihnen auf. Endlich reden Sie über das, was damals vorgefallen ist. Sie teilen ihren alten Schmerz und rücken wieder zusammen. Die alte, schwelende Wunde bricht auf und will geheilt werden. Über Jahre haben Sie die Schuld mit sich herumgetragen, einen Mörder zu decken. Sie wollen sich davon befreien und bitten Christophe, sich zu stellen. Es kommt zum Streit. Vielleicht wird er sogar gewalttätig. Aber Sie wissen sich zu wehren und erschlagen ihn mit einem Ziegel, den der Sturm vom Dach gelöst hatte.«

Agnès Roumejon rutschte auf dem Polster nach vorne, saß mit zwischen den Knien zusammengepressten Händen da. »Sie irren sich. Nichts davon ist wahr. Ich habe meinen Mann nicht umgebracht, dafür gibt es einen Zeugen: Daniel Avonde. Ich habe mit ihm telefoniert, während es geschah.«

Pierre nickte langsam. Zwar hatte er mit seinen Worten die Wahrheit nicht getroffen, aber er spürte an ihrer Reaktion, dass seine Annahme einen wahren Kern hatte. Er musste sich diesem von einer anderen Seite nähern.

»Daniel Avonde«, fuhr er fort, »war am Freitag, fünf Tage nach dem tödlichen Unfall Ihres Mannes, bei Ihnen. Wenige Stunden später musste er sterben. Warum? Worüber haben Sie beide gesprochen?«

»Über die Verträge.«

»Worüber noch?«

»Was wollen Sie von mir? Ich habe das Schloss nicht verlassen, als Daniel verunglückte. Ich war den ganzen Abend hier und habe mit dem Bestattungsunternehmer gesprochen.«

»Um neun Uhr abends?«

»Nein.« Agnès Roumejon sank in sich zusammen. »Er ist kurz nach acht gefahren.« Sie sah auf. »Hören Sie, es ist eine furchtbare Zeit für mich, und ich will nichts weiter, als zur Ruhe zu kommen. Bitte gehen Sie jetzt.«

Sie hatte es scheu gesagt, beinahe unterwürfig. Pierre hielt sie nicht für fähig, einen Mord auszuführen. Und dennoch hatte er das Gefühl, dass er ganz nah dran war.

»Eine letzte Frage: Caterine Ouziel hatte Angst, ebenfalls zu verunglücken. Und sie hatte recht damit, denn der Herd, an dem sie während der Fernsehaufzeichnung arbeiten sollte, war manipuliert. Sie hat es jemandem erzählt, der möglicherweise bei ihr im Hotelzimmer stand, ich habe es mitgehört. Trotzdem behauptet sie, das Gespräch nie geführt zu haben.« Er wartete kurz und redete dann eindringlicher weiter. »Mit wem könnte sie gesprochen haben, und wovor hat sie Angst?«

»Dazu kann ich Ihnen nichts sagen.« Agnès Roumejon wischte mit den Handflächen über ihre Beine und stand auf. Dabei rutschte ein Ärmel nach oben und offenbarte eine Reihe braungrüner Abdrücke, deutliche Spuren einer Misshandlung.

Pierre erhob sich ebenfalls. Er hätte gar nicht so weit zurückschweifen müssen, bereits in der näheren Vergangenheit lag ein gut sichtbares Motiv. Trotzdem hatte sie reagiert, als er ihr das Bild aus dem Archiv zeigte.

»Und wovor haben *Sie* Angst, Madame Roumejon?«

31

Nachdem Pierre das Gebäude verlassen hatte, war ein lautes Krachen zu hören gewesen. Erschrocken hatte er sich umgeblickt, ein Dachziegel hatte sich gelöst und war zu Boden gestürzt, ihm folgte ein weiterer, danach blieb es still.

Pierre hatte die Augen zusammengekniffen und versucht auszumachen, an welcher Stelle die Lücke entstanden war. Endlich hatte er ein Loch abseits der Plane entdeckt, in dem mehr als zwei Ziegel fehlten. War es die Stelle, die Richard vorhin erwähnt hatte?

Nachdenklich ging er die Auffahrt zurück und blieb vor dem verschlossenen Tor stehen. Er entdeckte einen Schalter an einem Pfosten seitlich der Auffahrt und betätigte ihn. Dann kehrte er zum Auto zurück.

Die beiden Väter warteten bereits ungeduldig auf ihn, ließen sich aber augenblicklich von seinen Ausführungen einfangen.

»Der ältere Bruder ist von der Ruine gestürzt?«, fragte Alain überrascht. »Was für eine Tragik!«

»So ist es. Und genau das will ich mir jetzt ansehen.«

Die Fahrt verlief schweigsam. Pierre hatte seinen Vater gebeten, in normalem Tempo zu fahren, ansonsten würde er ihn irgendwo an der Landstraße absetzen. So konnte er nun in aller Ruhe über die Begegnung mit Agnès Roumejon nachdenken und sich Notizen machen.

Er dachte an die Male an ihrem Unterarm, sie waren etwa ein, zwei Wochen alt. Hatte ihr Ehemann sie ihr zugefügt?

Madame Gazet hatte von Eheschwierigkeiten berichtet und davon, dass Agnès Christophe für kurze Zeit verlassen hatte. Was, wenn das Drama wieder losgegangen war und sie sich dieses Mal zur Wehr gesetzt hatte? Es kam ihm unwahrscheinlich vor, dass diese feingliedrige Frau einem Mann wie Christophe Roumejon etwas entgegenzusetzen hatte. Aber er wusste auch, dass ein Mensch in Todesangst über sich hinauswachsen konnte. Die Dachziegel hätte tatsächlich der Sturm abtragen können, er hatte heute mit eigenen Augen gesehen, wie baufällig das Gebäude an manchen Stellen war. Aber waren sie auch die Todesursache?

Angenommen, Daniel Avonde hatte am Freitag bei seinem Besuch etwas herausgefunden, das die Witwe belastete. Vielleicht wusste sie von seinem abendlichen Termin. Sie hätte ihm auflauern und die Fahrt stören können, sodass er verunglückte. Wie genau das vonstattengegangen war, konnte er nicht sagen. Aber es war denkbar.

Pierre öffnete den Browser seines Smartphones und gab im Kartendienst den Ort ein, an dem der Makler verunglückt war. Ian hatte gestern Morgen erzählt, Daniel Avonde sei auf dem Rückweg von einer Besichtigung in Beaumes-de-Venise gewesen, und er gab als Ausgangspunkt den Ort an. Dann suchte er im Telefonverzeichnis nach der Privatadresse des Maklers, der nördlich von Châteauneuf-du-Pape gewohnt hatte. Der direkte Weg nach Hause wäre, ebenso wie der zurück ins Maklerbüro, über die D92 gewesen. Avonde hatte aber eine Strecke südlich davon gewählt, die um einiges länger war. Er hatte also einen Umweg gemacht.

Pierre betrachtete die Karte und sog die Luft ein. Er war auf dem Weg zum *Château des Vignes* gewesen.

Laut *Lieutenant* Bompard hatte der Makler mehrfach versucht, Caterine Ouziel zu erreichen. Wollte er sie warnen?

Wovor? Wenn er sie vor Agnès Roumejon hatte warnen wollen, warum war er dann erst zu seinem Besichtigungstermin gefahren?

Mit einem Aufstöhnen klappte Pierre den Notizblock zu und steckte ihn in seine Jackentasche. Er hatte noch immer das vage Gefühl, ganz nah dran zu sein, aber es fehlte ein Detail, ein Bindeglied, das ihm das Gesamtbild erschloss.

Noch einmal nahm er sich das Foto der vier Jugendlichen vor dem Rathaus vor, betrachtete den Jungen, an dessen Namen Christophe Roumejons Witwe sich nicht mehr erinnerte. Er hoffte, darin vielleicht die Jugendversion von Georges Leveque zu erkennen. Der Junge stand im Schatten und war nur undeutlich zu erkennen. Er konnte genauso gut Anfang, Mitte zwanzig sein. So sehr er hoffte, dass sich die Spuren miteinander verbanden, es blieb ein ihm fremdes Gesicht.

Sie erreichten den Ort um zwanzig nach eins. Den Wagen parkten sie in der *Avenue Baron le Roy*, dann folgten sie der Ausschilderung zur Schlossruine. Auf der *Rue Joseph Ducos* stellten die Kellereien ihre angebotenen Weine auf alten Fässern und Fensterbänken aus und luden zum Probieren ein. Es war eine hübsche Gasse mit hellen Steinhäusern und farbig gestrichenen Fensterläden. Rechts zwei Restaurants, auf deren Terrasse vereinzelte Gäste saßen. Dem Wind trotzend, der gerade einen Stapel Papierservietten durch die Luft wirbelte. Gleich darauf passierten sie das Rathaus mit dem blumengeschmückten Balkon. Pierre erkannte den seitlichen Eingang, der auch auf dem Bild mit den vier Jugendlichen zu sehen war.

Richard ging vor ihnen und schien ganz in seinem Element. »Die erste Erwähnung des Ortes«, zitierte er aus seinem Reiseführer, »geht auf das Jahr 1094 zurück, als *castrum novum*, die neue Festung des damaligen Bischofs von Avignon. Dieser legte auch den ersten Weingarten dieser Gegend an. Wein war als Element der christlichen Liturgie wichtig, und man trank ihn lieber als Wasser, das zu jener Zeit noch häufig mit Keimen verseucht war.«

Richards Stimme hatte etwas Beruhigendes. Und tatsächlich merkte Pierre, wie sein Puls langsam herunterfuhr. Der kleine Ort hatte einen Charme, der ihn gefangen nahm. Mittelalterlich und doch gepflegt, ohne aufgeputzt zu wirken.

»Der Anstoß zum Anbau im größeren Stil«, fuhr Charlottes Vater fort, »kam allerdings erst von Papst Clemens dem Fünften, der Avignon zum neuen Sitz der Päpste erkor und die alte Festung zur Sommerresidenz ausbauen ließ. Der Papst besaß nämlich, als er noch Erzbischof von Bordeaux war, ein Weingut, das noch heute existiert. Den eigentlichen Aufstieg erlebten die hiesigen Weine aber erst im neunzehnten Jahrhundert, als die Literaten rund um Frédéric Mistral einen Wein mit dem Etikett ihrer Vereinigung *Félibrige* versahen und ihn in Paris unter Künstlern verbreiteten.«

»Kann jemand mal den Ausschalter betätigen, damit dieser Kerl endlich still ist?«, murrte Alain, als sie ein Bistro passierten. Er blieb vor einer Tafel stehen, an der die Speisekarte angebracht war. »Von dem ganzen Weingequatsche habe ich Appetit bekommen, ist ja auch spät genug. *Terrine de lapin* und *agnolotti farcis* mit Trüffeln«, las er. »Das klingt doch gut.«

»Ich würde mir gerne erst die päpstliche Sommerresidenz ansehen«, entgegnete Pierre, der sich über die anhaltend schlechte Laune seines Vaters wunderte. »Wir können später etwas essen. Lass uns weitergehen.«

Richard nickte zustimmend und wies zur Anhöhe. »Weiter oben gibt es auch ein Restaurant, direkt bei der Ruine. Es sind nur noch wenige hundert Meter bis dorthin. *Le Verger des Papes*, der Obstgarten der Päpste, dem ein jahrhundertealter Keller angeschlossen ist. Ein in den Fels gehauenes, über zweihundert Quadratmeter großes Gewölbe, in dem man die hiesigen Weine probieren und kaufen kann. Man soll eine grandiose Aussicht bis weit hinter Avignon haben. Dort können Sie auf uns warten, wir kommen dann wenig später dazu.«

»Also gut«, sagte Alain. »Ihr habt gewonnen.«

Sie setzten sich wieder in Bewegung. Passierten einen Souvenirladen, der die übliche Auswahl provenzalischer Stoffe und Lavendelsäckchen präsentierte, und weitere hübsch dekorierte Präsentationsräume der Weingüter, die auch sonntags zur *dégustation* einluden.

»Je erfolgreicher die Weine wurden«, fuhr Richard mit seinem Vortrag fort, »desto mehr Betrüger verkauften ihren minderwertigen Wein als echten Châteauneuf-du-Pape. Die hiesigen Winzer mussten rechtliche Schritte einleiten, um den Namen zu schützen. Im Mai 1936 führte man die erste kontrollierte Herkunftsbezeichnung Frankreichs ein, die zum Vorbild für viele weitere wurde. Ein Jahr später folgte das Logo mit der päpstlichen Tiara und dem gekreuzten Schlüssel Petri, ein inzwischen weltbekanntes Symbol für die Weine von Châteauneuf-du-Pape.«

Als sie die Kirche erreichten, blieb Richard stehen und vertiefte sich wieder in seinen Reiseführer, während Alain entnervt und mit nach oben geworfenen Händen weiterging und dabei am Wegweiser vorbeimarschierte.

»Stopp!«, rief Pierre. »Du musst nach rechts, die Treppe dort führt zum Schlossweg.«

Nun ging es steil bergan, über einen mit Stufen behauenen Weg. Bald waren sie auf Höhe der Dächer angelangt, zwischen denen sich ganz unvermittelt eine Lücke auftat. Vor ihnen lag das sich sanft wellende Tal mit seinen Weinbergen. Durch einen dicht bewaldeten Streifen schimmerte die Rhône, die die

Provence von der *l'Occitanie* trennte. Ein blaues Band inmitten vielfältiger Schattierungen von Grün.

Es war ein erstaunlich weiter Blick, man sah sogar die Räder des neuen Windparks *Grand Montagne* bei Saint-Laurent-des-Arbres, die sicher fünfzehn Kilometer entfernt waren. Aber am beeindruckendsten war der gewaltige Turm, der am Ende des Weges vor ihnen aufragte.

»Es sieht gar nicht aus wie ein Schloss, sondern wie eine Burg«, sagte Alain in seine Gedanken hinein.

Richard nickte. »Ursprünglich hieß der Ort ja auch wie vorhin erwähnt Castrum Novum, die neue Burg. Aber das war lange vor dem Bau der päpstlichen Sommerresidenz. Im dreizehnten Jahrhundert wurde er in Châteauneuf Calcernier umbenannt und später, im Zuge der Französischen Revolution, in Châteauneuf d'Avignon. Erst 1893 erhielt er seinen heutigen Namen, Châteauneuf-du-Pape. Es ist also ein Schloss, zweifelsohne.«

»Ich habe eine Bitte«, sagte Alain, und seine Stimme klang gepresst. »Würden Sie gefälligst aufhören, jede meiner Äußerungen, und sei sie auch noch so banal, zu kommentieren? Und falls das nicht deutlich genug war: Ich habe auch keine Stadtführung gebucht.« Er zeigte auf ein weißes Eisentor, den Eingang des Restaurants, das auf der rechten Seite lag. »Ich für meinen Teil werde mich jetzt von den intellektuellen Ergüssen ab- und den leiblichen Genüssen zuwenden.«

»Moment mal.« Richard war blass geworden und stemmte die Hände in die schmalen Hüften. »Ich habe Ihnen nichts getan. Und wenn, dann bitte ich Sie, mir hier und jetzt offen zu sagen, warum Sie mich die ganze Zeit derart respektlos behandeln.«

»Respektlos?« Alain reckte den Kopf vor und ballte die Fäuste. »Ich habe mich wirklich zurückgehalten, obwohl mir mehr als einmal der Kragen geplatzt ist. Sie ... Sie können mich mal. Mit Ihrer korrekten und belehrenden Art gehen Sie mir gewaltig auf den Senkel.«

»Ich hatte ja keine Ahnung«, sagte Richard leise. Er wirkte gekränkt. »Nach dem gestrigen Abend dachte ich, wir kämen gut miteinander aus.«

»Ja, aber da hatten Sie auch was getrunken und endlich den Stock aus dem Hintern genommen.«

Richard riss sichtlich empört die Augen auf. »Vielleicht liegt es ja auch daran, dass *Sie* heute noch keinen Alkohol hatten?«

»Wollen Sie mich etwa einen Trinker nennen?«, rief Alain und stieß Richard gegen die Brust, sodass der nach hinten stolperte und einen Ausfallschritt machen musste, um nicht hinzufallen.

»Schluss jetzt!«, schimpfte Pierre und packte seinen Vater, der sich erneut auf den Kontrahenten stürzen wollte, am ausgestreckten Arm. »Was ist denn nur los mit dir?«

»Gar nichts ist mit mir los«, brüllte Alain und befreite sich aus dem Griff. »Ihr könnt mich alle mal.« Damit stiefelte er durch das Tor.

Pierre folgte seinem Vater, holte ihn im Garten des Restaurants ein und packte ihn an der Schulter.

»Was zum Teufel war das gerade?«, fragte er aufgebracht. »Kannst du dich denn nicht ein Mal zusammenreißen?«

Alain verschränkte die Arme und funkelte ihn an. »Du erwartest, dass ich mich zusammenreiße? Nein, reiß du dich mal zusammen, mein Junge, und sei ein Mal in deinem Leben ein Mann.«

»Wovon redest du?«

Alain verzog das Gesicht. »›Du musst nichts spielen, verehrter Baron von Berg. Sei einfach du selbst‹«, äffte er Pierre nach. »Du kriechst diesem *boche* in den Arsch, statt dich auf meine Seite zu stellen.«

»Auf deine … Seite?«, wiederholte Pierre verblüfft.

»Ja, genau. Die ganze Zeit werft ihr euch lauter Freundlichkeiten zu, und dabei merkst du gar nicht, wie er sich darum bemüht, meinen Platz einzunehmen. Er ist sogar auf dem Beifahrersitz kleben geblieben wie eine alte Kröte, und du hast mich in den Fond geschickt.«

»Ach, daher weht der Wind. Du bist eifersüchtig.« Pierre stieß ein trockenes Lachen aus. »Und ich dachte immer, ich sei dir vollkommen egal.«

»Bist du nicht.«

»Dann hast du eine merkwürdige Art, es mir zu zeigen.« Pierre wurde wieder ernst. »Richard ist ein feiner Kerl, und ich mag ihn, auch wenn dir das nicht passt. Aber es geht gar nicht um ihn, sondern um dich und mich. Der Grund, warum du Angst hast, dass er deinen Platz einnehmen könnte, ist doch, dass du ihn niemals ausgefüllt hast.«

»Was zur Hölle …« Alains Funkeln wandelte sich unvermittelt in einen Ausdruck von Trauer. Er presste die Lippen aufeinander, bevor er schleppend antwortete: »Gut möglich, dass ich nicht immer so für dich da war, wie ich es hätte sein sollen. Aber der Tod deiner Mutter hat mich vollkommen aus der Bahn geworfen. Evelyne war eine wunderbare Frau. Ich …« Er seufzte.

»Du hast dich mit anderen Frauen getroffen, da war sie noch nicht einmal ein halbes Jahr unter der Erde.«

Alain sah Pierre bedrückt an. »Ich wollte sie verdrängen, verstehst du das denn nicht? Ich habe es nicht ertragen, alleine zu sein.«

»Du warst nicht alleine. Du hattest einen Sohn, mich. Wir hätten uns gemeinsam stützen können, aber du hast dich die ganze Zeit nur um dich selbst gedreht und um deinen Versuch, die Trauer zu bewältigen. Hast du dich jemals gefragt, wie es mir ergangen ist in dieser Zeit? Alleine in einem leeren Haus, mit Essensgeld auf der Kommode?« Pierre stieß die Luft aus. »Ich hätte so sehr einen Vater gebraucht, einen Menschen, der mich mal in den Arm nimmt und mir sagt, dass alles gut wird. Und nun kommst du hier an und bist sauer, weil ich jemand anderen auf dem Beifahrersitz mitfahren lasse.« Pierre hob die Hände und ließ sie wieder sinken. »Die Welt dreht sich nicht nur um dich. Hast du dich mal eine Sekunde gefragt, wie es mir gerade geht? Oder Charlottes Vater? Sie wäre um ein Haar gestorben. Und weißt du, was Richard getan hat? Er hat sich um sie gekümmert. Er hat ihr Essen mitgebracht, das ihre Geschmacksnerven anregt. Er ist früh aufgestanden, um sie zu besuchen, obwohl es gestern spät geworden ist. Während du dich damals in die Arbeit gestürzt und angefangen hast zu trinken, um nicht nur Evelyne zu vergessen, sondern auch deinen Sohn.«

Damit drehte er sich um und verließ das Gelände. Er hörte noch, wie Alain seinen Namen rief. Er machte eine abweisende Bewegung, ohne sich umzusehen, und das Rufen erstarb. Pierre presste die Lippen aufeinander. Er wollte jetzt nicht über seinen Vater nachdenken und darüber, was für ein Egoist er war. Er wollte sich lieber den Ort ansehen, an dem Michel Roumejon vor fast dreißig Jahren in den Tod gestürzt war.

Den Blick auf die Ruine gerichtet, schritt er voran. Vorbei an Richard, der vor einer Schautafel stehen geblieben war und ihm mit fragendem Blick nachsah.

Aber Pierre bemerkte ihn nicht. Ging mit zusammengekniffenen Brauen weiter, bis er wieder ganz bei sich war, mitten im Fall. Während er die letzten Stufen zum Schlossplatz erklomm, stellte er sich vor, er wäre dabei gewesen, als die Jugendlichen sich trafen, um zu feiern. Michel und Christophe. Der fremde Junge, der sich seitdem rarmachte, Caterine. Und Agnès. Er erinnerte sich an Madame Gazets Worte. Dass Caterine einer anderen Welt entstamme. Auch die Roumejon-Brüder kamen aus wohlhabendem Hause. Dazwischen nun also Agnès, deren Eltern einfache Arbeiter waren und sie früh aus der Schule nahmen, damit sie ihnen half. Für sie musste es etwas Besonderes gewesen sein, gemeinsam mit den anderen zu feiern.

Auf dem Plateau war der Wind wieder stärker. Peitschte geräuschvoll über den Platz. Pierre blieb stehen und sah sich um, drehte sich einmal im Kreis. Von hier aus konnte man das gesamte Tal überblicken. Die Rhône-Ebene auf der einen Seite und auf der anderen sanft geschwungene Hügel, die von einzelnen Häusern überzogen waren, mit typischen rostroten Dächern. Er betrachtete die Weinberge, die Wälder. Und dann, fast am Horizont, das Relief mehrerer Berge, aus denen der *Mont Ventoux* besonders herausstach.

An den wie abgerissen wirkenden Stockwerken des ehemaligen Turms vorbei gelangte Pierre zu einer Treppe, die auf einen modern gepflasterten Platz hinabführte. Vor ihm lag die historische Hauptfassade der Ruine, eine mehrere Etagen hohe Mauer mit Fensterauslässen, von denen die vier unteren als Panoramafenster dienten. Über ihm stahlblauer Himmel, an dem trotz des Windes keine einzige Wolke zu sehen war.

Pierre setzte sich auf eine der beiden Bänke am Fensterschacht und blickte durch das später hinzugekommene Schutzgitter hinunter. War es dieses Fenster, durch das Michel Roumejon gestürzt war? Es ging tief hinab, auf ein unebenes, von alten Steinmauern umfriedetes Gelände, unter dem sich offenbar die Kellergewölbe der *Échansonnerie* befanden.

Was war an jenem Abend geschehen? Der Fenstersims war niedrig, befand sich nur wenige Zentimeter oberhalb der Sitzfläche. An Agnès Roumejons Reaktion hatte er gemerkt, dass der Sturz keine Folge des Alkohols gewesen war. Jemand könnte Michel gestoßen haben. Nur wer? Vier Personen waren an jenem Abend dabei gewesen: Christophe, Agnès, Caterine und der Fremde. Sie alle schien ein Geheimnis zu verbinden, das – dessen war er sich inzwischen sicher – der Schlüssel zu den Morden war.

Er musste herausfinden, wer dieser junge Mann war, der einzige Unbekannte in dieser Gruppe. Sicher konnte ihm Madame Gazet darüber Auskunft geben. Aber warum hatte Daniel Avonde sterben müssen, der erst Jahre später hierhergezogen war?

Lange saß Pierre auf der Steinbank und blickte über die Ebene. Er vermochte den Gedanken nicht fortzuführen. Hatte er gehofft, über das Erspüren des Ortes zu weiteren Erkenntnissen zu kommen, so musste er nun feststellen, dass er sich geirrt hatte.

Enttäuscht stand er auf und krallte die Hände in das Gitter, während er in die Tiefe sah.

Ihm fiel auf, dass er begonnen hatte, zwischen einzelnen Eindrücken hin und her zu springen, und er fragte sich, ob das Gefühl des inneren Chaos an seiner Herangehensweise lag oder am Fall selbst. Vielleicht musste er es als einen Hinweis darauf verstehen, dass die Taten nicht geplant waren, sondern chaotisch arrangiert. Als würde der Täter nicht agieren, sondern reagieren.

Er spürte, dass dieser Aspekt wichtig war, und er versuchte, den Gedanken festzuhalten, ihn zu umkreisen, als Richard neben ihn trat und auf die Turmruine zeigte.

»Wusstest du, dass die Deutschen den Wohnturm während des Zweiten Weltkrieges als Ausguck benutzt und ihn bei ihrem Abzug einfach gesprengt haben?«

Pierre hob die Hand. »Pscht. Ich muss mich gerade konzentrieren.«

»Oh, entschuldige bitte.« Charlottes Vater wirkte ehrlich betroffen.

Pierre schloss die Augen, um den Gedanken wieder aufzunehmen, der ihm gerade durch den Kopf gegangen war. Aber es war zu spät, er war raus. Die Stimmung war verflogen. Der Fall stockte. Wieder einmal. Und er wusste nicht, wie er ihn wieder zum Laufen bringen konnte.

»Alles in Ordnung?«, fragte Richard.

Pierre nickte. »Lass uns etwas essen gehen. Danach sieht die Welt sicher ganz anders aus.«

Als sie die Treppe erklommen hatten und wieder auf dem Plateau standen, klingelte Pierres Telefon. Es war eine ihm unbekannte Telefonnummer, er nahm den Anruf entgegen.

»Edmont Pauly hier. Sie haben gesagt, ich solle Sie anrufen, wenn …« Er zögerte. »Sie hatten recht, ich mache mir Sorgen, in diesem Moment noch mehr als zuvor.«

»Was ist passiert? Erzählen Sie«, forderte ihn Pierre auf, den die Pause des Maklers beunruhigte.

»Gestern Nachmittag«, begann Pauly wieder, »habe ich mich mit Caterine Ouziel getroffen. Sie war sehr nervös. Wir haben über Daniel gesprochen und darüber, dass er sich bedroht gefühlt hat.«

»Bedroht? Hat er selbst Ihnen das erzählt?«

»Ja. Daniel hatte eine telefonische Warnung bekommen. Der Anrufer war anonym, er hatte seine Stimme elektronisch verzerrt, doch die Botschaft war eindeutig. Er sagte, wenn Daniel nicht verhindere, dass die Chinesen das Château kaufen, werde er es bereuen.«

Pierre sah irritiert auf. Die Chinesen … Er hatte diese Spur längst abgehakt, und nun kam sie wieder hervor. »Wann war das?«

»Wenige Tage, bevor Christophe tödlich verunglückt ist.«

»Hatte er denn einen Verdacht, wer diese Drohung ausgesprochen hat?«

»Daniel war der festen Überzeugung, es sei jemand aus der Gemeinschaft der Winzer gewesen. Sie hatten ihren Unmut über die neuen Inverstoren lautstark kundgetan. Aber er nahm die Drohung nicht ernst. Natürlich gab es Leute, die überreagierten, aber er kannte sie gut genug, um keine Angst zu haben.« Pauly seufzte. »Während wir darüber sprachen, wirkte Caterine angespannt und sah sich immer wieder um. Sie benahm sich wie … wie ein Tier in der Falle, anders kann ich das nicht beschreiben.«

Pierre war sofort alarmiert. »So, als würde sie verfolgt?«

»Ja, genau so war es. Ich war besorgt und fragte, ob sie ebenfalls bedroht werde, und sie nickte heftig, fing sogar an zu weinen. So habe ich sie noch nie gesehen, da war eine Hilflosigkeit, die ich an ihr nicht kenne. Ich habe ihr geraten, die Polizei zu informieren, aber sie lehnte ab. Ich solle mir keine Sorgen machen, alles sei in Ordnung.«

»Warum erzählen Sie mir das erst jetzt?«

»Weil ich ihr versprochen habe, darüber zu schweigen. Aber nun … Nachdem Sie mir all diese Fragen gestellt haben, mache ich mir Sorgen und habe daher versucht, Caterine zu erreichen, doch sie ist nicht ans Telefon gegangen. Ich habe ein ungutes Gefühl, aber ich bin gerade in Girondas und kann erst in einer Stunde da sein, und da dachte ich, Sie als Polizist könnten vielleicht …«

Pierre verstand. »Ich fahre zu ihr und sehe nach, was los ist.«

»Danke.« Der Makler klang erleichtert.

Pierre sah auf die Uhr. Es war sieben Minuten vor zwei, als er Richard sagte, er solle sich mit Alain ein Taxi zum Hotel teilen. Dann sprintete er los.

»Wo willst du denn hin?«

»Ich muss noch einmal zu Caterine Ouziel«, rief er über die Schulter, ohne sich noch einmal umzudrehen.

Die Önologin schwebte in Gefahr, und obwohl er noch immer nicht erkennen konnte, aus welcher Richtung sie drohte, hatte er das unbestimmte Gefühl, dass er sich beeilen musste, wenn er verhindern wollte, dass ein weiteres Unglück geschah. Er hoffte, dass er nicht zu spät kam.

Während er die Gassen hinab zum Wagen lief, rief er in der Gendarmerie an. Dieses Mal nahm eine Frau den Anruf entgegen.

»Ich weiß, dass *Lieutenant* Bompard heute frei hat«, sagte Pierre, nachdem er sich mit voller Dienstbezeichnung vorgestellt hatte. »Ich weiß auch, dass Sie mir seine Nummer nicht geben dürfen, aber ich möchte, dass Sie ihn informieren. Caterine Ouziel befindet sich möglicherweise in höchster Lebensgefahr.«

»Caterine Ouziel? Sie meinen die Önologin …«

»Ja, genau die«, unterbrach er die Frau. Das alles würde zu lange dauern. Bis *Lieutenant* Bompard sich auf den Weg machte, war es vielleicht zu spät. »Und rufen Sie in Orange an. Die sollen eine Streife zu dem Haus von Madame Ouziel schicken. Sie wohnt im *Chemin des Cigales* Nummer vierhundertvierzehn. Beeilen Sie sich!«

Pierre beschleunigte seine Schritte, er spürte, wie er nach wenigen hundert Metern außer Atem geriet, doch er ließ sich davon nicht beirren und hastete weiter. Als er den Citroën Berlingo erreichte, musste er kurz innehalten, er rang nach Luft, dann stieg er ein und gab Gas.

32

Pierre hatte Châteauneuf-du-Pape rasch hinter sich gelassen, er war schnell gefahren. Doch seit er am Kreisverkehr nach der Unterführung der *Autoroute du Soleil* in die Straße abgebogen war, die sich aus südlicher Richtung dem Zentrum von Orange näherte, kam er nur noch langsam voran. Vor ihm fuhr ein Wohnwagen, der sich den Hügel hinaufkämpfte, was Pierre ein lautes Fluchen entlockte.

Jedes Mal, wenn er dachte, überholen zu können, kam ihm ein Auto entgegen. Dann teilte sich die Straße für wenige hundert Meter, führte um eine begrünte Insel herum. Pierre gab Gas, lenkte den Wagen auf die Gegenspur, auf der sich kurz vor der Zusammenführung ein Taxi näherte. Blinkend und hupend. Mit einem riskanten Manöver gelang es Pierre, auf die richtige Spur zurückzukehren, wobei er den soeben überholten Wohnwagen so scharf ausbremste, dass dieser mit quietschenden Reifen quer zur Fahrbahn zum Stehen kam.

Dann bog er ab, und die Spur wurde schmaler, sodass nur noch ein Wagen Platz hatte. Der Asphalt war rissig, Charlottes Lieferwagen geriet ins Schlingern, und Pierre musste höllisch aufpassen, dass er nicht an den Zweigen der Büsche entlangschrammte, die auf den Weg ragten, oder an den steinernen Begrenzungsmauern auf der anderen Seite.

Endlich erreichte er den *Chemin des Cigales*. Vor Caterine Ouziels Haus stand kein fremdes Auto, aber das hatte nichts zu bedeuten, dachte er und erinnerte sich an das Taxi, das ihm entgegengekommen war.

Pierre parkte den Wagen, als er einen lauten Schrei hörte und wenig später einen zweiten. Es war ein Mann gewesen, und er hatte gebrüllt wie ein Tier. Rasch stieg Pierre aus. Er brauchte zwei Anläufe, bis er das Tor mit einem beherzten Klimmzug überwand. Während er in geduckter Haltung auf das Haus zulief, fiel ihm ein, dass er keine Waffe dabeihatte und dass er, sollte er auf den Täter treffen, vollkommen ungeschützt war.

An der Hauswand lehnte eine Harke, er ergriff sie und hielt den Stiel vor seinen Körper wie einen Langstock.

Vorsichtig und mit geschärften Sinnen näherte er sich der Eingangstür. Sie war nur angelehnt, und er stieß sie vorsichtig auf, ohne sich aus der Deckung zu wagen. »Madame Ouziel? Geht es Ihnen gut?«

Ein Schluchzen, es kam von einer Frau. Er schob sich vor, den Stock einsatzbereit, lugte ins Haus.

Auf den Steinfliesen lag ein Mann mit dem Gesicht zum Boden. Unter ihm breitete sich eine immer größer werdende Blutlache aus.

»Georges Leveque«, flüsterte Pierre. Es überraschte ihn nicht, den Juror hier zu sehen, trotzdem hatte er den Mann, von kurzen Überlegungen abgesehen und obwohl er in das Hotelzimmer der Önologin eingedrungen war, nie ernsthaft als Täter in Erwägung gezogen.

Caterine Ouziel trat aus dem Dunkel. Ihr Haar war zerzaust, die Augen waren gerötet. In der Hand hielt sie einen blutverschmierten Kerzenleuchter, den sie nun sinken ließ.

»Legen Sie den Leuchter auf den Boden«, sagte Pierre sanft.

Er wartete angespannt, bis sie seinen Worten Folge leistete, dann lehnte er die Harke gegen die Wand und schob die Tatwaffe mit dem Fuß weit von sich. Kniete sich neben den Juror, fühlte ihm den Puls und drehte ihn schließlich auf die Seite. Der Leuchter hatte ihm den Kopf zertrümmert, und Pierre musste heftig schlucken, als er den zerborstenen Schädel sah, all das Blut, das entstellte Gesicht. Er hasste den Anblick des Todes, doch er zwang sich, genau hinzusehen. Das war also der Mann, der schuld daran war, dass ihm Charlotte beinahe entrissen worden wäre? Er hatte gedacht, dass er Genugtuung verspüren würde oder gar Erleichterung. Aber in ihm war nur eine seltsame Leere.

Wie aus weiter Ferne hörte er Caterine Ouziel wieder schluchzen und richtete sich auf.

»Was ist passiert?«, fragte er.

Als er einen Schritt auf sie zuging, hob sie eine Hand und schüttelte den Kopf. Sofort blieb er stehen.

»Er ist …« Ihre Stimme zitterte, und sie brach ab, bevor sie es erneut versuchte. »Er ist einfach hereingestürmt. Er hat gedroht, mich umzubringen, und da …«

»Hat er sie angegriffen?«

Sie nickte hustend, betastete mit bebenden Fingern ihren Hals, an dem diffuse Rötungen zu sehen waren, und sah Pierre mit tränenüberströmtem Blick an.

»Jetzt ist es vorbei, nicht wahr? Sagen Sie mir, dass der Albtraum endlich vorbei ist.«

Er betrachtete sie und sagte kein Wort.

Pierre hatte den Rettungsdienst gerufen und sich dann neben Caterine Ouziel auf die Stufen vor dem Haus gesetzt. Er hatte ihr eine Decke über die Schultern gelegt und versucht, mehr über die Hintergründe zu erfahren. Gefragt, was Georges Leveques Motiv gewesen sei, warum er sie habe umbringen wollen, doch sie hatte nur das Gesicht mit den Händen bedeckt und den Tränen freien Lauf gelassen. während er hilflos geradeaus starrte und nicht wusste, warum es in ihm so furchtbar still war.

Die Sanitäter trafen zeitgleich mit einem Wagen der Gendarmerie ein, ihm folgte ein weiterer, dem *Lieutenant* Bompard entstieg. Er ließ sich kurz das Geschehen von Pierre erklären und verschwand dann mit Caterine Ouziel, die inzwischen von einer Sanitäterin versorgt wurde, im Inneren des Hauses.

Pierre ging in den Garten, betrachtete das weite Panorama, das sich vor ihm auftat, und wartete. Dachte über die verübten Taten nach – zwei tödlich verlaufene Unfälle, ein als Unfall inszenierter Mordversuch, ein direkter Angriff mit vermuteter Tötungsabsicht. Er fragte sich, was Letzteres mit dem bisherigen Muster verband, kam jedoch zu keinem vernünftigen Schluss. Ihm fiel nur auf, dass es so wirkte, als sei etwas aus dem Ruder gelaufen. Er erinnerte sich, vorhin einen ähnlichen Gedanken gehabt zu haben, und versuchte ihn zu greifen.

Als es ihm nicht gelang, rieb er sich heftig den Kopf.

Ein »Pling« kündigte den Eingang einer Nachricht an, sie war von Charlotte. Er öffnete sie und fand ein im Krankenzimmer aufgenommenes Selfie. Es zeigte sie mit Penelope und Gisèle, die eng beieinanderstanden und in die Kamera lachten.

Sieh mal, wer mich besucht hat, schrieb sie. *Sie haben mir Blumen und Pralinen von meinen Angestellten mitgebracht.*

Pierre rief sie spontan an. Sie plauderten etwa zehn Minuten, ohne dass er den Fall erwähnte. Offenbar hatten auch Penelope und Gisèle sie nicht aufregen wollen, er würde ausführlich davon erzählen, wenn sie wieder zu Hause waren.

Eine halbe Stunde später trat Bompard aus dem Haus und stellte sich neben ihn.

»Caterine Ouziel hat ausgesagt, dass Georges Leveque bei ihr geklingelt und um Einlass gefleht habe. Sie öffnete ihm, woraufhin er sich Zutritt verschaffte und sie sexuell bedrängte.« Der *Lieutenant* blickte in Richtung des Eingangs. »Es gibt Spuren eines Kampfes, bei dem er sie offenbar gewürgt hat. Caterine Ouziel ist panisch geworden, hat nach dem Kerzenständer gegriffen und ihn Leveque mit aller Wucht über den Kopf gezogen.«

Er verstummte, und Pierre war, als hinge eine unausgesprochene Frage in der Luft.

»Leveque hat mir gegenüber behauptet, sie hätten eine Affäre«, sagte er.

»Das war offenbar eine Wunschvorstellung. Ich habe Caterine Ouziel gefragt, in welcher Beziehung sie zu ihm stand, und sie erzählte, sie habe ihn einige Male während der Vorbereitungen zur Kochsendung getroffen. Sie habe gemerkt, dass er mehr von ihr wollte, und ihn abgewiesen. Doch er habe nicht lockergelassen.«

Pierre nickte, es stimmte mit dem überein, was sie ihm am Vormittag erzählt hatte. »Das Motiv für die Tat ist demnach eine narzisstische Kränkung«, sagte er. »Offenbar hat sie ihm schöne Augen gemacht, um die Aufzeichnung der Sendung nach Châteauneuf-du-Pape zu holen, und ihm dann die kalte Schulter gezeigt.«

Bompard schob die Hände in die Hosentaschen. »Es sieht ganz danach aus.«

»Glauben Sie«, fragte Pierre, »dass Georges Leveque auch hinter den anderen Morden steckt?«

Der *Lieutenant* musterte ihn überrascht. »Sie glauben noch immer, dass das keine Unfälle waren? Ich bitte Sie, Monsieur Durand.«

»Wie erklären Sie sich dann, dass Caterine Ouziel mich vorhin fragte, ob der Albtraum nun endlich vorbei sei? Auch wenn Sie mir nicht glauben wollen, in dem Gespräch, von dem ich Ihnen erzählt habe, hatte sie panische Angst, die Nächste zu sein.«

Bompard stöhnte entnervt auf. »Es war kein Telefonat verzeichnet, schon vergessen?«

»Und wenn es gar kein Telefonat war, sondern ein Gespräch mit jemandem, der sich im Raum befand? Vielleicht mit … Georges Leveque? Nur mal angenommen, er hätte den Stromschlag vorbereitet und musste dann mit ansehen, wie eine vollkommen Fremde, nämlich Charlotte, ihren Platz einnahm. Er weiß keine andere Möglichkeit, als Caterine anzuflehen, es sich noch einmal zu überlegen.«

Bompard lachte, als habe Pierre einen Scherz gemacht. »Und warum hätte Leveque den Besitzer des Weinguts und den Makler umbringen sollen?«

Pierre rang um eine Antwort. Dann fiel ihm ein, dass der Juror im Restaurant gesessen hatte, als er die Scheibe der Tür eingeschlagen hatte, um in die Küche zu gelangen. Das schloss ihn als Gesprächspartner von Caterine aus.

»Das ist Unsinn«, sagte im selben Moment auch Bompard. »Wir haben die Zeiten während unserer Befragung genau geprüft. Georges Leveque war, ebenso wie die Mitglieder der Produktionsgesellschaft, an jenem Sonntag Ende September, an dem Christophe Roumejon verunglückte, in der Normandie, in Honfleur. Gegen ein Uhr haben sie sich voneinander verabschiedet. Von dort braucht man zweieinhalb Stunden bis Paris. Ein Flug dauert knapp eineinhalb Stunden, die Zeit zum Ein- und Auschecken nicht mitgezählt. Plus die Fahrt vom Flughafen hierher. Nicht einmal Superman hätte es geschafft, um sechs Uhr abends, zum mutmaßlichen Todeszeitpunkt, in Châteauneuf-du-Pape zu sein.«

»Aber unmöglich ist es nicht«, widersprach Pierre. »Der TGV von Paris nach Avignon braucht weniger als drei Stunden.«

»Nicht um diese Uhrzeit. Wir haben auch das überprüft. Es gibt keinen Anschluss, mit dem das gelingen könnte.«

»Na schön«, sagte Pierre und kam wieder auf das belauschte Gespräch zurück. »Wem hat Caterine Ouziel dann von ihrer Ahnung erzählt?«

Bompard seufzte und rieb sich das Kinn. »Wer auch immer es war, es scheint mir eher, dass sie sich etwas zusammengereimt hat. Das kommt häufiger vor bei Menschen, die ein schweres Trauma erlebt haben.«

»Sie sprechen von Michel Roumejon, der vor vielen Jahren in den Tod stürzte.«

»Sie sind darüber informiert?« Bompard sah ihn erstaunt an, dann nickte er. »Sein Tod hat etwas in ihr ausgelöst. Meine Frau ist damals mit ihr in eine Klasse gegangen und sagte, Caterine Ouziel sei seitdem nicht mehr dieselbe. Sie habe sich eine Schutzschicht zugelegt. Aber unter dieser Schicht befand sich ein verängstigtes junges Mädchen, das in Notsituationen überreagierte.«

Pierre nickte. Dasselbe hatte auch Madame Gazet erzählt, die Frau des Verwalters. »Sie glauben also, sie habe sich die Bedrohung nur eingebildet?«

»*Exactement*. Nehmen wir an, Christophe Roumejons Tod hat ein Trauma reaktiviert und sie in die Zeit zurückversetzt, in der sein Bruder tödlich verunglückte. Dass nur wenige Tage später auch Daniel Avonde an den Folgen eines Autounfalls starb, hat diesen Zustand verschärft. Caterine Ouziel befindet sich in einer Art Zeitschleife, sie sieht überall Gefahren, glaubt an eine geplante Tat. Dann der Stromunfall, der glücklicherweise glimpflich ausging. Eins führte also zum anderen. Und dann dringt unverhofft ein Mann in ihre Wohnung ein und bedrängt sie. Er sucht vielleicht nur nach einem Abenteuer, sozusagen die Erfüllung aufgestauter Triebe. In ihrer Wahrnehmung dagegen ist er der Mörder, der seine lange geplante Tat endlich umsetzen will. Als er ihren Hals umfasst, um sie gefügig zu machen, schlägt sie zu – mit der Kraft eines in Panik geratenen Menschen – und zerschmettert ihm den Schädel.«

»So könnte es gewesen sein.« Pierre sah zu Caterine Ouziel hinüber, die in Begleitung einer Sanitäterin ins Freie trat. »Was geschieht jetzt mit ihr?«

»Was auch immer der Grund für den tödlichen Schlag war: Es handelte sich um Notwehr, die Kampfspuren sprechen eine deutliche Sprache. Das ist natürlich nur eine erste Einschätzung, die weiteren Untersuchungen werden zeigen, ob sie Bestand hat.« Bompard lächelte. »Es ist vorbei, Monsieur Durand. Versuchen Sie, Ihren letzten Urlaubstag, so weit es geht, noch zu genießen. Sie reisen heute ab, nicht wahr?«

»Nein, Charlotte wird erst morgen entlassen«, antwortete Pierre. Dabei fiel ihm ein, dass er noch nicht mit Ian über eine Verlängerung des Aufenthalts gesprochen hatte.

In diesem Moment betrat ein Mann in weißem Schutzanzug und mit einem Koffer in der Hand das Grundstück und strebte auf das Haus zu. Bompard merkte auf.

»Wie kann ich Sie erreichen«, fragte Pierre, »falls mir doch noch etwas einfällt?«

Der Lieutenant hob die Brauen, dann diktierte er Pierre eine Telefonnummer und eilte zurück ins Haus, in dem der Rechtsmediziner inzwischen verschwunden war.

Auch Pierre setzte sich in Bewegung. Er hatte hier nichts mehr verloren, alles ging nun seinen geregelten Gang.

Eine bleierne Müdigkeit überkam ihn, die vergangene Stunde hatte ihn jeglicher Energie beraubt. Mit langsamen Bewegungen sperrte er den Wagen auf und nahm hinter dem Steuer Platz. Sah mit starrem Blick durch die Windschutzscheibe, ohne wahrzunehmen, was vor ihm lag.

Es war tatsächlich vorbei.

Pierre atmete tief durch und startete den Wagen.

So viele Fragen waren offengeblieben, aber so war es nun einmal, das gehörte zum Alltag eines Ermittlungsbeamten. Einen Großteil der Fälle konnte man vollständig aufklären. Andere ließen einen am Ende unbefriedigt zurück. So war es ihm bei seinem letzten Einsatz in Paris ergangen. Und so würde es wohl auch bei diesem sein.

Georges Leveque war tot. Das war ebenso unbegreiflich wie sicher.

33

Anfangs hatte er nicht gewusst, was ihn irritiert hatte. Caterine Ouziel war tätlich angegriffen worden, die Male waren eindeutig, ebenso die Rötung der Augen und die geplatzten Äderchen, die auf eine Strangulation hinwiesen. Und dennoch beschlich Pierre, während er der Ebene entgegenfuhr, ein Gefühl, das immer mehr an Raum gewann: Etwas stimmte nicht an der jähen Auflösung des Falls, bloß konnte er nicht sagen, was.

Als er nur noch wenige Kilometer vom *Château des Vignes* entfernt war, wusste er endlich, was es war: die vielen Zufälle, die die Geschehnisse begleiteten. Zufällig hatte Christophe Roumejon genau an der Stelle gestanden, an der die Dachziegel herunterfielen. Zufällig war der Makler tödlich verunglückt, der dem Tod des Winzers am Telefon beigewohnt hatte. Und als sei das noch nicht genug: Charlotte war von dem Stromschlag verletzt worden, ganz zufällig, kurz nachdem Caterine Ouziel einen weiteren Anschlag befürchtete.

Ein Zufall, ja, das wäre noch zu erklären gewesen, aber bei einer derartigen Häufung stand immer auch ein Plan dahinter.

Und auch jetzt, beim Tod des Jurors, machte ihn etwas stutzig: Caterine Ouziel war vorbereitet gewesen. Der Kerzenleuchter in ihrer Hand war einer, den man auf einen Esstisch stellte und nicht auf den Boden im Flur. Offenbar hatte sie in ihrem Haus auf das Eintreffen des Mörders gewartet. Ihre Angst vor einer Bedrohung war auch am Vormittag spürbar gewesen, als er sie besucht hatte. Dasselbe erzählte Edmont Pauly, mit dem sie sich am Vortag getroffen hatte. Caterine Ouziel hatte gewusst, dass Georges Leveque zu ihr kommen würde. Warum hatte sie dann die Polizei nicht eingeschaltet?

Es konnte nur eine Antwort darauf geben: Sie hatte vor etwas Angst, das sie davon abhielt. Und diese Angst war offenbar größer als die vor dem Besuch des Jurors.

»Leveque hatte etwas gegen sie in der Hand«, flüsterte er nun. Plötzlich erinnerte Pierre sich an die Nacht, als er in Caterine Ouziels Zimmer eingedrungen war. Und er stieß einen Fluch aus, warum ihm diese Szene wieder entglitten war. Ein Mann war hereingekommen, hatte etwas gesucht und mitgenommen. Es war Georges Leveque gewesen, er musste es gewesen sein! Und nun ahnte er auch, was der Juror eingesteckt hatte.

Leveque hatte die Zurückweisung nicht ertragen können und auf seine Weise versucht, Kontrolle über Caterine Ouziel und ihren Körper zu gewinnen: indem er sie in der intimen Atmosphäre des Schlafzimmers beobachtete.

Als Pierre den Wagen auf dem Parkplatz des Schlosshotels zum Stehen brachte, rief er *Lieutenant* Bompard an.

»Sind Sie noch im Haus von Caterine Ouziel?«

»Ja, wir wollen gerade aufbrechen. Was gibt es denn?«

»Wir haben etwas Wichtiges übersehen.« Pierre hatte es bewusst so formuliert, als sei er Teil des Teams. Und als Bompard – wie als Zeichen einer stillen Übereinkunft – nicht widersprach, fuhr er fort: »Georges Leveque hatte etwas gegen Caterine Ouziel in der Hand. Es wäre denkbar, dass er eine Miniaturkamera in ihrem Hotelzimmer installiert hatte, auf der etwas zu sehen ist, das Caterine Ouziel belastet.« Pierre erzählte von der nächtlichen Begegnung, wobei er verschwieg, wie er selbst ins Zimmer gekommen war. »Sagen Sie den Beamten von der Spurensicherung, sie sollen in seinen Taschen und in der unmittelbaren Umgebung der Kampfhandlung danach suchen.«

Bompard verstand sofort. »Ich werde es sofort veranlassen. Und ich schicke auch jemanden aus dem Team zum *Château des Vignes*.«

Pierre verschloss den Wagen und eilte die Treppe hinauf zum Vorplatz und weiter zum Anbau, in dem sich die Kellerei befand. Nein, es war noch nicht vorbei, und er würde nicht aufgeben, bis alles klar und deutlich vor ihm lag.

Er fand Madame Gazet im Weinkeller des Châteaus. Die Tür hatte offen gestanden, und er war in einen Vorraum gelangt, in dem sich eine junge Dame befand, die er vorher noch nicht gesehen hatte und die ihn freundlich anlächelte.

»Kommen Sie zur *dégustation*?«

Pierre schüttelte den Kopf. »Ich muss Madame Gazet sprechen, wo finde ich sie?«

Die Frau geleitete ihn durch ein Gewölbe, das von atmosphärischen Wandlampen ausgeleuchtet war. Sie durchquerten einen Raum, in dem Fässer auf Holzgestellen aufgereiht lagen. In einem weiteren beugte sich Madame Gazet über einen Hahn, dessen Leitung direkt aus den Steinquadern der Wand kam, und hängte eine beschriftete Schiefertafel an den Verschluss.

»Monsieur Durand«, sagte sie überrascht und richtete sich auf, »ist etwas passiert? Sie sehen so ernst aus.«

»Es hat einen schlimmen Vorfall gegeben«, wich er aus, »der vielleicht in direktem Zusammenhang mit den Geschehnissen von damals steht. Aber ich weiß nicht, inwiefern, und ich hoffe, Sie können mir weiterhelfen.« Er holte sein Smartphone hervor und zeigte ihr das Bild, das Luc im Zeitungsarchiv aufgenommen hatte. »Einer der Jugendlichen, die am Tag von Michel Roumejons Sturz in der Schlossruine gefeiert haben, war möglicherweise Zeuge des Vorfalls.« Er tippte auf den Unbekannten. »Kennen Sie diesen Mann hier?«

Sie kniff die Augen zusammen, schürzte die Lippen. »Ja, natürlich, ich erinnere mich an ihn. Das ist Olivier. Sein Vater besaß eine Polsterei und stattete viele Anwesen in der Umgebung mit aufgearbeiteten Sitzmöbeln aus.«

Für einen Moment war Pierre enttäuscht. Insgeheim hatte er gehofft, sie würde in dem jungen Mann Georges Leveque erkennen, der hier vielleicht seinen Sommerurlaub verbrachte.

»Es war der Sohn eines Ortsansässigen?«, fragte er. Unwahrscheinlich, dass man sich nicht ständig über den Weg lief. Doch Agnès Roumejon hatte so getan, als sei er fremd in der Gegend. »Wie ist sein Nachname?«

»Soubeyroux.«

»Wissen Sie, wo ich ihn erreichen kann?«

»Er ist weggezogen, aber ich weiß nicht, wohin.«

»Könnten Sie das für mich herausfinden?«

»Natürlich. Seine Mutter lebt noch immer hier im Ort, ich kann sie gerne anrufen. Aber dafür müssen wir wieder nach oben, hier haben wir keinen Empfang.«

Pierre folgte Madame Gazet in ein kleines Büro. Sie nahm hinter einem mit Papieren überladenen Schreibtisch Platz und wählte eine Nummer.

»Yvette? Hier ist Mireille. Ah, danke, wir sind bald fertig, die letzten Reben. Ich rufe an wegen Olivier. Wie geht es ihm?« Es folgte eine Pause, in der sie immer wieder nickte und ab und zu ein »Mhm« einstreute. »Das freut mich zu hören. Hast du seine Telefonnummer? Nein, nicht für mich. Hier ist ein Herr, der ihn sprechen möchte. Es geht um die Sache von damals. Du weißt schon …« Sie lauschte, bevor sie wieder antwortete. »Er glaubt, dass es einen Zusammenhang zwischen den Todesfällen der beiden Roumejon-Brüder gibt, und da dein Sohn damals Zeuge war, als Michel …« Wieder eine Pause und mehrere »Mhms«. Madame Soubeyroux schien einiges zu berichten zu haben. »Genau, das dachte ich auch. Daher wäre es gut, wenn du mir Oliviers Nummer …« Schließlich griff Mireille Gazet nach einem Stift und notierte eine Zahlenreihe. »Danke, das richte ich aus. *Bonne journée.*« Damit legte sie auf.

»Was hat sie erzählt?«

»Sie meinte, dass sie gerne zur Aufklärung beitragen wolle und dass ihr Agnès wahnsinnig leidtue, so ganz alleine ohne Familie. Sie sagte, sie habe ein schlechtes Gewissen, weil sie damals nicht wollte, dass ihr Junge mit so einer verkehrt. Sie habe sich geirrt.« Mireille Gazet kaute auf der Unterlippe und blickte an Pierre vorbei zur Tür. »Agnès ist ja etwas jünger als die anderen und wirkte damals ein wenig verwahrlost. Aber sie war ein anständiges Mädchen. Lieb und nett. Ich selbst dachte immer, dass sie etwas Besonderes sei. Als ich sie zum ersten Mal sah, hielt ich sie für eine Prinzessin oder Feentochter, die unerkannt bleiben wollte.« Sie sah Pierre an und lächelte. »Für mich war es ganz natürlich, dass Christophe sie heiratete. Ich dachte sogar, er habe Glück gehabt, dass sie seinen Antrag überhaupt annahm. Er war schon immer ein wenig grobschlächtig, und sie konnte jeden haben, den sie wollte.«

»Auch Michel?«

»Vielleicht. Aber vor allem Olivier. Yvette hat mir erzählt, dass er sich in Agnès verguckt hatte. Das wusste ich gar nicht.« Madame Gazet schob ihm die Telefonnummer hin. »Sie hat gesagt, dass er Ihnen sicher weiterhelfen werde. Er lebt inzwischen in Cancale und betreibt eine Austernzucht. Grüßen Sie ihn von mir.«

Pierre bedankte sich für die Hilfe und ging mit dem Zettel ins Freie. Als er außer Hörweite stand, gab er die Telefonnummer ein.

»Olivier Soubeyroux am Apparat, einen Moment bitte.« Ein Klappern, dann das Rauschen von Wasser. Stille. »So, nun kann es losgehen. Wer ist da?«

»Pierre Durand …« Er zögerte kurz, aber ohne einen behördlichen Anstrich wäre das Telefonat sicher nach wenigen Sätzen beendet. »*Chef de police municipale.* Ich habe ein paar Fragen zu einem Vorfall, der in den Achtzigern liegt. Es geht um den tödlichen Sturz von Michel Roumejon. Wir vermuten, dass es einen Zusammenhang zu einer Unfallserie gibt, bei der vergangene Woche auch sein Bruder Christophe ums Leben gekommen ist.«

»Ja, ich habe von den Unglücken gehört. Und Sie glauben …« Ein Zögern. »Das ist lange her. Warum sehen Sie nicht in den alten Zeugenaussagen nach?«

»Weil wir einer neuen Spur folgen«, antwortete Pierre bestimmt. »Mireille Gazet hat mit Ihrer Mutter gesprochen und mir Ihre Telefonnummer gegeben. Ich soll Sie herzlich von ihr grüßen.«

»Mireille? Gut, einverstanden. Was wollen Sie wissen?«

»Erzählen Sie mir von dem Abend, an dem Michel Roumejon verunglückt ist.«

Olivier Soubeyroux seufzte schwer. »In jenem Sommer haben wir jedes Wochenende an der Schlossruine gefeiert. Sie war der Treffpunkt für die jungen Leute von Châteauneuf-du-Pape. An dem Abend waren wir etwa … zu zehnt, doch es hatte zu regnen begonnen, und als es wieder aufhörte, waren wir nur noch zu fünft: die Roumejon-Brüder, Caterine, Agnès und ich.«

Den Namen Agnès hatte er mit einem besonderen Klang ausgesprochen, beinahe zärtlich.

»Waren Sie mit Agnès zusammen?«, fragte Pierre.

»Ich habe es mir zumindest gewünscht. Sie war wie ein Wesen aus einer anderen Welt. Zart und scheu und gleichzeitig unglaublich wild. Ich wollte sie für mich gewinnen, aber immer, wenn ich mit ihr reden wollte, war auch Christophe in der Nähe. Er hatte ebenfalls ein Auge auf sie geworfen. Wir waren Rivalen, buhlten beide um ihre Gunst.«

»Und dann? Was geschah dann?«

»Ich hatte von zu Hause eine neue Flasche Wein geholt, und als ich zurückkam, waren alle verschwunden. Ich habe nach ihnen gesucht, es war ziemlich dunkel, aber ich hatte eine Taschenlampe dabei. Ich war gerade auf der Plattform vor der Fassade angekommen, als ich diese Schreie hörte …« Er schluckte hörbar, und sein Atem ging schwer. »Sie waren vom letzten Panoramafenster ganz rechts gekommen, und ich bin sofort hingerannt. Oder besser hingestolpert, damals war der Platz noch nicht gepflastert.«

»Von wem stammte der Schrei?«

»Das weiß ich nicht mehr, vielleicht waren es auch zwei Personen, die geschrien haben. Irgendwann stürmte mir Caterine entgegen. Sie weinte, und ich sah das Entsetzen in ihren Augen, doch als ich fragte, was vorgefallen sei, lief sie einfach weiter.«

»Was war geschehen?«

»Das kann ich Ihnen nicht sagen, selbst wenn ich es wollte. Als ich die Stelle erreichte, an der Michel nur wenige Augenblicke zuvor abgestürzt war, standen da Agnès und Christophe. Sie war wie erstarrt. Christophe erzählte, sein Bruder habe versucht, auf dem schmalen Sims zu balancieren, und sei dabei aus dem Gleichgewicht geraten. Ich habe ihm angesehen, dass es nicht die Wahrheit war.«

»Haben Sie eine Vermutung?«

»Nein.« Durch den Hörer drang ein leises Schnaufen. »Aber ich habe oft darüber nachgedacht. Es gibt da etwas, das ich nicht verstehe. Agnès hatte mir mal erzählt, dass sie Christophe nicht besonders gut leiden konnte, deshalb war ich auch so überrascht, als sie sich ohne jede Erklärung von mir abwandte und seinen Antrag annahm. Das war kurz nach dem Unfall. Sie war gerade mal fünfzehn Jahre alt.«

Pierre dachte daran, wie viele junge Mädchen wegen eines Gesetzes aus dem neunzehnten Jahrhundert zu einem Zeitpunkt heiraten durften, an dem sie noch halbe Kinder waren. Er begann zu ahnen, was damals vorgefallen war und warum Christophe Roumejon hatte sterben müssen.

»Denken Sie, Agnès musste heiraten, gegen ihren Willen?«

»So etwas in der Art. Allerdings nicht, weil sie schwanger war oder so. Es hatte etwas mit dem Vorfall zu tun.«

»Sie meinen, Agnès sei schuld an Michels Tod?«

»Ich … ich weiß es nicht. Aber es wäre die einzige Erklärung.«

»Haben Sie jemals mit ihr über den Vorfall geredet?«

»Nein. Ich wollte nur noch raus aus dem Ort, ich konnte es nicht ertragen, die beiden zusammen zu sehen.«

»Und was ist mit Caterine?«

»Caterine … Sie hat uns alle danach keines Blickes mehr gewürdigt und so getan, als wäre nie etwas passiert.«

»Wussten Sie, dass sie wieder mit Agnès befreundet ist?«

»Wirklich? Das ist mir neu.«

»Danke, Sie haben mir sehr weitergeholfen.«

Pierre legte auf und hielt ganz still. Ein Puzzleteil fügte sich zu dem anderen, und er erkannte Verbindungen, die ihm bisher verborgen geblieben waren.

Agnès und Caterine hatten sich wieder angenähert, nachdem die Önologin eine Hypnosetherapie gemacht hatte, die offenbar Michels Unfall zum Thema hatte. Sie hatte Agnès darin unterstützt, sich von Christophe zu trennen, nach über dreißig Jahren …

Warum setzt sich Caterine auf einmal so sehr für die Freiheit ihrer wiedergewonnenen Freundin ein? Hatte sie … etwas wiedergutzumachen?

Caterine könnte auch die Antreiberin dafür gewesen sein, Christophe zu beseitigen. Mit einem fingierten Unfall, den niemand hinterfragen würde. Aber etwas war dazwischengekommen und hatte eine Kette an neuen Ereignissen ausgelöst, die drohten, sich jeglicher Kontrolle zu entziehen.

Pierre blickte zum Schlosshotel und weiter zu dem Fenster von Caterine Ouziels Zimmer. Er dachte an das belauschte Gespräch zurück. Immer wieder hatte sie behauptet, es nicht geführt zu haben. Es war bedeutsam gewesen, aber er hatte nicht gewusst, wie er es einordnen sollte. Bis jetzt.

Plötzlich kam ihm ein Gedanke. Er eilte durch das Portal ins Hotel, die Treppe hinauf in den ersten Stock. Die Tür zu einer Kammer mit Bettwäsche, Duschnecessaires und Toilettenpapier stand offen. Vor einem Regal hockte eine junge Frau mit zurückgebundenem dunklem Haar, die er am Vortag bei der Befragung gesehen hatte, und schob frische Handtücher hinein.

Er räusperte sich. »Mademoiselle?«

Die Frau erhob sich und sah ihn freundlich an. »Fehlt etwas?«

»Nein, aber ich möchte, dass Sie mir helfen. Es geht um die Todesfälle der letzten Tage, ich will etwas herausfinden.« Pierre erklärte ihr, was er vorhatte, und bat sie, das Zimmer mit dem Namen *Colette* aufzuschließen, in dem Caterine Ouziel gewohnt hatte. Dann schrieb er ein paar Zeilen auf den Block, der beim Fernseher lag, öffnete das Fenster so weit wie am

Morgen des Unglückstages und eilte zurück auf den Platz, an dem er das Gespräch belauscht hatte.

»Sie können loslegen«, rief er nach oben.

»Ich sage es doch«, begann das Zimmermädchen hölzern und mit monotoner Stimme. »Er ist tot. Sie behaupten, es sei ein Unfall gewesen, aber es war Mord. Genau wie bei Christophe.« Sie streckte den Kopf aus dem Fenster. »So?«

»Nein, lauter. Viel lauter.«

Sie brauchten drei weitere Versuche, bis es so war wie in seiner Erinnerung.

»Jetzt habe ich aber ganz schön laut geschrien«, sagte das Zimmermädchen durchs Fenster.

»Es war perfekt.«

Das war es gewesen. Caterine Ouziels Telefonat war nicht nachzuweisen, weil sie gar nicht telefoniert hatte. Und es hatte auch kein Gespräch gegeben, es sei denn, ihr Gegenüber war schwerhörig, aber das glaubte er nicht. Caterine Ouziel hatte ihn warnen wollen und damit auch Charlotte. Die Önologin hatte ein Unglück verhindern wollen, weil sie es gewesen war, die den Herd manipuliert hatte.

Pierre erinnerte sich daran, wie Georges Leveque ihm erzählt hatte, dass er sich morgens immer ein Porridge mache. Er hatte getroffen werden sollen, und er, Pierre, hatte es nicht ernst genommen. Das war ein Fehler gewesen, und er fragte sich, ob er den Tod des Jurors hätte verhindern können.

Georges Leveque hatte etwas gegen sie in der Hand gehabt, und Pierre war davon überzeugt, dass es eine Aufnahme gab, die genau das bewies. Vielleicht hatte er daraufhin versucht, sein Schweigen gegen sexuelle Gefälligkeiten zu erpressen. Ob es so gewesen war, würde sich noch zeigen. Zweifellos aber hatte die Önologin das Muster der angeblichen Unfälle kopiert, um ihn zu beseitigen.

Pierre stützte die Hände in die Hüften und blickte in den eisblauen Himmel. Er hatte das Unmögliche denken wollen, aber das Naheliegende übersehen.

Er musste noch einmal mit Agnès reden.

34

Es war kurz nach vier, und der Wind hatte einen neuen Höhepunkt erreicht. Laub wirbelte über die Wege, als Pierre den Citroën Berlingo über die Auffahrt in Richtung der Landstraße lenkte. Ein Wagen der Spurensicherung kam ihm entgegen, Pierre bremste und ließ ihn vorbei, hob die Hand zum Gruß. Die Kollegen würden sich nun das Zimmer von Georges Leveque vornehmen.

Die Dinge gerieten ins Rollen.

Auf dem Weg zum *Château Roumejon* versuchte er, seinen Vater zu erreichen. Er hatte ein schlechtes Gewissen, dass er Alain zusammen mit Richard im Ort hatte stehen lassen. Er wollte ihn noch einmal sehen, bevor er abreiste, aber Alain ging nicht ans Telefon.

Pierre versuchte es unter der Nummer des Schlosshotels, und als Alain auch nicht unter der Durchwahl seines Zimmers abnahm, ließ er sich von der Rezeptionistin mit Richard verbinden.

»Dein Vater ist gerade beim Packen«, erklärte der. »Sein Zug geht um siebzehn Uhr vierzig.«

Verdammt! Vom Hotel fuhr man bis zum *Gare d'Avignon TGV* eine gute halbe Stunde. »Sag ihm, ich bin um fünf im Hotel. Ich bringe ihn zum Bahnhof.«

»Ich richte es aus.«

»Und was ist mit dir? Wann geht dein Flug?«

»Ich habe beschlossen, erst morgen abzureisen. Ich kann

doch nicht fahren, solange meine Tochter noch im Krankenhaus liegt. Ich habe übrigens«, man hörte ein Lächeln aus seiner Stimme heraus, »mit Ian gesprochen. Wir können die Zimmer noch behalten. Er hat darauf bestanden, sie uns ohne Berechnung zu überlassen.«

Pierre bedankte sich für die Umsicht und legte auf. Sein Ziel lag knapp zehn Minuten vom Schlosshotel entfernt. Ihm blieben noch dreiundfünfzig Minuten, um herauszufinden, ob er mit seiner Annahme richtiglag.

Das Tor zum *Château Roumejon* stand noch immer weit offen. Pierre stellte den Wagen auf dem Parkplatz neben den Autos der Roumejons ab und eilte zum Gebäude. Der Sturm hatte abrupt abgerissen. Es fiel ihm erst auf, als er vor dem Portal stand. Ganz plötzlich war es ruhig geworden. So, als halte die Natur den Atem an.

Als niemand auf sein Klingeln und Rufen reagierte, umrundete Pierre das Gebäude. An die westliche Mauer grenzte ein Weinfeld. Da sah er sie.

Agnès Roumejon stand inmitten der Reben, den Blick auf den fernen Horizont gerichtet. Ihr langes Haar umgab sie wie ein Umhang. Sie hatte die Arme fest um den Körper geschlungen und stand reglos da wie eine Statue.

Pierre ging näher, blieb wenige Meter von ihr entfernt stehen. Die Witwe war viel zu kalt angezogen, sie trug nur eine Bluse, die ihre schmale Gestalt weit umspielte. Er warf einen Blick auf die Uhr, es war zwanzig nach vier, dann sprach er sie an.

»Madame Roumejon«, sagte er leise. »Ich bin gekommen, um noch einmal mit Ihnen zu reden.«

Langsam wandte sie sich um, und er sah, dass sie geweint hatte. »Ja?«

»Georges Leveque ist tot.«

Erschrocken riss sie die Augen auf. »Wie ist es passiert?«

»Er ist bei dem mutmaßlichen Versuch, Caterine Ouziel zu ermorden, von ihr erschlagen worden.«

Agnès Roumejon atmete tief durch, dann senkte sie den Blick. »Es reicht«, sagte sie, »ich will, dass das endlich aufhört.«

»Was soll aufhören?«

Sie hob den Kopf. »Sind Sie von der Polizei?«

»Sozusagen. Aber ich bin außer Dienst.« Er trat einen Schritt näher. »Wie Sie wissen, habe ich ein persönliches Interesse daran zu erfahren, was hier vorgefallen ist. Denn auch meine Verlobte Charlotte wäre beinahe tödlich verunglückt, weil sie sich zur falschen Zeit an der falschen Stelle befand.«

Sie sah ihn fest an. Jetzt war ihr Blick klar, und er spürte eine Stärke, die er vorher nicht an ihr wahrgenommen hatte.

»Ich werde Ihnen alles erzählen«, sagte sie. »Ich will, dass das endlich vorbei ist.«

Sie zitterte, und Pierre zog seine Jacke aus, um sie ihr umzulegen, aber sie schüttelte den Kopf. »Wo soll ich nur anfangen?«, flüsterte sie.

»Am besten ganz vorne, im Jahr 1983.«

Agnès Roumejon nickte. Und während sie zurück zum Château gingen, erzählte sie ihm die Geschichte jenes Sommers, in dem sie sich zum ersten Mal in ihrem Leben verliebte.

»Ich dachte, Olivier sei ein Geschenk des Himmels«, sagte sie. »Er war der erste Mann, der mich ernst nahm und mir zuhörte. Ich träumte davon, ihn eines Tages zu heiraten. Und dann … dann kam diese Nacht, die alles änderte.«

Pierre ging neben ihr, ohne sie zu unterbrechen. Hörte zu, wie sie schilderte, dass sie mit Christophe auf Olivier wartete, der eine neue Flasche Wein holen wollte, als sie ein Wimmern hörte, das von einem der abgelegeneren Fensterauslässen kam.

»Es war Caterine«, flüsterte sie so leise, dass er sie nur mit Mühe verstand. »Ich habe sofort gespürt, dass etwas nicht stimmte. Ich wollte zu ihr, Christophe hielt mich zurück, aber ich konnte mich losreißen und bin dem Geräusch gefolgt.« Schlagartig wurde ihre Stimme wieder lauter, und es war zu spüren, wie sehr sie das, was sie nun bildlich vor sich sah, belastete. »Meine Augen gewöhnten sich rasch an die Dunkelheit. Ich erkannte, dass Michel auf ihr lag. Er hatte Caterines Körper gegen den Sims gepresst, ihr Kopf hing im Nichts. Immer wieder flüsterte er, er werde sie hinabstürzen, wenn sie nicht still blieb, während er nicht aufhörte, sie weiter …« Sie schluckte schwer. »Ich habe ihn an der Schulter gepackt und versucht, ihn fortzureißen, doch er hat um sich geschlagen. Geschrien, ich solle abhauen. Dann konnte Caterine sich ihm entwinden und lief davon. Er war wütend und wollte sich auf mich stürzen, da bin ich ausgewichen, und dabei hat er das Gleichgewicht verloren. Christophe war außer sich. Er sagte, ich hätte seinen Bruder ermordet, er werde dafür sorgen, dass ich ins Gefängnis käme und nie wieder in meinem Leben das Tageslicht sehen würde.«

»Es war ein Unfall«, wandte Pierre ein. »Jeder Richter der Welt hätte Sie gehen lassen.«

Agnès Roumejon schüttelte den Kopf. »Woher hätte ich das Wissen oder gar die Kraft nehmen sollen, seine Worte anzuzweifeln? Ich fühlte mich entsetzlich schuldig. Hätte ich nicht eingegriffen, wäre Michel noch am Leben. Ich dachte an meine Eltern und daran, dass man ihnen alles nehmen würde. Sie waren einfache Landarbeiter und hatten nach jahrelanger Unsicherheit endlich einen festen Job gefunden. Was würden sie von mir denken, wenn sie erfuhren, dass ich, ihre einzige

Tochter, verhaftet würde, weil ich für den Tod des Sohnes einer angesehenen Familie verantwortlich war? Ich war verzweifelt und flehte Christophe an, ich würde alles tun, um es wiedergutzumachen, aber er dürfe mich nicht verraten. Dann kam Olivier angelaufen, und Christophe sah mich an. Ich werde den Ausdruck in seinem Gesicht nie vergessen. Es lag so viel Triumph darin. Er drehte sich zu Olivier um und sagte, es sei ein Unfall gewesen. Ein tragischer Sturz durch zu viel Alkohol.«

Sie waren inzwischen wieder am Portal des Châteaus angekommen, und Agnès Roumejon nestelte den Schlüssel aus ihrer Hosentasche, steckte ihn ins Schloss.

»Christophe hat für Sie gelogen, und Sie haben alles für ihn getan, damit er Sie nicht verriet«, fasste Pierre zusammen.

Sie lächelte und stieß die Tür auf. »Aus seinem Mund klang es wie eine Liebeserklärung. Er sagte, er werde mich beschützen bis an mein Lebensende. Seine Familie habe einen guten Ruf, wenn ich seinen Namen trüge, dann könne mir nichts passieren. Ich habe ihm geglaubt. Und eine Zeit lang ging es auch gut. Ich habe mich mit meinem Leben arrangiert, hatte auch Annehmlichkeiten. Bis seine Eltern starben und wir nichts mehr hatten als die Arbeit.«

»Hat er damals begonnen, Sie zu misshandeln?«

Sie nickte nur. Betrat dann das Foyer und nahm eine Strickjacke vom Haken, bevor sie in Richtung des Salons ging.

Pierre blieb einen Moment stehen und dachte, dass es eine Falle sein könnte, niemand würde ihm hier zu Hilfe kommen. Unschlüssig sah er auf seine Armbanduhr, es war fünf nach halb fünf. Dann entschloss er sich, seinem Bauchgefühl zu vertrauen, und folgte Agnès Roumejon in den Salon.

Sie hatte sich wieder auf dem Sofa niedergelassen, auf dem sie bereits beim letzten Gespräch gesessen hatte.

Pierre nahm ihr gegenüber Platz. »Ihr Mann hat Sie also misshandelt«, sagte er schließlich. »Haben Sie in dieser Zeit manchmal an Olivier gedacht?«

Sie biss sich auf die Unterlippe. Dann zuckte sie die Schultern. »Jeden Tag. Aber er ist inzwischen verheiratet und hat zwei Kinder. Ich weiß es von seiner Mutter.«

»Es ist das Leben, das Sie hatten führen wollen.«

»Ich habe es nicht verdient.«

»Das ist Unsinn.« Pierre schüttelte den Kopf. »Sie haben Ihrer Freundin geholfen und wollten sich selbst vor einem Straftäter schützen. Sie hätten es sehr wohl verdient, dass man Ihnen hilft. Stattdessen hat Christophe Ihnen ein vergiftetes Angebot gemacht.«

Sie weinte leise, wischte sich mit dem Ärmel der Strickjacke die Tränen vom Gesicht. Schwieg.

»Aber dann«, sagte Pierre, um das Gespräch wieder in Gang zu bekommen, »haben Sie sich von ihm getrennt.«

Sie nickte. »Nach diesem Vorfall an der Schlossruine ist der Kontakt zwischen Caterine und mir abgebrochen. Im März saß sie dann in Begleitung von Daniel Avonde in unserem Salon, genau da, wo Sie jetzt sind. Die beiden berichteten von einem Angebot, das ein chinesischer Investor machen wollte. Christophe war überrascht, er hatte bis dahin keinen Gedanken an einen Verkauf verwendet, aber der erfolgreiche Export des Marselan hatte Caterines Aufmerksamkeit geweckt. Einer ihrer Kunden sei auf der Suche nach ausbaufähigen Weingütern, ob wir schon mal daran gedacht hätten …« Sie lächelte. »Es war das erste Mal, dass Caterine und ich uns wieder in die Augen sahen. Sie bat mich um ein Treffen. Dabei sagte sie mir, dass sie in Behandlung sei und versuche, das Geschehen von damals aufzuarbeiten. Sie wolle sich endlich bei mir dafür bedanken, dass ich ihr aus der Not geholfen hatte.« Agnès

Roumejon seufzte. »Dabei war ich dankbar, endlich über die Sache reden zu können. So viele Jahre hatte ich es für mich behalten und wäre beinahe erstickt an der Schuld. Sie war dabei, ihr konnte ich es anvertrauen. Als ich ihr erzählte, was damals geschah, nachdem sie fortgerannt war, und dass ich mir Christophes Schweigen teuer erkaufen musste, war sie außer sich. Vielleicht hätte ich ihr die Spuren nicht zeigen sollen, die seine ständigen Schläge auf meinem Körper hinterließen.«

Pierre atmete tief ein und wollte etwas sagen. Dass es ihm leidtat und dass kein Mann der Welt das Recht hatte, einer Frau das anzutun, doch er entschied sich, ihren Redefluss nicht zu unterbrechen.

»Es war das erste Mal, dass ich darüber geredet habe, wie es hinter der Fassade aussah und wie es mir in dieser Ehe erging. Caterine war geschockt, sie sagte, so könne es nicht weitergehen, ich solle mich trennen. Aber das konnte ich nicht. Also hat sie mir Bücher geschenkt, in denen starke Frauen eine Rolle spielen, und mich ermutigt, selbstbewusster aufzutreten.« Agnès Roumejon lächelte bitter. »Es hat genau das Gegenteil bewirkt. Christophe ist misstrauisch geworden, er hat mir verboten, mich weiter mit ihr zu treffen. Als ich ihm widersprach, ist die Situation eskaliert. Christophe geriet vollkommen außer Kontrolle. Er schlug mich, sagte immer wieder, dass ich ohne ihn ein Nichts sei. Drohte mir, beleidigte mich. Er beschuldigte mich, ich würde zulassen, dass andere unsere Ehe zerstören wollten und damit auch ihn. Er drohte sogar, mich einzusperren, wenn ich mich nicht daran hielte. Damit hat er eine Grenze überschritten. Ich habe meine Sachen gepackt und ihn verlassen.«

»Warum sind Sie zu ihm zurückgegangen?«

»Ich fühlte mich schuldig und litt unter Angstattacken. Als er mich dann umwarb, dachte ich, dass es mir mit ihm wieder besser ginge. Ich habe doch seit meiner Jugend keinen einzigen Tag ohne ihn verbracht … Er war auf einmal so charmant, er flehte mich an, zu ihm zurückzukehren. Er schwor, nie wieder die Hand gegen mich zu erheben. Und ich habe ihm geglaubt.« Sie seufzte. »Es hielt nur wenige Wochen. Dann wurde der Notartermin anberaumt. Christophe sprach davon, nach dem Verkauf des Weinguts von hier wegzugehen, an die Atlantikküste oder nach Portugal, und ich bekam es wieder mit der Angst zu tun. Ich wusste, dort wäre ich ihm komplett ausgeliefert. Niemandem würde es mehr auffallen, wenn mir etwas zustieß. Ich flehte ihn an, hierbleiben zu dürfen, ich wolle auch kein Geld. Ich würde mir eine Arbeit suchen und eine kleine Wohnung. Da hat er mich am Arm gepackt und gedroht, mich zu töten, wenn ich ihn noch einmal verlasse. Und ich habe ihm geglaubt.«

»In Ihrer Verzweiflung haben Sie Caterine Ouziel angerufen.«

»Ja«, entfuhr es Agnès Roumejon, und sie ballte die Fäuste. »Sie hat gesagt, dass sie mir hilft. Genauso, wie ich ihr damals geholfen hätte. Es sei ihr ein tiefes Bedürfnis, ein Akt des Ausgleiches. Sie könne es nicht länger ertragen, mich wegen ihr so leiden zu sehen.«

»Sie haben zugestimmt.«

Agnès Roumejon nickte, und jetzt liefen auch wieder die Tränen. »Caterine sagte, sie wolle die Sache übernehmen, und sie hätte auch ein perfektes Motiv, um von uns abzulenken.«

»Jetzt kommen die Winzer ins Spiel«, vermutete Pierre.

Wieder ein Nicken. »Caterine ist von einigen Männern im Dorf wegen ihrer Zusammenarbeit mit asiatischen Investoren angefeindet worden, und es war ihr eine große Genugtuung, es ihnen heimzuzahlen. Damit alles realistisch wirkte, rief Caterine Daniel mit Hilfe einer Sprachverzerrung an und bedrohte ihn. Ich malte den Galgen mit Kreide auf unsere Tür und legte einen weiteren aus Stöcken ins Weinfeld. Und dann war es so weit. Wir verabredeten, dass ich am Sonntagabend, wenn niemand mehr auf dem Hof ist, die Tür versperre und Daniel anrufe, sobald ich Christophe vom Feld kommen sehe. Es ging um Belanglosigkeiten, ein geplantes Abendessen zur Feier des Verkaufs. Dabei sollte ich das Geschehen live kommentieren, damit ich ein Alibi habe. Behaupten, dass ich eine vermummte männliche Gestalt sähe. Alles lief nach Plan. Als Christophe nach mir rief, lief ich nach vorne und hatte Daniel als Zeugen am Ohr dabei. Caterine hielt einen Stein in der Hand und schlug zu. Doch dann ist etwas passiert, das nicht geplant war.«

»Der Sturm hat die Dachziegel ins Rutschen gebracht.«

Agnès Roumejon nickte heftig. »Die Ziegel haben ihn vollständig begraben. Es war ungeheuerlich! Anfangs dachten wir, es sei das Beste, was uns passieren könne. Es wirkte wie ein Unfall. Niemand würde je auf die Idee kommen, es sei Mord. Und anfangs sah es auch so aus, als sei das Glück auf unserer Seite. Doch dann …« Sie begann, lautlos zu weinen.

»Daniel Avonde ist dahintergekommen.«

Agnès Roumejon stand auf und ging zu einer Schublade, entnahm ihr ein Taschentuch, mit dem sie sich die Nase putzte.

»Er sagte, er wolle mit mir reden«, erzählte sie und ließ sich langsam wieder auf dem Sofa nieder. »Er sei ja am Telefon gewesen, als es geschah, und nun wolle er nach mir sehen und fragen, wie es mir gehe. Und als er dann da war, fragte er, was ich wirklich gesehen hätte an jenem Abend. Er sagte, ihm sei aufgefallen, dass mein Schrei mehrere Sekunden vor dem Lärm gekommen sei, den die herabstürzenden Ziegel verursacht hatten. Und hätte ich nicht auch behauptet, da stehe jemand auf dem Hof? Ich wusste nicht, was ich darauf erwidern sollte. Ich nickte nur und stammelte etwas davon, dass ich mich wohl geirrt hätte. Dann erzählte ich ihm von den Galgen und davon, dass die Winzer gewonnen hätten. Ich würde das Weingut nicht an die chinesische Holding verkaufen. Dann rief ich Caterine an, weil ich Angst hatte, dass er mir nicht glaubt. Sie versprach, sich darum zu kümmern.«

»Und kurz darauf war Daniel Avonde tot.«

»Ich weiß nicht, wie das passieren konnte. Ich habe versucht, Caterine zu erreichen, aber sie ging nicht mehr ans Telefon. Sie hat all meine Anrufe ignoriert. Und dann geschah auch noch dieser Stromunfall!«

Etwas war aus dem Ruder gelaufen …

Pierre sah an ihr vorbei zum Fenster, vor dem nun ein blaues Leuchten erschien, das im Tageslicht kaum wahrzunehmen war.

Caterine Ouziel hatte nicht mit Georges Leveque gerechnet, der etwas von den Vorfällen mitbekommen haben musste, wohl über eine Kamera, die er in ihrem Zimmer installiert hatte und die alles, was darin vor sich ging, in seines übertrug. Auch das Telefonat mit Agnès, in dem die Önologin versprach, sich um Daniel Avonde zu kümmern. Georges Leveque wollte Caterine näher sein, als sie es zuließ, nun hatte er den perfekten Hebel, um sie endlich gefügig zu machen. Er drängte sich ihr auf, und in ihrer Angst sah sie nur noch einen Ausweg: einen weiteren Unfall zu inszenieren, bei dem sie den einzigen nicht abgedeckten Herd manipulierte. Mit dem Ziel, dass Leveque bei der Zubereitung seines Frühstückes starb und sie als vermeintliches Opfer dastand.

Doch es war anders gekommen als gedacht. Leveque, der sonst jeden Morgen pünktlich in der Küche stand, verschlief. Damit es sie nicht selbst traf, musste sie die Migräne vortäuschen, um abzusagen.

Pierre konnte sich ihre Unruhe vorstellen, Caterine musste ja jeden Augenblick damit rechnen, dass jemand aus dem Team tödlich verunglückte. Als sie dann mitbekam, dass Charlotte ihre Rolle einnehmen sollte, geriet sie in Panik. Sie sah, dass er, Pierre, durch den Park lief, und inszenierte kurzerhand ein Gespräch, das in seiner Eindringlichkeit und Lautstärke den gewünschten Effekt hatte, wenn es auch nicht so ausging wie erhofft.

Doch nun hatte sie gleich zwei Probleme. Mit Pierre einen Mann, der nicht nur beharrlich nach dem Grund für ihre Panik fragte, sondern auch nach dem Gesprächspartner des angeblichen Telefonats. Und Georges Leveque, einen narzisstisch gekränkten Verehrer, der sehr wohl verstand, was dieser Stromunfall zu bedeuten hatte, und der sich dafür rächen wollte.

»Monsieur Durand?« Agnès Roumejon sah ihn an und erhob sich langsam. Auch sie hatte das Leuchten bemerkt, nun hörte man auch das Zuschlagen von Türen und das Knirschen von Schuhen auf dem sandigen Stein.

Pierre nickte ihr zu. Stand dann auf und geleitete sie zum Ausgang. »Haben Sie einen Rechtsbeistand? Ohne diesen sollten Sie jetzt keinen Ton mehr sagen.«

Er war Polizist, dennoch konnte er ihre Motive nachvollziehen. Christophe Roumejon hatte sie mit einer Lüge eines freien und selbstbestimmten Lebens beraubt. Er hatte sie psychisch und körperlich missbraucht. Sie konnte nichts dafür, dass Caterine das Steuer für diese irrwitzige Fahrt übernommen hatte. Aber es entschuldigte nichts.

35

Als Pierre vor die Tür trat, kam ihm Bompard entgegen. Der *Lieutenant* lächelte breit.

»Dachte ich mir doch, dass Sie hier sind«, sagte er. »Sie hatten recht. Wir haben in Georges Leveques Zimmer eine daumengroße Überwachungskamera mit Bewegungserkennung und Infrarot-Nachtsicht gefunden. Der Kameraperspektive zufolge war sie mit einem Magnet an Caterine Ouziels Fernseher angebracht. Leveque hat sich das ganze Geschehen auf seinen Laptop streamen lassen. Die Kollegen sind noch dabei, das Material auszuwerten, aber eines ist bereits beim Schnelldurchlauf aufgefallen: Caterine Ouziel hat am Freitagabend um acht Uhr vierundzwanzig eine Nummer angerufen, die wir anhand der Verbindungsliste Agnès Roumejon zuordnen konnten. Die Winzerin hatte seit dem späten Nachmittag versucht, die Önologin zu erreichen.«

Pierre rechnete nach. Das musste das Telefonat sein, in dem Caterine Ouziel von Daniel Avondes Besuch und von seinem Misstrauen erfahren hatte. »Wie hat sie reagiert?«, fragte er.

»Die Önologin hat vor allem zugehört, aber sie ist im Laufe des Telefonats immer unruhiger geworden. Am Ende verspricht sie Roumejons Witwe, sich um Daniel Avonde zu kümmern, sie solle sich keine Sorgen machen. Dann läuft sie im Zimmer auf und ab, sie ist aufgebracht, geradezu hysterisch.« Bompard verzog den Mund. »Der Makler versucht an jenem Abend ebenfalls mehrfach, Caterine Ouziel zu erreichen, und spricht ihr wohl auch auf die Mailbox. Jetzt ruft die Önologin ihn zurück. Sie fragt, wer es gewesen sei, sie wolle es wissen. Nach einer kurzen Pause erzählt sie ihm, sie sei gerade im Schlosshotel angekommen, dann verlässt sie das Zimmer.«

Pierre nickte. »Der Makler hat sie offenbar nicht als Täterin in Erwägung gezogen, sondern als ein mögliches weiteres Opfer.«

»Ein tödlicher Fehler«, bestätigte Bompard. »Eine Viertelstunde später überschlug er sich mit seinem Wagen. Offenbar wusste Caterine Ouziel, welchen Weg er nehmen würde, und passte ihn ab. Noch haben wir nichts in der Hand, um zu beweisen, dass sie tatsächlich Avondes Autounfall herbeigeführt oder den Herd manipuliert hat, aber wir bleiben dran. Der Haftbefehl ist bereits beantragt.« Er nickte anerkennend. »Gute Arbeit, Durand. Ich werde Ihre Hilfestellung lobend erwähnen. Das gibt Pluspunkte bei Ihrem Vorgesetzten.«

»Halten Sie mich da lieber raus«, entgegnete Pierre lachend und hob abwehrend die Hände. »Sie bringen mich sonst in Teufels Küche.« Er sah auf seine Uhr. Es war kurz vor fünf, er musste sich beeilen, wenn er Alain nicht verpassen wollte. »Ich muss los. Ich habe noch eine dringende Verabredung.«

Es war sechs Minuten nach fünf, als Pierre im Hotel eintraf. Auf dem Parkplatz standen Dominique Reille und Alexandre Pithois vor ihren Autos und tauschten ihre Kontaktdaten aus.

»He, warten Sie«, rief der *pâtissier*, als Pierre mit kurzem Gruß an ihnen vorbeihasten wollte. »Wenn Sie Ihren Vater suchen, der ist schon abgereist.«

Pierre blieb stehen. »Wie lange ist das her?«

»Bestimmt eine halbe Stunde. Er hat sich ein Taxi bestellt.«

Vor einer halben Stunde … Überrascht und enttäuscht

zugleich runzelte Pierre die Stirn. Alain war also gefahren, ohne einen Ton zu sagen. Und offenbar hatte er auch nicht sein Angebot annehmen wollen, ihn zum Bahnhof zu bringen.

Er verabschiedete sich von den beiden Köchen und wünschte ihnen alles Gute, dann ging er leise vor sich hin schimpfend die Treppe hinauf zum Hotel und machte sich auf die Suche nach Richard.

Pierre entdeckte Charlottes Vater auf einem Stuhl im Restaurant, vor sich eine Limonade.

»Hast du mit Alain gesprochen?«, fragte er ihn.

»Ja. Ich habe ihm erzählt, dass du ihn fahren willst, aber er hat abgewunken. Er bat mich, dir das hier zu geben.« Richard reichte ihm einen Umschlag, auf dem sein vollständiger Name stand, als sei es eine Vorladung.

Pierre nahm ihn an sich und ging ins Freie. Er wollte alleine sein, wenn er ihn öffnete.

Mein lieber Sohn,
nun sind wir also endlich dort angelangt, wo wir nie hinwollten: bei den Schuldzuweisungen. Du hast recht, das Problem liegt tiefer. Aber es liegt sicher nicht daran, dass ich unausstehlich bin oder in meiner angeblichen Kränkung die Befindlichkeiten anderer vergesse. Nein, der Grund für unsere Differenzen ist, dass wir in unterschiedlichen Welten leben, die nicht zusammenpassen. Das war schon immer so, und das wird wohl auch immer so bleiben.
Bevor wir uns daher endgültig an die Gurgel gehen, sollten wir es akzeptieren und damit aufhören, heile Familie zu spielen.
Au revoir *und gehab Dich wohl*
Dein Vater

Pierre ließ den Brief sinken. Er schwankte zwischen Empörung und Enttäuschung. Das war alles, was Alain ihm zu sagen hatte? Dass sie nicht zusammenpassten? Ja, sie hatten sich gestritten, aber war das ein Grund, sich wortlos und mit einer derartigen Endgültigkeit zu verabschieden?

Er schluckte heftig.

Hatte Alain denn das Band nicht gespürt, das sich während dieser Tage ganz leise geknüpft hatte?

Pierre dachte an den Moment, als Alain ihm offenbarte, dass er der anonyme Anrufer sei. Es war ein Moment seltener Harmonie gewesen, als wäre nie etwas zwischen ihnen vorgefallen. Pierre hatte geglaubt, Charlotte habe recht gehabt und diese Tage seien eine gute Möglichkeit, sich neu zu begegnen. Nach Jahren des Schweigens war er bereit gewesen, ihrer Beziehung eine Chance zu geben. Sich zu versöhnen. Und nun das!

Mit einem bitteren Lachen schüttelte er den Kopf, zerriss den Brief und warf ihn als zusammengeknüllten Ball in die Landschaft. Dann schritt er voran zum Parkplatz. Es war, als habe ihn sein Vater erneut alleine gelassen. Wieder einmal war Alain vor den Problemen geflohen, aber er, Pierre, war kein Kind mehr. Ja, es mochte sein, dachte er, während er den Citroën Berlingo aufschloss, dass sie zu verschieden waren, um eine harmonische Vater-Sohn-Beziehung zu führen, doch das war noch lange kein Grund, es nicht wenigstens zu versuchen.

Grummelnd lenkte Pierre den Wagen auf die Landstraße, er fuhr viel zu schnell, raste durch eine Radarkontrolle, es war ihm egal. Er wollte seinen Vater nicht so davonkommen lassen. Er wollte ihm gegenüberstehen, wenn er Alain fragte, ob er das wirklich so meinte. Nach all den Jahren.

Pierre erreichte den *Gare d'Avignon TGV* um siebzehn Uhr neununddreißig und fand einen Parkplatz direkt vor dem langgestreckten futuristischen Gebäude, das man zum Schutz der Passagiere vor dem Mistral und der Sonne gebaut hatte. Er stürmte hinein, warf einen Blick auf die digitale Anzeige. Der Zug nach Paris ging auf Gleis vier. Er wusste, dass er sich beeilen musste, hastete die Rolltreppe hinauf und an den leeren Sitzen des Wartebereiches entlang, drängelte sich an einer Gruppe Reisender vorbei, die mit ihren Koffern den Gang blockierten.

»Monsieur, können Sie denn nicht aufpassen?«, blaffte ihn ein Mann an.

»Ich muss zum TGV nach Paris.«

»Sie kommen ohnehin zu spät«, sagte der Mann und zeigte auf das Gleis, wo der Zug gerade anfuhr und rasch an Geschwindigkeit gewann.

»*Zut!*«, brüllte Pierre seinen Frust und Ärger hinaus, sodass die Reisegruppe eilig ihre Koffer griff und das Weite suchte.

Er wollte sich gerade umwenden, als er seinen Vater am Ende des Ganges auftauchen sah.

»Alain …«

Pierres Vater riss erstaunt die Augen auf, als er ihn entdeckte. Dann hob er die Schultern. »Ich konnte nicht fahren«, sagte er, als er vor Pierre stand. »Nicht so.«

Sie gingen in ein Café im Eingangsbereich. Pierre bestellte sich am Tresen einen *café noir*, und Alain, nach einem zögernden Blick auf die Getränkekarte, nahm ebenfalls einen. Sie setzten sich an einen Tisch mit orangeroten Plastikstühlen und schwiegen. Suchten nach Worten, als Pierre bemerkte, dass sein Vater nach dem Zuckerspender griff und sich eine großzügige Portion in die Tasse schüttete.

»Seit wann machst du das?«, fragte Pierre, und ihm schwante Übles.

»Was mache ich?«

»Na, Zucker hineintun.«

»Immer schon. Hast du das nie bemerkt?«

»Nein.« Pierre starrte auf seine eigene Tasse. Da hatte er sich als junger Mann entschieden, sich von seinem quasi nicht existenten Vater zu lösen, um nichts Besseres zu tun, als seine Macken zu übernehmen. Er schmunzelte, und dann musste er lachen. »Lass uns noch einmal ganz von vorne beginnen«, sagte er.

Alain legte den Kopf schräg, dann grinste er breit. »Einverstanden.«

Epilog

Es sollte beinahe zwei Wochen dauern, bis der Moment endlich gekommen war.

Charlotte und Pierre hatten es sich auf dem Sofa im Wohnzimmer gemütlich gemacht. Im Kamin brannte ein Feuer, und vor ihnen standen zwei Gläser. Nun beugten sie sich eng aneinandergekuschelt über ein iPad, auf dem die Fotos gespeichert waren, die Luc Pierre gestern zugeschickt hatte.

Fotos, die sein Assistent von dem Abend gemacht hatte, an dem sie im kleinen Kreis ihre Verlobung bekanntgaben. Charlotte und Pierre hatten dafür einen Tisch im *Chez Albert* reserviert, und es waren fast dieselben Gäste geladen, mit denen sie auf seinem Geburtstag angestoßen hatten. Nur Ian war dazugekommen. Dafür fehlte Florence.

»Ich brauche ein wenig Abstand«, hatte Luc ausweichend gesagt und dann geschwiegen, was wirklich selten bei ihm war. Zuerst war Pierre besorgt und hatte sich nach seinem Wohlbefinden erkundigt, doch sein Assistent hatte abgewunken. »Alles gut, wirklich. Ich weiß nur nicht, ob ich gerade das Richtige tue.«

Pierre hatte genickt, er mochte Florence und fand, dass die beiden ein großartiges Paar abgaben, aber wer konnte schon hinter die Kulissen blicken und sagen, was wirklich war?

Nein, er konnte nicht in die Menschen hineinsehen, sosehr er es sich auch wünschte, doch damit war er nicht alleine, und das war immerhin tröstlich. Auch Ian hatte der Kulisse eines

Freundes geglaubt und entsetzt die Augen aufgerissen, als er von Agnès' blauen Flecken erfuhr und davon, wie sehr sie unter ihrem Mann gelitten hatte.

»Christophe hat seine Frau misshandelt? Und sie mit einer Lüge in die Ehe gezwungen? Ausgerechnet Christophe, dieser nette, kumpelhafte Mann.« Ian war sich mit beiden Händen über das Gesicht gefahren. »Wie schrecklich, warum habe ich das nie bemerkt?«

Pierre fielen spontan zwei Menschen ein, deren Charakter er zu Beginn ebenfalls falsch eingeschätzt hatte. In seinem Fall war es jedoch andersherum gewesen, und die Sache hatte sich – zum Glück – zum Positiven gewendet.

Das galt für Charlottes Vater Richard, der sich vom hölzernen Knochen zum überraschend sympathischen und fürsorglichen Mann gewandelt hatte. Gemeinsam hatten sie Charlotte aus dem Krankenhaus abgeholt, ehe Pierre ihn zum Flughafen brachte, wo sie sich sehr herzlich voneinander verabschiedeten.

Dasselbe galt für Bompard, von dem Pierre geglaubt hatte, er werde nie wieder von ihm hören. Tatsächlich aber hatte der *Lieutenant* noch einmal angerufen, um ihm zu berichten, dass sie an einer mobilen Laderampe aus dem Lager von Caterine Ouziels kulinarischer Weinbar Reifenabrieb gefunden hatten. Aufgrund der erdrückenden Beweislage hatte die Önologin gestanden und Agnès Roumejon vollumfänglich in Schutz genommen, weshalb diese sich zwar wegen Billigung des Mordes an ihrem Mann verantworten musste, nicht aber wegen Beihilfe.

Andere Menschen hingegen glaubte Pierre zu hundert Prozent durchschauen zu können, egal, wie perfekt ihre Fassade nach außen hin wirkte. Der neue Bürgermeister Maurice Marechal war das Paradebeispiel eines guten Schauspielers, dem die meisten Dorfbewohner den zugewandten und bürgernahen Familienvater abnahmen. Aber er gab sich auch die allergrößte Mühe, seine Außendarstellung auf Hochglanz zu polieren. Im Gegensatz zu Gilbert Langlois, der jedem, der es hören mochte, und sogar denen, die es nicht wollten, von dem ihm versprochenen, jedoch nicht gewährten Posten erzählte. Und so kam es, dass auch Pierre mit seiner Meinung nicht länger hinter dem Berg hielt.

Es geschah am Mittwoch, nachdem sie aus Châteauneuf-du-Pape zurückgekehrt waren. Es war ein herrlicher Morgen, erste Sonnenstrahlen vertrieben den Dunst der Nacht. Pierre war mit dem Fahrrad über die Felder zur Arbeit gefahren und stellte es am Ständer vor der Wache ab, als er einen kleinen, untersetzten Mann bemerkte, der aus einem Haus auf der anderen Straßenseite trat und in Richtung der *Place du Village* verschwand. Er wäre Pierre nicht weiter aufgefallen, wenn der Blick, mit dem der Fremde ihn musterte, nicht so düster gewesen wäre.

»Das ist Gilbert Langlois«, sagte eine Stimme neben ihm, und Pierre drehte sich um.

»Guten Morgen, Luc«, rief Pierre. Er hatte seinen Assistenten nicht kommen hören. »Du meinst, das ist dieser Kerl, der darauf pocht, meinen Job machen zu wollen?«

»Genau der.«

»Sag bloß, der wohnt hier in der Straße.«

»Schräg gegenüber. Ich wette, der steht den ganzen Tag am Fenster und notiert alles, was hier passiert.«

»Interessant. Ich glaube, ich sollte mich ihm mal vorstellen.«

Luc schüttelte den Kopf. »Lass es lieber, der macht bloß Ärger.«

»Nein«, beharrte Pierre. »Ich will wissen, mit wem ich es zu tun habe.«

Er ließ Luc stehen und eilte die Gasse entlang. Auf der

Place du Village waren nur wenige Menschen unterwegs, und so entdeckte er den Mann auf Anhieb. Langlois bog gerade in die *Rue de Portail*, die erst vor wenigen Jahren neu gepflasterte Geschäftsstraße des Dorfes.

Schnellen Schrittes nahm er die Verfolgung auf. Er erreichte Langlois, bevor er die Bäckerei betrat, und tippte ihm auf die Schulter.

»Was zur …?« Abrupt riss der Mann den Kopf herum und bleckte die Zähne, als er sah, wer nun vor ihm stand. »Monsieur Durand, was für eine Überraschung.«

»Ja, nicht wahr?« Pierre betrachtete die Schweinsäuglein, die gedrungene Gestalt. Langlois war einen Kopf kleiner als er und musste zu ihm aufsehen, was er mit einer kampfbereiten Haltung wettzumachen suchte. »Ich wollte Sie nur im Dorf begrüßen und Ihnen sagen, dass ich Sie im Auge behalte.«

»Und ich Sie, Monsieur Durand. Sie wissen, warum ich hier bin?«

»Allerdings. Aber das können Sie vergessen. Der Posten des *Chefs de police municipale* steht nicht zur Verfügung.«

»Noch nicht«, erwiderte Langlois. »Aber ich will offen sein. Der Posten ist mir fest versprochen worden. Er gehört mir, und Sie werden nichts dagegen tun können, dass ich ihn mir zurückhole. Und ich sage Ihnen auch, wie: Indem ich den Menschen hier die Wahrheit über Sie erzähle.«

»Von welcher Wahrheit sprechen Sie?«

»Das weiß ich noch nicht. Aber ich kenne niemanden, der nicht irgendwo eine Leiche im Keller hat.« Langlois grinste abfällig. »Sie werden schon sehen.«

»Jetzt hören Sie mir mal gut zu, mein Freund.« Pierre trat näher und stellte sich mit geradem Rücken vor dem Rivalen auf. »Wenn Sie hier irgendeine Intrige anzetteln, dann werde ich es zu verhindern wissen.«

»Wie wollen Sie das tun?«

»Das werden Sie schon sehen.«

»Soll das eine Drohung sein?«

»Nennen Sie es, wie Sie wollen.«

Damit drehte Pierre sich um. Fast wäre er mit Madame Duprais zusammengestoßen, die ihn mit großen Augen ansah.

»Huch, *Monsieur le policier*«, sagte sie, »nicht so stürmisch.«

Diese neugierige Alte! »Haben Sie etwa wieder gelauscht?«, entfuhr es Pierre. Er hatte keine Lust auf Höflichkeitsbezeugungen und marschierte, ohne die Antwort abzuwarten, geradewegs zurück zur Wache.

»Und?«, fragte Luc, als er eintrat, und auch Penelope reckte neugierig den Kopf.

»Es ist, wie du gesagt hast. Er versucht gar nicht erst, es zu verheimlichen.« Mit einer gespielt lässigen Bewegung zog Pierre seine Jacke aus und hängte sie an den Haken. »Immerhin weiß er jetzt, dass ich ihn im Auge behalte.«

»Ist Charlotte schon im Bild?«, fragte Penelope.

»Ich habe es ihr noch nicht erzählt. Weder was während ihres Krankenhausaufenthalts alles los war, noch die Sache mit Langlois. Die Ärztin hat ihr jegliche Aufregung verboten.«

»Du solltest nicht allzu lange warten, sonst tut es jemand anderes.«

Penelope hatte recht. Deshalb hielt Pierre noch am selben Mittag, als er Charlotte einen Pudding mit Knusperflocken aus dem Krämerladen mitbrachte, einen längeren Monolog, in dem er ihr sowohl von dem Fall als auch von Gilbert Langlois erzählte. Damit sie nicht allzu sehr erschrak, versuchte er zu untertreiben, was ihm nur mäßig gelang. Doch als sie am Ende seine Hand drückte und sagte, dass sie an seiner Seite sei, egal, was geschehe, war er froh gewesen, es ihr gesagt zu haben.

»Sieh nur«, meinte Charlotte in diesem Augenblick und

riss ihn aus seinen Erinnerungen. Jetzt drang auch das Knistern des Kaminfeuers wieder in sein Bewusstsein, ebenso der Vanilleduft ihrer Haut. Gerade zog sie ein Foto größer, auf dem sie beide mit einem Sektglas in der Hand dastanden und den Gästen zuprosteten. »Das war ein schöner Moment.« Sie schmiegte sich eng an ihn. »Auch wenn ich nur das Prickeln auf der Zunge gespürt habe.«

»Das wird wieder, ganz bestimmt.« Pierre griff nach den beiden Gläsern, die auf dem Couchtisch standen, und reichte ihr eines. »Stoßen wir auf die Zukunft an. Und darauf, dass wir sie bald als Mann und Frau beginnen.«

Sie prosteten sich zu, und Pierre kostete den Wein. Er hatte einen Marselan gekauft, weil Bernard Gazet ihn neugierig gemacht hatte. Er fand, dass der Wein fast ebenso marmeladig schmeckte wie mancher Châteauneuf-du-Pape, vollmundig und beerig, aber sanfter und mit weichen Tanninen und den Aromen dunkler Schokolade im Abgang. Er dachte, es sei schade, dass Charlotte dieser Genuss entging, aber er hatte eine zweite Flasche beiseitegelegt, für die Zeit, wenn sie den Wein wieder schmecken konnte.

»Warte mal«, flüsterte Charlotte, nachdem sie einen Schluck getrunken hatte, dann nahm sie noch einen, und eine Träne kullerte ihre Wange hinab. »Es kommt wieder … Ich glaube, ich schmecke etwas.«

»Das ist ja wunderbar.«

Pierre zog sie in seinen Arm. Der Moment, auf den sie so lange gewartet hatte, war gekommen. Und nun, da er da war, dachte Pierre, dass er nie daran gezweifelt hatte.

Anmerkungen der Autorin

Das charmante Dörfchen Sainte-Valérie liegt irgendwo zwischen Weinbergen und Olivenhainen in der Nähe von Gordes. Wer es auf der Landkarte sucht, wird feststellen, dass es den Ort in der Realität gar nicht gibt. Ebenso wenig den Berg, auf dem es liegt, und somit auch die Straße, die hinunter ins Luberontal führt.

Nicht nur Sainte-Valérie ist meiner Fantasie entsprungen, sondern auch dessen Bewohner sowie alle Personen und deren Handlungen in diesem Buch. Ähnlichkeiten mit toten oder lebenden Personen oder realen Ereignissen sind nicht beabsichtigt und wären rein zufällig.

Real hingegen sind die beschriebenen Folgen der steigenden Temperaturen auf die Weinregion Châteauneuf-du-Pape wie auch die Hintergründe zum Verkauf französischer Châteaus an chinesische Investoren. Eine besondere Hilfe waren mir dabei die intensiven Recherchen der französischen Journalistin Laurence Lemaire, die in ihrem Buch *Le Vin, le Rouge, la Chine* anhand der Weinregion Bordeaux wertvolle Einblicke vermittelt.

In der Provence gibt es bislang nur zwei Weingüter in chinesischer Hand, aber auch hier haben sich Makler auf die Anwerbung chinesischer Investoren spezialisiert, und es dürfte nicht mehr lange dauern, bis weitere Käufer hinzukommen.

Viele Bewohner sind beunruhigt, rassistische Anfeindungen nehmen zu. Die *Le Monde* fragt, ob man von einer chinesischen Invasion sprechen solle, und erzählt von der im Bordelais vorherrschenden Angst vor der »gelben Gefahr«. Was der Kommunikationsdirektor des *Comité interprofessionnel du vin de Bordeaux* entschieden zurückgewiesen hat. Die Chinesen stellten Geld zur Verfügung, renovierten die Immobilien und erhielten die Qualität, wovor solle man sich fürchten?[1]

Der chinesische Staat sei fern, so die vorherrschende Meinung. Die Angst sei bar jeder Realität. Aber wie viel Staat steht tatsächlich hinter den Käufern?

Die wirtschaftlichen Verflechtungen zwischen China und Europa sind groß, und die Debatte über den zunehmenden Einfluss verläuft hierzulande widersprüchlich. Klar ist: Man will den großen Handelspartner nicht verprellen. Dafür wird auch dem Dalai Lama, einst gern gesehener Gast, nicht mehr öffentlich die Hand geschüttelt, und Menschenrechtsverletzungen werden ausgeblendet. Die wachsende Abhängigkeit macht erpressbar. Der Präsident der europäischen Handelskammer in Peking warnt, die Chinesen nutzten ihre Wirtschaftskraft skrupellos aus, um politischen Einfluss zu nehmen.[2]

Soll man notwendige Investitionen gewähren gegen den Verlust von Souveränität? Eine heikle Frage. Und mit Sicherheit eine, die uns in den nächsten Jahren noch stark beschäftigen wird.

Bei alldem wird allzu oft vergessen, dass auch andere unter den wachsenden Konflikten leiden. Denn es gibt nicht nur die Chinesen, sondern unterschiedlich denkende, fühlende und handelnde Menschen mit einem gemeinsamen kulturhistori-

---

1 https://www.lemonde.fr/m-le-mag/article/2019/01/26/vins-de-bordeaux-une-passion-chinoise_5414817_4500055.html

2 https://interaktiv.tagesspiegel.de/lab/china-der-gefuerchtete-partner/

schen Hintergrund. China ist eine familiengeprägte, zu Harmoniestreben und Zurückhaltung erzogene und leistungsorientierte Gesellschaft, die sich einer Hierarchie unterordnet. Worin es sich stark von individualistisch geprägten westlichen Gesellschaften unterscheidet. Wir müssen daher eine neue Perspektive einnehmen und uns damit auseinandersetzen, um uns ein objektives Urteil zu bilden, ohne dabei rassistischen Narrativen Raum zu geben.

Wer sich näher mit diesem Thema beschäftigen möchte, dem empfehle ich das Buch *Die Chinesen – Psychogramm einer Weltmacht* von dem ehemaligen Chefredakteur der *Wirtschaftswoche* Stefan Baron und dessen Frau Guangyan Yin-Baron.

Glossar

accueil Empfang, Rezeption
action civile Zivilklage
agence immobilière Immobilienagentur
agnolotti farcis gefüllte Teigtaschen aus dem Piemont
banon in Kastanienblätter gewickelter Ziegenweichkäse aus dem provenzalischen Dorf Banon
bière (à la) pression Bier vom Fass
bleu de bresse Blauschimmelkäse aus der ehemaligen Provinz Bresse, heute Teil der Départements Saône-et-Loire, Ain, Jura
bisou Küsschen
boche abfällige Bezeichnung für Deutsche
bon gut
bonne journée schönen Tag
bonne nuit gute Nacht
bonne soirée schönen Abend
brousse du rove Frischkäse von provenzalischen Rove-Ziegen
campagnard(e) ländlich, nach Art der Landbewohner
cave/caveau Keller/Gewölbe, Kellerbar
chakchouka (auch u. a.: *shakshuka*) Spezialität der nordafrikanischen und israelischen

	Küche, pochierte Eier in einer Soße aus Tomaten, Zwiebeln und Chilischoten
chouquette	Gebäck aus Brandteigbällchen mit Hagelzucker
choux	gefüllter Brandteig, Windbeutel
confit d'époisses	provenzalische Käsespezialität auf Basis des *Époisses de Bourgogne,* Marc (Tresterbrand) und Weißwein
dégustation	Verkostung
désolé(e)	tut mir leid
enchanté(e)	sehr erfreut
galet	großer Kieselstein
gare	Bahnhof
gobelet	Becher
hôtel de ville	Rathaus
la Mule du Pape	der Esel des Papstes
le chef, c'est moi	Der Chef(koch), das bin ich
ma douce	Kosename: meine Sanfte, meine Süße
mairie	Bürgermeisteramt, entspricht dem Rathaus in Orten mit Stadtrecht
maman	Mama
merde	Scheiße
mon Dieu	mein Gott, ugs. meine Güte
mon ami	mein Freund
Monsieur le maire	Bürgermeister
n'est-ce pas?	nicht wahr?
ouvert 7/7 jours	geöffnet an sieben von sieben Tagen
pan bagnat	wörtlich: gebadetes Brot, Sandwichspezialität, gefüllt mit Nizza-Salat
Prouvençau, veici la Coupo (…)	Provenzalen, hier ist der Becher (…); Hymne von Frédéric Mistral

putain	verdammt/scheiße (ursprünglich: Hure, Schlampe)
santé	zum Wohl
saucisson au romarin	luftgetrocknete Hartwurst mit Rosmarin
Terre & Maison	Boden (Grund) & Haus
terrine de lapin	Kaninchenterrine
vin doux	Süßwein, Likörwein
zut	Verdammt/so ein Mist

Rezepte zu Provenzalischer Sturm

Liebe Leserinnen und Leser,

der achte Fall von Pierre Durand führt in die Weinregion Châteauneuf-du-Pape, und was liegt da näher, als im Rezeptteil Gerichte und Speisen vorzustellen, die wunderbar zu einem Gläschen Wein passen?

Zum Nachkochen gibt es die *tartelettes aux chèvre chaud* auf Wildkräutersalat mit einer Dekoration aus fruchtig-scharfem Himbeer-Chutney – Charlottes moderne Variante eines klassischen provenzalischen Gerichtes, mit dem sie beim Juror der Kochshow punkten möchte. Als Zweites die *poitrine de poulet jaune aux champignons*, die Maishähnchenbrustfilets, für die sogar Pierre bei der Zubereitung hilft, und zum Abschluss das Beeren-Clafoutis, um dessen Reste gleich zu Beginn des Buches der alte Carbonne mit der Ziege Cosima rangelt.

Wer beim Lesen Lust bekommen hat, sich einmal quer durch die Küche Südfrankreichs zu kochen, dem empfehle ich mein Kochbuch *Provenzalischer Genuss*. Oder Sie werfen einen Blick auf meine Homepage www.sophie-bonnet.de, auf der Sie neben Einblicken in »meine« Provence und den Hintergründen zum Buch auch das Rezept für die leckeren Teigbällchen mit Hagelzucker finden. Die *chouquettes* verspeist Pierre im *Château des Vignes* zum Frühstück.

Ich wünsche Ihnen wie immer viel Vergnügen beim Zubereiten und *bon appétit.*

Ihre
Sophie Bonnet

Tartelettes aux chèvre chaud

Haben Sie schon einmal einen echten Wildkräutersalat gegessen? Er enthält (sowohl in der Provence als auch in nördlicheren Gefilden vorkommende) essbare Pflanzen wie Sauerampfer, Löwenzahn, Brunnenkresse, wilde Malve und Schafgarbe und besitzt ein nussig-würziges Aroma, das jede Vorspeise zum Glänzen bringt. Meine Lieblingsmischung kaufe ich an einem Kräuterstand auf dem Hamburger Isemarkt. Aber natürlich findet man die Kräuter auch im heimischen Garten oder auf der Wiese.

Diese Vorspeise ersinnt Charlotte für die Kochshow. Ein Profi wie sie braucht nur wenig Zeit, um den Teig für die Tartelettes herzustellen. Wenn es schneller gehen soll, nehmen Sie stattdessen einen fertigen Quiche- und Tarteteig aus dem Kühlregal des Supermarktes.

Eine elegante Note erhält diese Vorspeise mit dem fruchtig-scharfen Brombeer-Chutney (siehe Tipp). Dieses lässt sich gut am Vortag zubereiten.

Für 4 - 6 Personen
(ergibt bei einer Tarteletteform von ø 10 cm 6 Stück)

Zubereitungszeit: 30 Minuten + 20 Minuten Kühlzeit + 5 Minuten Garzeit + 20 Minuten Backzeit

<u>Teig</u>

200 g Weizenmehl (Type 405)
100 g Butter
3 EL kaltes Wasser
1 Ei
Salz

<u>Füllung</u>

2 Frühlingszwiebeln
1 Knoblauchzehe
2 EL Butter
200 g gemischte Pilze (z. B. Champignons, Kräuterseitlinge, Steinpilze)
3 Eier
100 ml Sahne
Salz
schwarzer Pfeffer aus der Mühle
2 Zweige Rosmarin
1 ½ Rollen milder Ziegenweichkäse

<u>Salatbett</u>

200 g Wildkräuter
100 g bunt gemischter Salat (z. B. Lollo rosso, Eichblatt, Rucola)
3 EL Olivenöl
2 EL Condimento Rosato (oder ein ähnlich süß-aromatischer Essig)
20 ml Gemüsebrühe
Salz
schwarzer Pfeffer aus der Mühle

1. Für den Teig Mehl, Butter, Ei, 3 Esslöffel Wasser und ½ Teelöffel Salz mit den Knethaken des Handrührgerätes vermengen. Den Teig zu einer Kugel formen und in Frischhaltefolie eingewickelt im Kühlschrank mindestens

20 Minuten ruhen lassen. Den Backofen auf 180 °C Ober-/Unterhitze (160 °C Umluft) vorheizen.

2. Für den Belag die Pilze putzen und klein schneiden. Butter in einer Pfanne erhitzen und die Pilze darin anbraten. Die Frühlingszwiebeln putzen, waschen und in Röllchen schneiden. Den Knoblauch abziehen und zerkleinern. Beides nach fünf Minuten hinzugeben. Kurz ziehen lassen und vom Herd nehmen.

3. Eier und Sahne in einer Schüssel mit dem Schneebesen verrühren. Mit Salz und Pfeffer abschmecken. Die Pilze untermischen. Den Rosmarin waschen, trocken schütteln und die Nadeln klein gehackt dazugeben.

4. Den Teig aus der Folie nehmen und auf einer leicht bemehlten Arbeitsplatte ausrollen. Kreise von etwa ø 12 cm ausstechen, beispielsweise mit einer großen Tasse. Tartelette-Förmchen (ø 10 cm) buttern und mit dem Teig auslegen. Den Ziegenkäse in etwa 2 cm dicke Scheiben schneiden und in die Form legen. Mit der Pilzmischung übergießen und im heißen Ofen auf der mittleren Schiene für 20 Minuten backen.

5. In der Zwischenzeit die Wildkräuter und die Salatblätter waschen und trocken schwenken. Für die Vinaigrette das Öl mit dem Essig und der Gemüsebrühe verquirlen. Mit Salz und Pfeffer würzen. Den Salat auf einem Teller anrichten und am Rand mit der Vinaigrette beträufeln. Das ofenwarme Tartelette in der Mitte platzieren.

Tipp: Ein Brombeer-Chutney gibt dieser Vorspeise einen richtigen Kick. Die passende Portion ist rasch gemacht.

50 Gramm braunen Zucker im Topf mit einem walnussgroßen Stück Ingwer, einer Knoblauchzehe und einer roten Zwiebel – alles klein gehackt – bei mittlerer Temperatur anschwitzen, bis der Zucker karamellisiert. Mit 30 Milliliter Apfelsaft ablöschen. Nach fünf Minuten einen kleinen säuerlichen Apfel in Stücke geschnitten hinzugeben und nach weiteren fünf Minuten 250 Gramm Brombeeren. 15 Minuten auf kleiner Hitze köcheln lassen, bis es eindickt. Auf der Tartelette und am Tellerrand dekorieren.

Poitrine de poulet jaune aux champignons

In Frankreich werden die überwiegend mit Maisfutter gehaltenen Poularden nach ihrer Farbe benannt. Das Fleisch enthält durch die längere Mastzeit etwas mehr Fett als ein Huhn und besitzt einen delikaten Geschmack.

Die Maispoulardenbrüste mit Champignons kocht Charlotte am Abend ihrer Ankunft im *Château des Vignes*. Ein Rezept für alle, die rasch und unkompliziert etwas Leckeres zum Abendessen zaubern wollen.

Für 4 Personen

Zubereitungszeit: 35 Minuten + 20 Minuten Garzeit

500 g braune Champignons
3 Zweige Thymian
2 Zweige Rosmarin
½ Bund Petersilie
5 EL Olivenöl
Salz
schwarzer Pfeffer aus der Mühle
4 Maishähnchenbrustfilets à 250 g
2 Knoblauchzehen
2 EL Butter
80 ml Rotwein
1 TL Senf

1. Die Champignons putzen und vierteln. Die Kräuter abbrausen und trocken schütteln. Thymianblättchen vom Zweig entfernen. Die Petersilie klein hacken.

2. 2 Esslöffel Öl in der Pfanne erhitzen. Die Champignons und die Thymianblättchen darin bei mittlerer Hitze etwa 5 Minuten braten. Mit Salz und Pfeffer würzen und beiseitestellen.

3. Die Maishähnchenbrustfilets unter fließendem kaltem Wasser abspülen und mit Küchenpapier trocken tupfen. Rundum salzen. Eine Pfanne auf höchster Stufe erhitzen, die Filets in den verbliebenen 3 Esslöffeln Öl von jeder Seite 1 Minute bräunen. Inzwischen den Knoblauch schälen und mit dem Handballen zerdrücken. Die Temperatur reduzieren und die Butter, die Rosmarinzweige und den Knoblauch zum Fleisch geben. Deckel auflegen und 8 bis 10 Minuten bei geringer Hitze garen. Nach Ende der Garzeit das Fleisch in etwa 2 Zentimeter große Würfel schneiden und beiseitestellen. Den Bratensatz mit dem Wein ablöschen und 1 Teelöffel Senf unterrühren.

4. Die Champignons und die Hähnchenstücke wieder in die Pfanne geben, vermengen und abschmecken. Mit der Petersilie bestreuen und servieren. Dazu passen Nudeln oder Kürbis, püriert mit reifen Birnen und Crème fraîche.

Tipp: Charlotte serviert dieses Gericht zu Feldsalat mit gebratenem Speck und geviertelten Feigen. Beträufelt mit der Vinaigrette, deren Rezept Sie bei den Tartelettes finden. Die Kombination der auf dem Teller verlaufenden Vinaigrette mit der Bratensoße der Maishähnchenbrust ist richtig lecker!

Clafoutis aux baies

Dieser Auflauf stammt ursprünglich aus dem Limousin und ist inzwischen in ganz Frankreich zum Dessertklassiker geworden. Ins Originalrezept gehören Kirschen, aber warum nicht auch andere Früchte nehmen? Aprikosen, Feigen oder Äpfel – erlaubt ist, was schmeckt.

Charlotte verwendet auf Pierres Geburtstagsfeier eine Füllung mit Beeren. Und hier ist das Rezept:

Für 4 Personen

Zubereitungszeit: 20 Minuten + 35 Minuten Backzeit

1 TL Butter
350 g gemischte Beeren (z. B. Brombeeren, Himbeeren, Blaubeeren)
80 g Mehl
½ TL Backpulver
80 g Puderzucker
1 Prise Salz
1 Vanilleschote
3 Eier
250 ml Sahne

1. Den Backofen auf 180 °C Ober-/Unterhitze (160 °C Umluft) vorheizen. Die Auflauf- oder Backform mit der Butter einfetten. Die Beeren waschen und trocken tupfen. Den Boden der Form damit bedecken.

2. Das Mehl in eine Schüssel sieben und mit Backpulver, Puderzucker und einer Prise Salz mischen.

3. Die Eier und die Sahne in einer weiteren Schüssel mit den Quirlen das Handrührgeräts schaumig schlagen. Die Vanilleschote längs aufschlitzen, das Mark herauskratzen und dazugeben. In die Mehl-Puderzucker-Mischung gießen und gut verrühren.

4. Den flüssigen Teig über den Beeren verteilen und für 35 Minuten in den Ofen geben. Lauwarm servieren.

Tipp: Wer es besonders süß mag, bestreut den gebutterten Boden der Form vor dem Befüllen zusätzlich mit etwas braunem Zucker.

DIE LIEBLINGSREZEPTE
DES ERMITTLERS PIERRE DURAND

192 Seiten | ca. 150 Farbfotos | 25,00 € [D] | ISBN 978-3-517-09636-0

Begeben Sie sich mit Sophie Bonnet auf eine kulinarische Reise durch die Provence. Jedes Kapitel dieses Kochbuchs korrespondiert mit einem Schauplatz der fünf Krimibände um Ermittler Pierre Durand und wird mit atmosphärischen Bildern und kleinen Anekdoten über die Region und deren kulinarischen Besonderheiten zum Hochgenuss.

Mehr Informationen unter
www.suedwest-verlag.de

südwest
MEHR VOM LEBEN

Mord à la Provence

336 Seiten. ISBN 978-3-7341-0162-5

Sainte-Valérie, ein idyllisches Dorf in der Provence inmitten von Weinbergen und Olivenhainen. Der ehemalige Pariser Kommissar Pierre Durand würde den Spätsommer in seiner Wahlheimat genießen, wenn ihn nicht gerade seine Freundin verlassen hätte. Doch auch mit der dörflichen Ruhe ist es plötzlich vorbei: Der Lokalcasanova wird ermordet in einem Weinkeller aufgefunden – neben einem Rezept für ein *Coq au vin*. War es ein makabrer Racheakt eines gehörnten Ehemanns? Die Dorfbewohner halten fest zusammen. Und schon bald ahnt Pierre, dass sich hinter der schönen Fassade Sainte-Valéries ganze Abgründe auftun …

Lesen Sie mehr unter: **www.blanvalet.de**

Mord à la carte – Pierre Durands zweiter Fall!

352 Seiten. ISBN 978-3-7341-0297-4

Im idyllischen Dorf Sainte-Valérie wird eine Hochzeit gefeiert: Die Tische sind geschmückt, es duftet nach Lavendel, und der Wildschweinbraten dreht sich am Spieß. Der ehemalige Kommissar Pierre Durand fiebert bereits dem Ende der Feier entgegen, denn dann will er ein Gläschen mit Köchin Charlotte trinken. Doch so weit kommt es nicht: Der Bruder der Braut wird tot aufgefunden, von Schrotkugeln durchsiebt. War es ein Jagdunfall? Oder Mord? Pierres Ermittlungen führen ihn in die einsamen Wälder der Provence – und mitten ins Herz des Dorfes …

Lesen Sie mehr unter: **www.blanvalet.de**

**Frühling in der Provence.
Die Felder blühen.
Doch die Idylle trügt …**

320 Seiten. ISBN 978-3-7341-0454-1

Es ist Frühling in der Provence. Das Luberon-Tal ist in ein weiß-rosa Blütenmeer getaucht, und in den Destillerien rund um Sainte-Valérie herrscht Hochbetrieb. Inmitten dieser Idylle wird Paulette Simonet, Inhaberin der Kosmetikfirma Mer des Fleurs, tot im Kessel ihrer Seiferei aufgefunden. Unfall oder Mord? Feinde gab es reichlich.
Die Verfechterin nachhaltiger Produkte hatte sich nicht nur mit den traditionellen Marseiller Seifenfabrikanten angelegt, sondern auch mit einer Supermarktkette, die billige Fälschungen ihres Sortiments auf den Markt brachte.

Ein Fall für Pierre Durand, der sich gerade für die Position als *Commissaire* in Cavaillon beworben hat. Seine Ermittlungen führen ihn quer durch Südfrankreich – und in die Tiefen eines Rosenkriegs zwischen der Ermordeten und ihrem Exmann …

Lesen Sie mehr unter: **www.blanvalet.de**

Geheimnisvolle Mythen, provenzalische Köstlichkeiten – und ein Sommerfest, das mit einem Mord endet …

320 Seiten. ISBN 978-3-7341-0592-0

Juni in der Provence. Im idyllischen Sainte-Valérie feiert man den Sommerbeginn mit einem traditionellen Fest: Noch spät in der Nacht wird im Schein des Feuers gegessen und getanzt – bis inmitten des fröhlichen Trubels ein Journalist erstochen wird. Dieser hatte den Tod eines bekannten Schriftstellers untersucht, und seine Recherchen schienen die Theorie des Selbstmords zu widerlegen. Pierre Durands Ermittlungen führen ihn zu gekränkten Dorfbewohnern, in die Tiefen des Literaturbetriebes – und zu der Sängerin Aurelie Azéma. Während Pierre in die Mythen der alten Provence eintaucht, ahnt er nicht, dass seine Schritte längst beobachtet werden. Und dass der Tod des Journalisten erst der Anfang war.

Lesen Sie mehr unter: **www.blanvalet.de**

»Ein Volltreffer für alle, die ein Faible für Skurriles und südfranzösisches ›savoir-vivre‹ haben.«

Freundin

336 Seiten. ISBN 978-3-7341-0755-9

Es ist November in Südfrankreich. Die Olivenernte hat begonnen, die Tage sind noch angenehm warm. Da erschüttern zwei mysteriöse Morde die Hochprovence. Weit entfernt von Sainte-Valérie, wo sich Pierre Durand auf den gemeinsamen Urlaub mit seiner Freundin Charlotte freut. Doch als Nanette Rozier, die Frau des Bürgermeisters, spurlos verschwindet, ist an Erholung nicht mehr zu denken. Bald wird Arnaud Rozier verdächtigt und bittet seinen *Chef de police* um Hilfe. Pierre Durand folgt der Spur der Vermissten in die provenzalischen Berge bei Sisteron und begibt sich damit selbst in höchste Lebensgefahr …

Lesen Sie mehr unter: **www.blanvalet.de**